U0965045

高等职业教育“十四五”规划教材

种子生产与经营“双高”专业群系列教材

种子法规与行政管理

靳改龙　杨　惠　主编

中国农业大学出版社
·北京·

内 容 简 介

本教材以《中华人民共和国种子法》为主线，以其他与种子相关的法规规章为引导，以技术规程及规范性文件为补充，结合我国种子行政管理的工作实际，全面系统地介绍了我国种子法律、法规及管理体系，以案说法具体讲解相关法律条文。全书分为：种子法规及行政管理基础知识、国内外种子立法管理概述及特点、《中华人民共和国种子法》释义、种子行政管理与行政执法、种子相关法规、以案说法共6个部分，在编写上力求突出种子法律、法规的严谨性和系统性。本书既可作为涉农高等职业院校种子生产与经营及相关专业的教材，也可作为种子工作者及农业技术人员的参考书。

图书在版编目(CIP)数据

种子法规与行政管理/靳改龙，杨惠主编. -- 北京：中国农业大学出版社，2023.9

ISBN 978-7-5655-3065-4

Ⅰ.①种… Ⅱ.①靳… ②杨… Ⅲ.①种子法-中国-高等学校-教材 Ⅳ.①D922.4

中国国家版本馆 CIP 数据核字(2023)第175706号

书　名 种子法规与行政管理

作　者 靳改龙　杨　惠　主编

策划编辑 张　玉　　**责任编辑** 张　玉　程书萍

封面设计 郑　川　李尘工作室

出版发行 中国农业大学出版社

社　址 北京市海淀区圆明园西路2号　　**邮政编码** 100193

电　话 发行部 010-62733489，1190　　读者服务部 010-62732336

编辑部 010-62732617，2618　　出　版　部 010-62733440

网　址 http://www.caupress.cn　　**E-mail** cbsszs@cau.edu.cn

经　销 新华书店

印　刷 北京鑫丰华彩印有限公司

版　次 2023年10月第1版　2023年10月第1次印刷

规　格 185 mm×260 mm　16开本　12.75印张　314千字

定　价 39.00元

编 写 人 员

主　　编　靳改龙（新疆农业职业技术学院）
　　　　　杨　惠（新疆农业职业技术学院）

副 主 编　张顺东（昌吉市农业农村局）
　　　　　刘怀梅（昌吉州农业综合行政执法支队）

参　　编　李海薇（新疆农业职业技术学院）
　　　　　胡　鹏（昌吉市农业技术推广中心）
　　　　　刘　凡（昌吉市农业技术推广中心）
　　　　　张春玲（新疆先瑞农作物种子质量检验检测有限公司）

前　言

党的二十大报告指出，深入实施种业振兴行动，强化农业科技和装备支撑。国以农为本，农以种为先。种子是重要的农业生产资料，是作物的生命源泉，是人类赖以生存的根本，对国民经济具有举足轻重的作用。种子市场的竞争优势决定着农业竞争的主动权，因此，在当今世界，各国政府都把加强种子科技研究、推动种子产业发展作为促进农业发展的重要举措。中国作为全球最大的农业生产国，也是最大的种子需求国之一，巨大的种子需求量，使我国种子市场日趋成为国际种业竞争的焦点。国内种子企业数量多而规模较小，行业集中度较低。国外大型种子企业通过并购国内种子企业、独资或合资开展种子经营，独资、合资设立研发机构或通过品种授权使用等方式进入我国种业领域，近年来呈加速趋势，并且由园艺作物向粮食等其他作物拓展，由生产经营向科研育种延伸。如何使我国种业适应新的形势需要，加快技术创新和体制创新，立足国内市场，着眼国际市场，把我国种业做大、做强，是我国种业发展亟须解决的问题。

对种子法规及行政管理知识、执法程序的了解与把握，是种子行业从业人员的基本职业能力要求。特别是从事种子企业行政管理、品种选育和种子营销等工作的人员更应熟悉、掌握种子法规及行政管理相关知识。本课程根据种子行业职业岗位能力要求，在种子生产与经营专业开设，目的是让该专业学生掌握种子法规和种子行政执法相关知识，在从事业务工作的过程中能够做到“懂法、知法”，自觉规范业务行为，避免违规、违法行为发生。

本教材在新疆农业职业技术学院原校本教材《种子法规及行政管理》的基础上，根据近年来校本教材使用中读者反馈的修改意见，以及国家有关种子法规的变化，组织教师与新疆种子管理一线执法人员共同修订而成。本教材引用和提供了大量种子行政执法案例，用于案例教学和提高学生案例分析能力，以便学生更好地学习掌握相关知识。

本教材分为六部分内容：第一章为种子法规与行政管理基础知识，由靳改龙、杨惠编写；第二章简要介绍国内外种子立法概况，由张顺东、刘怀梅编写；第三章为种子法规，结合相关内容重点对《中华人民共和国种子法》各条款释义，由靳改龙、李海薇编写；第四章为种子行政管理有关法律责任、程序等具体操作内容，由胡鹏、刘凡编写；附件 1 为种子法规附录；附件 2 为以案说法部分，由张春玲编写。

编　者

2023 年 4 月

目　　录

第一章　种子法规及行政管理基础知识……………………………………………… 1
第一节　种子和品种………………………………………………………………… 1
第二节　世界种子市场概况………………………………………………………… 3
【思考题】……………………………………………………………………………… 9
第二章　国内外种子立法管理概述及特点 ………………………………………… 10
第一节　种子立法与管理概述 ……………………………………………………… 10
第二节　我国种子立法与管理的概述及特点 ……………………………………… 14
第三节　国外种子管理的概述及特点 ……………………………………………… 18
第三章　《中华人民共和国种子法》释义 ……………………………………………… 22
第一章　总则 ………………………………………………………………………… 22
第二章　种质资源保护 ……………………………………………………………… 26
第三章　品种选育、审定与登记……………………………………………………… 30
第四章　新品种保护 ………………………………………………………………… 38
第五章　种子生产经营 ……………………………………………………………… 46
第六章　种子监督管理 ……………………………………………………………… 57
第七章　种子进出口和对外合作 …………………………………………………… 64
第八章　扶持措施 …………………………………………………………………… 67
第九章　法律责任 …………………………………………………………………… 71
第十章　附则 ………………………………………………………………………… 82
第四章　种子行政管理与行政执法 ……………………………………………………… 83
第一节　种子行政管理概述 ………………………………………………………… 83
第二节　种子行政许可 ……………………………………………………………… 89
第三节　种子管理法律责任 ………………………………………………………… 93
第四节　种子行政执法管理………………………………………………………… 104

附件 1　种子相关法规 …… 115
附件 1.1　《农业转基因生物安全管理条例》 …… 115
附件 1.2　《主要农作物品种审定办法》 …… 121
附件 1.3　《农作物种子生产经营许可管理办法》 …… 127
附件 1.4　《农业综合行政执法管理办法》 …… 138
附件 1.5　《中华人民共和国植物新品种保护条例》 …… 167
附件 1.6　《农业植物品种命名规定》 …… 167
附件 1.7　《植物检疫条例实施细则》(农业部分) …… 167
附件 1.8　《农作物种子标签和使用说明管理办法》 …… 167
附件 1.9　《进出口农作物种子(苗)管理暂行办法》 …… 167
附件 1.10　《农业行政处罚程序规定》 …… 167
附件 1.11　《农作物种子质量纠纷田间现场鉴定办法》 …… 167
附件 1.12　《农业行政执法文书制作规范》 …… 167
附件 1.13　《农业行政执法基本文书格式》 …… 167
附件 2　以案说法 …… 168
附件 2.1　人民法院种业知识产权司法保护典型案例 …… 168
附件 2.2　农业植物新品种保护典型案例 …… 176
附件 2.3　农业行政执法指导性案例 …… 189
参考文献 …… 194

第一章
种子法规与行政管理基础知识

第一节 种子和品种

一、种子

种子(seed)在植物学、农业和法律上的含义是不同的。在植物学方面，种子是裸子植物和被子植物特有的繁殖体，它由胚珠经过传粉受精形成。种子一般由种皮、胚和胚乳 3 部分组成，有的植物成熟的种子只有种皮和胚两部分。种子的形成使幼小的孢子体胚珠得到母体的保护，并像哺乳动物的胎儿那样得到充足的养料。农业上的种子指可用于播种和繁殖的材料，不仅包括植物学上的种子，而且包括一些作为无性繁殖材料的营养器官及用组织培养技术等方法培育出来的人工种子。《中华人民共和国种子法》(以下简称《种子法》)第二条中指出:“本法所称种子，是指农作物和林木的种植材料或者繁殖材料，包括籽粒、果实、根、茎、苗、芽、叶、花等。”农作物种子是指用于粮、棉、油、麻、桑、茶、糖、烟、果、菜、药、花卉、牧草、绿肥、食用菌以及其他种用的籽粒、果实以及根、茎、苗、芽等繁殖材料;《种子法》第九十条规定了我国主要农作物是指稻、小麦、玉米、棉花、大豆。可见种子在法律上的概念十分广泛。

但是被列入《种子法》所调整的只是商品种子，是指用来作为商品与他人发生社会关系的自用种子;不是作为商品种子出售而是作为商品粮食、饲料等出售但购买者自愿作为种子使用的，则不受《种子法》所调整。

(1)种子的范围　各国种子法都有明确规定，一般包括供种植用的有性和无性繁殖的籽粒、果实、根、茎(如块茎)、苗、芽、插条、接穗等。种子又分为基础种子和合格种子，前者指用于培育良种的种子，后者指符合法定质量、用于大面积农业生产的种子。在我国，种子分为原原种、原种和良种。原原种在一些国家又称为育种家种子，指经过科学实验取得的优良品种的种子;由原原种繁殖出原种，为数还较少;由原种繁育出良种才能用于大规模生产。国外还有登记种子、注册种子、合格种子、商业种子等，各国规定的名称不同，法定标准也不尽相同。

(2)种子生产　包括种子生产、生产者及生产技术操作规程等方面。各国种子法普遍规定，种子生产单位所生产的种子必须达到国家规定标准，并严格要求按照一定的操作规程和特殊技术培植。对于标准种子的生产技术操作规程，很多国家都有详细条例加以规定。

(3)种子检验　多数国家规定，经营种子须向国家申请登记，并送检。检验实行标签制，即通过标签将检验结果通知买主，说明质量等级及发芽百分率。标签附于包装内外，火漆密封，上有检验人员签署或盖章。有的国家则根据种子质量，划分若干等级，公布品种目录，向买主推荐优良品种，不实行标签制。

(4)种子销售　美国、加拿大等国规定，凡销售种子必须有官方检验证明、袋口密封并附有检验标签。芬兰规定，对不合格的种子，其质量、发芽率、纯度不符合标签标准的，买主可以拒绝付款，并要求损害赔偿。许多国家还规定，进口种子必须经过检验及试种观察，检验内容不仅有种子的品种质量，还包括检疫。此外，各国种子法还规定了罚则。除判处罚款外，情节严重的还会追究刑事责任。

二、品种

品种(cultivar)，指物种内具有共同来源和特有性状，经过长期演变，其遗传性稳定，且具有同一共性的物种。在植物学里，品种在植物界的 22 个分类等级之下，具有相对的遗传稳定性和生物学及经济学上的一致性，而与同一作物的其他群体在特征、特性上有所区别，并可以用普通的繁殖方法保持其恒久性。品种是一种生产资料，是人类进行长期选育的劳动成果。品种是种质基因库的重要保存单位。

作物品种起源于野生植物，人类为了满足自己的需要，经过长期的选择和培育，使野生植物的遗传性向着人类需要的方向发展而成为各种作物品种。品种具有鲜明的时空性，任何品种在生产上被利用的年限都是有限的，随着社会对农产品的需求、农业生产的自然条件、经济条件、耕作条件的改变，由于原有的品种不能适应，就必须不断地培育新品种进行品种更换。农业生产具有明显的区域性，不同地区的生态环境不同，与此相适应的品种生态类型也不同。品种具有相对一致的性状，在一般情况下，品种性状的一致性水平是指群体具有不妨碍使用的整齐程度。人们对作物品种在各种性状上一致性的要求程度依不同作物、不同性状和不同使用目的而不同。随着商品经济的发展，农产品商品率越高的地区对品种的要求越强烈。

植物新品种，是指经过人工培育的或者对发现的野生植物加以开发，具备新颖性、特异性、一致性和稳定性并有适当命名的植物品种。植物新品种的产生来源于人们对植物的人工培育或者野生植物的开发；开发改良新品种的动机有很多，例如，使之具有提高质量的特性，以此提升作物的价值和市场能力；或者开展观赏植物的育种计划，增加植物品种的出口；此外，为某些濒危物种制定育种计划，可以消除其所面临的从自然界灭绝的威胁。高产优质的植物新品种，既可提高农业、园艺和林业的质量和生产能力，又能降低对环境的压力。世界各地农业生产能力方面的巨大进步，在很大程度上应归功于对植物品种的改良。植物育种所带来的利益也远远超出了增加粮食产量本身，对于促进国民经济的健康发展和社会稳定具有极为重要的意义。保护植物新品种权，有助于植物新品种的开发和培育。植物育种需要智慧、资金、时间和精力的投入，而培育出来的新品种却易于被别人繁殖，使育种人没有机会收回自己的投资。如果没有相应的制度给予保护，人们就会失去对植物育种进行投资和研发的动力。世界农业发达国家发展农业的成功经验之一，就是十分重视对植物新品种的保护。

第二节 世界种子市场概况

种子是农业生产发展的源头，是不可替代的最基本的农业生产资料。种子对推动农业的发展起着至关重要的作用，美国杂交玉米品种的选育使其成为第一大玉米出口国；同样，大豆品种的研发使美国从不产大豆变成全球第一大豆生产国和出口国。新品种的选育会对一个国家、社会、经济发展起到推动作用；20 世纪 60 年代，墨西哥玉米改良中心培育了矮秆玉米，菲律宾国际水稻研究所培育了矮秆水稻，对解决发展中国家的粮食不足、经济贫困等问题起到了推动作用。

从种子公司出现到农作物种子发展成为一项产业，经历了 100 余年的历程。随着科学研究进展和工业化进程，特别是杂交优势的发现和利用，人们培育出许多高产优质的杂交良种，在全世界逐步发展形成规模庞大的种子产业。通过跨国种业公司的兼并重组，近几年全球种子行业的市场规模稳步增长，到 2022 年增长至 526.9 亿美元。

一、世界种子市场概况和发展趋势

1. 世界种子市场概况

1742 年，世界上第一家种子公司在法国成立并从事种子经营活动。1784 年，北美第一家种子公司戴维·兰德里斯(David Landreth)在费城建立，主要经营蔬菜种子，如菜豆、包心菜、胡萝卜、洋葱、豌豆和生菜。到 1850 年，美国已有 45 家种子营销公司，主要通过邮购方式销售蔬菜和花卉种子。1883 年 6 月，美国种子贸易协会(ASTA)成立，它第一次将种子批发商和零售商联合在一起，并开始关注影响种业发展的一些问题，例如关税和种子邮寄收费问题，受到世界许多著名种子公司的关注。世界种子产业经历了政府管理时期(1920—1930 年)—立法过渡时期(1930—1970 年)—垄断经营时期(1971—1990 年)—跨国公司竞争时期(1991 年至今)4 个历史时期。

从全球种子市场年销售额看，2019 年全球种业的市场销售额约为 462.7 亿美元，从全球各国市场份额分布的情况来看，区域集中特征较为明显，其中美国以 34.96%的市场占比位列第一；其次是我国的市场份额比重约为 23.2%，约占全球市场的 1/4；法国、巴西和加拿大分别占比约 15.2%、6.65%和 5.34%。从全球市场的分布来看，目前市场主要分布在亚太、北美和欧洲等地区，其中亚太地区的市场占比最高，约为 38.19%；其次是北美和欧洲地区占比约为 35.8%和 15.29%；其他地区占比合计约为 10.72%。从全球种子行业的企业层面来看，拜耳作物科学(德国)以 22.86%的市场占比领先；科迪华(美国)的市场占比为 16.8%；先正达(中国)的市场占比为 6.52%；巴斯夫(德国)占比约为 3.26%；利马格兰(法国)占比约为 2.98%。由此可见前五大企业的市场占比超过 50%，市场的集中度较高。德国拜耳、KWS、美国科迪华等一批跨国企业已经进入我国，建立了自己的种子公司和研究基地，在一定程度上推动了我国种业的发展，同时也带来了挑战。

2. 世界种子产业发展趋势

(1)企业是种业科技创新的主体，国际种业巨头对种业的研发投入规模大、投入强度高

国际种业排名前三的企业分别是拜耳、科迪华、先正达，2021 年三者的收入分别高达 440.8 亿欧元(其中农业 202.1 亿欧元)、282 亿美元、156.5 亿美元，2021 年的研发费用分别高达 54.1

亿欧元(其中农业 24.3 亿欧元)、15.3 亿美元、11.9 亿美元,研发投入强度分别为 12.3%(其中农业为 12%)、5.4%、7.6%。

我国本土种业公司与国际巨头在收入和研发投入上差距很大。我国最大的种业公司隆平高科 2021 年收入为 35.03 亿元,研发费用为 2.1 亿元,研发投入强度为 5.9%。

(2)种业育种手段更加注重生物技术,以及生物技术与人工智能、大数据信息技术的结合　国际一流种业公司已开始进入生物育种 4.0 时代。生物育种 4.0 时代更加注重利用大数据和人工智能技术提供高效、高产、综合的育种方案。

(3)育种的目标不仅是增产,还要寻找与健康营养、生物多样性、资源环境可持续等方面的共赢　在健康营养方面,育种时可以把锌、铁、维生素等营养素加进去,同时满足不同消费者的需求,特别是一些特殊疾病群体,如糖尿病人等的需求。在生物多样性方面,在注重主要作物育种的同时,注重被忽视和未被充分利用的作物的育种,后者对保持生物多样性、扩大食物来源、保护资源环境等方面有重要作用。在资源环境可持续方面,要通过品种改良来帮助减少农业用水、用地、用肥、用药,以更少的资源获得更多的农产品增长。

(4)种子要更具气候适应性　根据联合国政府间气候变化专门委员会(IPCC)最新报告,最近的气候变化程度是前所未有的。从未来 20 年的平均温度变化预估来看,全球升温预计将达到或超过 1.5 ℃。气候变化是未来食物系统面临的最重大的风险,提升种子的气候耐受性是应对气候变化的关键。种业部门可以通过开发更能抵抗干旱和其他气候变化症状的、更能捕获碳的作物来适应气候变化。

(5)种子的韧性得到越来越多的重视　一方面,在综合考虑环境、健康、社会和经济等多方面因素的情况下,通过向农民提供充足的、多样化的、适合当地的、改良的、高质量的品种,来促进食物和营养安全,同时开发具有更长产品保质期的种子来减少食物浪费;另一方面,稳定全球种子供应链,保持全球种子市场运转,避免全球种子市场受到自然灾害的冲击。

我国是全球最大的种业市场,农作物和畜禽种业市场规模接近 6000 亿元,良种对粮食增产和畜牧业的贡献率分别达到 45%和 40%,优良品种推广率逾 96%。

二、我国种子市场概况和发展趋势

1. 我国种子市场概况

种业是国家战略性、基础性的核心产业。新中国成立以来,党和国家始终高度重视种子工作和种业发展。1972 年,国务院批转农林部种子情况报告中指出,“种子第一,不可侵犯”。毛泽东同志提出把“培育和推广良种”作为发展农业的重要措施之一。邓小平同志强调“农业靠科学种田,要抓种子、优良品种”“农业问题最终要由生物工程来解决”(1988 年)。我国是世界上最大的农业生产国之一,在世界种业市场中,我国也是世界上最大的种子需求国之一。习近平总书记在 2013 年中央农村工作会议上指出,要下决心把民族种业搞上去,抓紧培育出有自主知识产权的优良品种,从源头上保障国家粮食安全。2017 年 12 月 28 日,习近平总书记在中央农村工作会议上强调,“把现代种业、农业机械等技术装备水平提上来,把粮食生产功能区划好建设好,真正把藏粮于地、藏粮于技战略落到实处”。

我国在水稻、小麦等作物种子方面居于世界领先地位,但玉米、大豆等种子技术与发达国家有不小的差距;少数蔬菜品种还不能很好满足市场的多样化需求,一些蔬菜品种仍需进口;我国种业企业目前有 6000～7000 家,虽然数量多,但明显存在分布分散、缺乏大型种业集团、种业研发能力不足等“短板”。未来需要充分利用我国在数字产业上的优势，通过人工智能、大数据、合成生物技术等加快育种速度，用超前的思维来开发引领全球的育种技术和种子。

2. 我国种业的发展历程

商代时期，已经有不少农作物种类，例如甲骨文中有禾（谷子）、黍（小米）、莱（藜）、麦、菽（大豆）、稻等的记载。

西周时期，已有了良种的概念，即“嘉种”的出现。

春秋时期，有了熟期的概念，并且通过自然选择法选育了早熟和晚熟品种。

战国时期，人们开始有意识地培育新品种，并培育出了多种农作物品种，同时还出现了专职官员“司稼”。

秦汉、魏晋时期，穗选法已经成熟，在《氾胜之书》中详尽说明了选种留种的原理和技术，有了单收、单打、单贮、单种的良种繁殖技术。

明清时期，有了小麦移栽、甘薯留种的技术。人们在生产过程中逐步认识到了种子的重要性，最终出现了专门从事种子经营的商家。

中国近代种子事业发源于19世纪末期，晚清罗振玉（1866—1940年）兴办农学会、主编《农学报》、编辑农书、兴建农科大学堂，出版《农学丛书》，建议“从欧美引进玉米良种，并设立种子田”。20世纪20年代，留学人员回国效力，对我国育种工作起到了重要的推动作用。

新中国成立前，虽设有中央农业推广委员会、中央农业实验所，各省有农业改进所，各地有农事试验场，但由于历史原因，只有少数农事试验场和农业推广站从事主要作物引种示范推广，主要集中于水稻、小麦、棉花三种作物上，使得农家品种和少数育成品种、引进品种未能有计划地进行繁育和推广。

新中国成立后，从种子市场化程度上可以将我国种业发展划分为四个阶段。

(1)第一阶段(1949—1978年)：“四自一辅”阶段　从新中国成立到1978年为“四自一辅”阶段。

初级社时期：生产用种主要是农民自繁，“家家种田，户户留种，种粮不分，以粮代种”。

人民公社时期：形成由村集体自繁、自选、自留、自用、国家辅以必要调剂的“四自一辅”模式。

这一阶段，种子没有商品属性，没有种子企业，也没有形成商品种子市场。

①非商品化阶段(1949—1957年)：1949年10月，农业部粮食生产司设立了种子处，工业原料处设立了棉作处，分别负责粮棉油作物种子的管理。1949年12月，全国第一次农业会议提出把良种作为恢复和发展农业生产的一项重要措施。基于旧中国落后的农业技术和几乎所有的农作物品种都为农家品种这一现实，1950年2月，农业部华北农业技术会议，制定了《五年良种普及规划(草案)》，要求广泛开展群众性的“群选群育”运动，继而制定了“家家种田，户户留种”的选种和繁育方针。1956年7月，农业部制定《关于良种繁育、区域试验及建立繁殖推广制度等工作规划的试行方案》并设立了种子管理局，全国各级农业部门相继成立了种子机构，实行行政、技术两位一体的种子指导与推广体制。当时农业部粮食生产司设有种子处，省(区、直辖市)农业行政部门也分别设置种子管理单位，华东地区还建有经营业务的种子公司，一些专区、县在农业行政部门设立种子站，或在农业技术推广站内设种子组，组织群众评选良种，以粮换种，地方粮食、油脂部门负责粮油作物良种的收购、保管、调运、供应等业务。

但农业生产“以粮换种”，种子生产的目的不是为了交换，因而不具有商品特征。同时因户户留种，易出现串种现象，造成“种粮不分”“以粮代种”的现象。

②部分商品化阶段(1958—1977 年)：1958 年 2 月，国务院批准种子经营业务由粮食部门移交到农业部门，指示建立“三位一体”的种子管理工作体系，即行政、技术、经营三者统一。同年 4 月农业部在北京召开第三次全国种子工作会议，提出当前种子工作的方针应该是“主要依靠农业社自繁、自选、自留、自用，辅之以必要的调剂”(“四自一辅”)。这个方针符合当时中国农业生产的主体，是人民公社的集体经济以及中国农民有选种留种传统习惯的实际，较好地发挥了国家和集体的积极性，同时充实了种子机构，种子经营业务逐渐开展起来。国家集中力量繁殖新品种或更新原种支援集体，集体则主要靠自力更生解决生产用种。

1962 年 11 月，国务院出台《关于加强种子工作的决定》，要求整顿充实种子站，做好选种留种工作。其中再次强调了种子站集行政、技术与经营“三位一体”的种子工作体制，明确指出：“种子站是良种的经营单位，示范繁殖农场生产的种子和从外地引进的种子，由种子站经营。种子站又是全县种子工作的管理机关，通过技术服务站，在技术上指导和帮助生产队选种留种，保管种子，以及在播种前进行种子的消毒处理等”。在这种管理体制下，种子站对生产队选种、留种提供技术指导，辅之以种子经营调剂短缺种子，使农民所采用的种子兼顾了较高的种子质量和成本控制，同时还可以及时得到最新的品种。但这时的种子经营主要还是“以粮(油)换种，等量交换，分别作价，差额付款”的方法，种子商品化程度不高。1972 年 10 月，国务院转批农林部《关于当前种子工作的报告》，要求“建立健全种子机构，加强领导，坚持‘自繁、自选、自留、自用，辅之以必要的调剂’的种子工作方针”，落实种子优质优价政策。

此阶段特点是，种粮生产分开，种子商品率日益提高，尽管交换方式仍然是以物易物，但是作为调剂辅助的种子日益体现其价值，体现出商品性。由于种子商品以及种子专门的生产供应单位的出现，这一时期是我国种业的萌芽期。

(2)第二阶段(1978—1999 年)：“四化一供”阶段　改革开放以后，农村实行以家庭承包经营为基础、统分结合的双层经营体制，1978 年 5 月，国务院批转农林部《关于加强种子工作的报告》(97 号文件)，要求全国建立种子公司和种子生产基地，健全良种繁殖体系，并继续实行行政、技术、经营三位一体的种子工作体制。同时提出要实现“布局区域化、生产专业化、加工机械化、质量标准化、以县为单位统一供种”的“四化一供”模式。这项工作方针的提出和种子公司的建立有力地促进了我国种业的发展，也可视为我国种子产业进入开始形成期。

1985 年，国家实行种粮脱钩，种子由农业部门负责组织生产与经营，实行了“四化一供”的计划经济统一供种模式。各级在种子管理机构的基础上，建立具有主导地位的国有种子公司，国有种子公司迅速崛起，成为我国种子工作的主要支柱和种子生产、经营的组织者和实施者。民营的种子经营者作为从属和补充以瓜菜类种子的生产、经营为主。

虽然当时中国种业尚属于计划经济的运作体制，但以蔬菜、杂交玉米和杂交水稻为重点的商品种子生产与流通呈现出市场经济的新格局，很快打破了区域供种的旧模式，初步形成了覆盖全国的种子大市场。随着商品经济的发展，尤其是农业生产由计划经济向市场经济的过渡，种子管理工作面临市场经济变化的考验，1989 年 3 月国务院发布了《中华人民共和国种子管理条例》，并于 1989 年 5 月 1 日起施行，用于指导种子工作向规范化、标准化的方向迈进。这一阶段种子有了商品属性，生产，初步形成品种区试、审定、生产、加工、检验及经营等环节组成的工作体系。但是也存在缺点，如管理上“政、事、企”不分，品种上“育、繁、推”脱节，经营上“小、全、散”，生产上“多、乱、杂”。

1995年，国家开始实施包括良种选育、生产繁殖、加工包装、推广销售、质量管理为主要内容的“种子工程”，提出种子产业化的思路。第一步，行政推“三率”(标牌统供率、种子精选率、种子包衣率)；第二步，竞争建中心(建立大中型农作物种子加工中心)；第三步，联合建集团(培育较大规模的种业集团公司)。这5年非常重要，是种子产业化的发展，冲开了种子市场化的大门。“种子工程”的实施，提升了良种化水平，到2000年，我国共育成并推广农作物新品种1210个，商品种子生产和经营量达到80亿千克。这一时期，我国探索实现种子专业化、集约化生产，初步形成集品种试验、审定、生产、加工检测与经营多环节于一整体的“育繁推”体系。种子产业化变革为我国种业的市场化发展奠定了坚实的基础。

(3)第三阶段(2000—2010年)：种子产业化阶段　进入21世纪以来，我国种业正式开启了市场化改革之路。2000年12月1日颁布《中华人民共和国种子法》(以下简称《种子法》)，《种子法》从法律层面系统性规范了种质资源保护、品种选育与审定、种子生产、种子经营、种子使用、种子质量、种子进出口和对外合作、种子行政管理等方面的内容，全面开放我国种子市场，打破国有种子公司垄断经营，种业从计划经济体制向市场经济体制转型发展，逐步构建起“种子产业观念、企业主体观念、市场经济观念、依法治种观念”为核心的现代种业体系。《种子法》的施行，极大地拓宽了市场准入门槛，使得我国种子企业如雨后春笋般发展起来。这一时期出现了大量由科研院所或民营承办的种子企业。据统计，该时期我国以小麦、水稻和玉米为主营业务的企业由2000年的3000多家增长至2010年的7000多家；由科研单位、高等院校等承办的企业也高达400余家，其中最典型的代表隆平高科(袁隆平农业高科技股份有限公司)于2000年在深交易所上市。除推动种业企业发展外，我国进一步推动事企分开。

2006年，国务院办公厅印发了《关于推进种子管理体制改革加强市场监管的意见》，明确要求推进种子企业管理体制改革以实现政企分开，通过加强种子管理法制建设、健全种子管理机构和健全种子标准体系以实现种子管理体系的完善，通过严格企业市场准入、严格商品种子管理以实现种子市场监管的强化。值得注意的是，这一时期公益性科研单位育成的品种允许有偿转让。因此，这一时期我国大部分种子企业由于资金不足，普遍基于“拿来主义”进行种子繁育，缺乏对研发能力的培养与孕育，这直接造成了我国种子企业“多、小、乱”的局面，是我国种子产业链“中间大两头小”特征的开端。与此同时，孟山都(美国)、先正达(瑞士)等国外种业集团率先进入我国蔬菜、花卉市场，不断向玉米、大豆等大宗产品市场布局，并在我国建立实验室和科研基地进行育种研发。总体而言，国外种业企业无论是在种子品质(如产量、抗逆性)，还是在种子加工和经营等方面都要强于我国种业企业。以先锋公司(美国)为例，该公司2005年自主研发的杂交玉米品种335，推广不足5年便占据了吉林省玉米产地10%的播种面积。这一时期，外资企业的发展给国内企业带来不小的冲击。

2000年《种子法》的颁布实施，国家取消了对主要作物种子的管制，中国种业拉开了激烈竞争的序幕。市场化快速发展阶段是我国种业市场规模增长最为迅速的阶段，这一时期我国彻底打破了以往政府主导的生产经营模式，种业市场趋于统一，企业的自主生产经营权得到了有力保障。这一阶段的特点：一是种业生产经营由单一主体向多元主体转变；二是种业发展由主要依靠行政推动向政府推动加市场拉动转变；三是种子经营和管理体制全面实现政企、事企分开。在《种子法》的统领下，进入依法治种时代。

(4)第四阶段(2010年至今)：种业现代化　为进一步深化种业改革，提升我国农业科技创新水平，增强育繁推一体化制种企业竞争力，满足建设现代农业的需要，2011年《国务院关于加快推进现代农作物种业发展的意见》(简称"8 号文")出台,要求种业发展要以坚持自主创新、坚持企业主体地位、坚持产学研相结合、坚持扶优扶强为基本原则,部署了九大重点任务,具体包括强化农作物种业基础性公益性研究、加强农作物种业人才培养、建立商业化育种体系、推动种子企业兼并重组、加强种子生产基地建设、完善种子储备调控制度、严格品种审定和保护、强化市场监督管理和加强农作物种业国际合作交流九个方面。该政策的突破性是认识到科研院所与高校要重点开展种业基础性与公益性研究,种子企业是商业化育种的主体,这些举措加速推动了我国种子企业的商业化育种步伐。此外,这一时期的行政化手段也加速推动了我国种企的兼并重组。据统计,"8 号文"出台后,我国种子企业从 2011 年以前的 8700 多家迅速减少到 2013 年的 5949 家。

2012 年,国务院办公厅出台了《关于印发全国现代农作物种业发展规划(2012—2020 年)的通知》,从规划背景、总体要求、重点任务、发展布局、重大工程、保障措施六个方面对 2012—2020 年现代农作物种业发展进行系统性规划,明确提出要走商业化育种道路,并积极引导科研机构、高等院校与所办种业事企脱钩。2015 年,人力资源社会保障部办公厅、农业部办公厅联合出台的《关于鼓励事业单位种业骨干科技人员到种子企业开展技术服务的指导意见》推动了大批育种人才向企业流动。党的十八大以来,分别对《中华人民共和国植物新品种保护条例》《中华人民共和国种子法》进行了修订,标志着向种子资源保护、种业法制化发展迈出了重要步伐。

提升种业创新能力是近年来中央一号文件的关键词。2016 年中央一号文件明确要求"大力推进育繁推一体化,提升种业自主创新能力"。2017 年中央一号文件指出"加大实施种业自主创新重大工程和主要农作物良种联合攻关力度"。2019 年中央一号文件提出"推动生物种业自主创新"。2020 年中央一号文件指出"大力实施种业自主创新工程"。2021 年中央一号文件明确指出,要"打好种业翻身仗",重点是要加强农业种质资源的保护及开发利用,深入开展农作物和畜禽良种联合攻关,实施新一轮畜禽遗传改良计划和现代种业提升工程,支持种业龙头企业建立健全商业化育种体系和加强制种基地和良种繁育体系建设。一些地方政府结合实际,也出台了打赢种业翻身仗的政策举措,如开展特色种业创新、组建产学研紧密结合的种业创新联盟、支持有条件的种业企业上市等。从政策导向上看,该时期我国种业改革存在三大重点方向:一是致力于增强种业体制机制活力。针对我国种业科研与生产"两张皮"问题,我国致力于推动种业科研成果权益改革,保护科研人员的成果权益,并支持科研人员去企业交流,激发科研人员与企业创新的积极性。二是大力扶持龙头种子企业发展。利用财政税收、金融资本等扶持手段,鼓励龙头企业兼并重组,整合资源并布局海外市场。在此基础上,强化市场监管,大量违规违法企业被依法打击和取缔。三是积极推进育种研发自主创新。为保障育种研发能力的快速提升,我国花大力气开展基础设施建设,目前已建设海南、甘肃、四川三大国家级育种制种基地,认定 53 个制种大县,且启动首批 49 个区域性良种繁育基地建设。经过十多年的发展,我国种子产业已基本形成多元化格局,种子研发实力不断增强,种子生产能力不断增强,种子质量明显提高,市场空前繁荣。但是我国种业由于起步晚,投入不足,并且种业本身也带有浓厚的计划经济色彩,使得我国种业与发达国家相比有较大差距,存在不少问题。

3. 我国种业发展面临的问题

(1)种业的科研创新能力不强　目前,中国种子企业有 136.2 万家,多以产、销为主,拥有自主品种权的企业也就 100 多家,全国育繁加销一体化的企业只有 80 多家,企业自主研发能力普遍较弱，有科研能力的企业不到总数的1.5%，大多数企业没有建立起自身科技创新体系，科研经费投入不足，平均不到销售收入的1%，低于国际公认的“死亡线”(国际公认标准：企业科研投入低于销售收入1%是死亡线，2%是维持线，5%为正常线，目前发达国家一般为8%～12%)。同样，科研投入不足也影响到种业公司的品种优势，缺乏龙头品种。种业公司本身欠缺自主知识产权(专利、品种权等)，品种同质化严重，自主创新水平与发达国家还有差距，特别是核心技术创新不足，亟需加大育种核心技术创新。而且近几年农作物品种权拍卖或转让成为一种时尚，“品种饥渴症”笼罩着整个种业。

(2)产业集中度不高　我国种业市场还属于发展的初级阶段，种子企业进入市场只有十多年时间，数量不少，但大多没有完成原始资本积累，生产经营规模普遍偏小。我国种子经营机构数量多，种子经营的主体呈现多元化，但过于分散，集中程度差，经营规模狭小，缺乏竞争力。

当前我国种业企业50强经营额只占全国种子市场的近30%，“育繁推一体化”前10强种子企业只占国内种子贸易额的15.5%；年销售额在1亿元以上的只有7家。从不同农作物来看，水稻种子产业集中度虽然相对较高，但行业上市公司前三名隆平高科、亚华种业和丰乐种业加起来也只占水稻种子市场总份额的24.5%。小麦种子行业集中度极低，业内龙头企业仅占2.4%左右市场份额。而世界前10强种子企业占世界种子贸易额的35%，美国前20强种子企业占本国国内贸易额的70%。

(3)外资大举进入问题　国外大型种子企业通过并购国内种子企业、独资或合资开展种子经营，独资、合资设立研发机构或通过品种授权使用等方式进入我国种业领域，近年来呈加速趋势，并且由园艺作物向粮食等其他作物拓展，由生产经营向科研育种延伸。

外企凭借其雄厚的资金实力、强大的创新能力和先进的营销模式，在与国内种子科研、经营竞争中明显占据优势。截止到2020年，全国共有持证外资种子企业25家，其中生产经营玉米种子的5家，经营棉花种子的1家，19家是经营蔬菜等非主要农作物种子的企业。科技创新、管理水平、核心竞争等方面优势明显。

(4)其他一些问题　种业的体制机制问题有：民营种业大多存在家庭式管理的弊端，管理、决策随意性大，而且往往留不住人才；企业家的理念、素质存在一定问题；社会环境现实问题，农业效益比较低，农民(家庭农场、种田大户、农业生产合作社)普遍惜本，追求便宜，因此相比较而言，种粮比价长期较低，种业的竞争激烈，供求没规律，利润率低，风险大，企业生存发展困难。

【思考题】

1. 论述种子含义及特殊作用。
2. 种子在农业生产中的重要作用是什么？

第二章

国内外种子立法管理概述及特点

第一节　种子立法与管理概述

种子作为一种特殊的农资商品，对其实施依法管理和监督已成为各国共识。欧美等国家大都建立了包括种质资源管理及种子研究、开发、生产、加工、储运、营销等环节在内的种子法律和法规。因而可以说，健全的法规体系是经济发达国家种子管理体制确立及运作的依据。

一、种子立法历史悠久

种子法是国家为保证农业生产用的种子质量、调整品种选育及种子生产、经营、使用各方权利、义务关系的法律规范的总称。发达国家从 1850 年以后就开始重视种子管理工作，较早地颁布了种子管理法和法规，并以这些法规为基础，建立起了规范的种子管理体制。

世界上最早的种子法是 1816 年瑞士伯尔尼市禁止出售掺杂三叶草种子的法令。瑞士政府于 1861 年就颁布了种子法，禁止生产和出售掺杂种子。1869 年英联邦议会通过了不准出售丧失生命力和不纯种子的《掺杂种子法》。美国国会 1905 年颁布的《年度进口法》就授权农业部对市场上流通的种子进行测试，检查蔬菜种子样品，发现其平均发芽率为 60.5%；1912 年国会又通过了《种子进口法》，禁止美国企业进口低、劣质种子；1939 年制定了《联邦种子法》，各州也有州的种子法，对商品种子的生产、分级、包装、标签、检验等都做了明确的法律规定。日本于 1947 年颁布了《日本种苗法》和《日本种苗法实施细则》，规定从事种苗生产必须向农林水产大臣提出申请，注明生产者的姓名及地址，而且生产的种苗要符合规定的种类。到 20 世纪 50 年代，各国有关种子的法规愈加具体和详尽，例如 1959 年加拿大的《种子检验和种子销售法》、1960 年墨西哥的《种子生产、鉴定和贸易法》、1966 年印度的《种子法》、1968 年联邦德国的《种子贸易法》、1969 年摩洛哥的《种子和种植材料的生产与贸易法》、1971 年西班牙的《种子和苗木法》、1972 年肯尼亚的《种子和植物品种法》、1973 年阿根廷的《种子和植物新品种法》、南斯拉夫的《种子质量和标准法》、1974 年罗马尼亚的《种子和种植材料的生产、使用和质量控制法》、1975 年联邦德国的《种子法》、1976 年突尼斯的《种子和种植材料的生产与销售的组织和质量控制法》、1977 年智利的《种子科研与生产贸易法》等。

世界各国的种子法，一般都经国家立法机构批准，由农业部长颁布，并制定有关规定，授权执法机构管理、检查、实施。如法国设有植物品种委员会,负责提出每年在全国进行登记的植物品种;另有种子检验服务处,主要负责审查批准种子生产者的申请,检查种子生产过程中执行条例规定的情况,并签发种子检验合格证书。一些国家还要求负责执行种子法的专门机构,定期或随时将执行情况上报或公布。

二、种子监管法规的内容非常系统

在市场经济国家,种子法规既是建立种子管理体制及政府监管种子市场的依据,也是各类种子市场主体从事种子研究、开发、经销、贸易等经营活动的准则。因此,国外种子法规涉及的范围相当广,而且系统性很强。通常情况下,种子法规监督和管理的范围包括:种质资源保护、开发与管理,新品种培育、审定、发放和保护,种子质量检验与认证,种子生产、包装与经销,种子商品进出口及国际种子产业与技术合作,种子及种子技术推广与使用,以及种子行政管理等方面。例如,为解决经常出现的种子质量问题,美国国会在1905年的《年度进口法》、1912年的《种子进口法》(1916年和1926年分别对该法进行了两次修改)的基础上,1939年又通过了《联邦种子法》。《联邦种子法》对所有农作物种子的进口、运输和商业活动都进行了明确的规定,对种子标签和颜色、农场主之间的种子交换、种子广告、种子发芽测试、劣质种子损失的测定及估计、杂草种子含量、种子质量俗语和种子样品的保存等也做出明确的规定。由于种子法的内容全面、系统,监管的范围广,因而在国外特别是经济发达国家,其种子法的结构基本上就决定了种子管理体制的框架,并在规范种子市场和保障种子质量等方面发挥着基础作用。

三、种子监管法规的操作性很强

国外的种子管理法规不仅非常具体,而且可操作程度也相当高。例如,美国在《联邦种子法》的基础上,各州也相继颁布了本州的种子法或条例。各州颁布的种子管理法规除强调联邦种子法的条款外,也突出自己的特点。例如,《联邦种子法》对种子质量指标没有明确的要求,但大部分州对种子质量指标做了具体规定,如密歇根州的种子法就规定农作物种子的最低发芽率必须大于90%。与种子法规的可操作程度高相对应,国外种子管理体制的可操作性也很强。例如,根据《联邦种子法》和各州种子法的不同规定与具体要求,美国的种子管理体制也分为联邦级和州级两个层次。在联邦层次,农业部设有种子管理处,负责种子法的实施与管理。联邦层次还设有国家种子测试中心、国家种子协会和官方种子认定协会等管理机构。在州层次,农业厅设有相应的种子管理机构,负责联邦和州种子法的实施与管理。

四、种子管理体制及其模式

根据各国种子法确定的原则框架,国际上的种子管理体制主要有三种模式。

(一)事前管理模式

事前管理模式是一种与计划经济体制和政府主导型的市场经济体制相适应的模式,主要应用于俄罗斯及东欧国家。该模式管理的侧重点集中在种子生产环节,例如俄罗斯的种子法对亲本、原种、商品种子的生产过程规定得既非常详细、具体,又非常严格。但种子流通环节的规定就不够具体和严格,对种子市场的管理也不够细致,特别是对种子经营者应当具备的基本条件和其他市场主体进入种子产业的门槛等,都未做具体规定。

(二)全程管理模式

全程管理模式适宜于国土面积较小、种子品种较为单一的国家,目前主要应用于英国、德国、法国等欧洲国家和日本、韩国、泰国等亚洲国家。因为在这些国家,从事种子研究、生产和经销活动的市场主体可以直接到中央政府申请品种注册,而没有必要再设立省级或州级品种注册委员会。这种管理模式的基本特征是:①种子必须注册,对列入名录的品种不注册就不能生产、推广和经销;②为控制种子质量,实行强制的种子质量认证制度;③经过包装的种子必须有标签,而且对标签的格式、内容、颜色等都有具体的规定。

(三)事后管理模式

事后管理模式适宜于市场成熟和经济发达的国家,目前主要应用于美国。这种模式管理的侧重点是反映种子质量等状况的种子标签的真实性,例如美国对种子标签的制定、颜色、项目、内容、代号、批量等都有具体的规定,而且要求非常严格。对种子生产等过程则基本上不管,只是要求种子市场主体能够照章纳税。

值得特别强调的是,上述三种管理模式的划分依据只是世界各国管理种子产业和调控种子市场的侧重点。事实上,种子产业发展到今天,世界主要国家特别是经济发达国家在构建种子产业管理体制时,考虑的因素必须是多层面的。

五、种子管理体制及其层次

国外经济理论界和种子产业界普遍认为,种子市场监管和种子产业管理是极为复杂的系统工程。因此,强调种子管理体制的功能必须能够同时覆盖三个管理层次。

(一)微观管理层次

微观管理层次指的是从事种子研究、开发、生产、加工、包装、经销等活动的种子市场主体或种子企业内部的管理层次,其核心是企业在长期的市场竞争中形成的自律机制。通常而言,种子企业提高其自身竞争力的基本思路与方法是强化科技创新能力和获得自有知识产权、树立企业形象和创出自己的品牌和名牌、通过资产运作不断扩大经营规模和提高开发市场能力、确保种子质量和服务质量。因而在激烈的竞争中,国外的种子公司为保护企业的信誉、竞争力和效益,根本不生产和经销假种子、劣质种子,企业决不允许不成熟、未实验和不合格的种子进入市场。

(二)中观管理层次

中观管理层次指的是普遍存在于种子研究、开发、生产、加工、包装、经销等行业内部的行业管理层次,其核心是种子产业在长期运作过程中形成的种子协会管理机制。种子协会都是由行业组织或企业法人联合而形成的,具有制定行业管理规范、规范行业内部各成员的经营行为、对成员企业或公司进行资信等级评价、开展行业服务和行使部分政府监管职能等多种功能,因而在种子行业管理方面具有很强的权威性。目前在经济发达国家,从事种子研究、开发、生产、经销等活动的种子市场主体同时受三个层次的种子协会管理:第一层次是国际性及地区性种子管理协会组织,如国际种子检验协会(ISTA)、国际种子贸易联盟(FIS)、北美官方种子认证协会(AOSCA)等;第二层次是国家级种子管理协会组织,如美国的联邦作物改良协会、基础种子协会等;第三层次是省(州)级和其他类型的种子管理协会组织,如美国各州的作物改良协会等。

（三）宏观管理层次

宏观管理层次指的是存在于宏观层次上的行政执法管理、司法管理和广泛的社会监督管理，其核心是系统、具体、严格的执法管理。

六、种子管理体制的基础

在市场经济发达国家，无论是政府、科技及理论界，还是种子产业界都在长期的实践中探索和形成了一种共同的认识，那就是种子首先是一种商品，对种子研究、开发、生产、加工、包装、储备、经销等环节的管理必须以种子市场机制的调节为基础，即对种子产业的管理必须符合市场经济规律。基于上述判断，发达国家实行的都是政企完全分开和企业治理结构法人化的管理体制，从事种子研究、开发、生产、加工、包装、储备、经销等活动的市场组织与其他工商企业一样，都是市场体系中的微观组织。因而可以说，市场经济规律及市场机制是经济发达国家种子管理体制确立及运作的基础。

（一）政府对种子产业的监管以市场机制为基础

作为种子产业的监管者，发达国家政府在制定监管法规及实施这些法规过程中，普遍遵循“政府调控市场，市场调节企业”的监管原则；除从事种子研究的国立或其他形式的国有高等院校和科研院所外，发达国家政府与种子公司等种子市场主体之间通常不存在任何行政隶属关系、产权所属关系和经济利益关系。因而在种子市场上，政府及其主管部门只是种子市场交易规则的制定者和执行者。在这种政企关系框架下，政府制定种子产业监管法规的目标是建立和形成能够开展公平竞争和高效运作的种子市场体系。为实现该目标，这些国家政府制定和实施种子法规的出发点是通过消除过度竞争、控制垄断竞争和打击非法经营行为等方式，来优化种子市场环境、规范种子市场秩序。在此基础上，借助市场机制的调节功能和作用，来规范种子市场主体的经营行为，进而提高种子产业运作的效率。

（二）研究机构的科研活动以市场机制为基础

在发达国家，从事种子研究和开发的科研机构主要有以下两种。

（1）国立或其他形式的国有高等院校和科研院所等种子科研机构，政府与这些机构之间既存在产权方面的权属关系，又存在科研经费等方面的支持与被支持关系。

（2）大型种子公司自建的商业化的种子研究与开发机构，通常政府与这些公司化的机构之间不存在直接的行政隶属和经济利益关系。

这种体制就决定了发达国家的种子科研机构必须在市场经济框架内，依据市场机制调节为基础来开展种子研究与开发活动。就国有科研机构而言，除了承担政府委托和支持的一些基础性、公共性、成果共享性的种子研究、推广、服务、保护项目外，其承担的其他科研项目包括从立项选择、经费筹措、科研组织到技术转化在内的各个环节，都必须从商品化、产业化等方面充分考虑种子研究和开发项目的市场前景，受市场机制调节和指导。就大型种子公司所属的科研机构而言，其科研活动完全是商业化的，承担的科研项目包括从立项选择、经费筹措、科研组织到技术转化在内的各个环节完全受市场机制支配，即无论从长期还是短期角度考虑，这些研究和开发机构从不选择和开展没有市场前景的种子研究和开发项目。

（三）生产经销机构的经营活动以市场机制为基础

在发达国家，从事种子生产及经销活动的种子公司的经营具有三个特征。

(1)种子公司的产权关系较为复杂,大都是有限责任公司制;合伙制和独资制公司,几乎不存在国有公司。

(2)所有的种子公司都是自主经营的市场主体,政府及其主管部门只能根据相关法规对其运作过程加以监管,但不能直接干预其经营管理过程。

(3)从根本上讲,所有种子公司从事种子研究、生产、经销活动的目的都是为了实现利润最大化。

这些特征就决定了种子公司的研究、生产和经营活动必须以市场机制调节为基础。为适应竞争激烈的市场,各类种子公司都非常重视企业的信誉,为建立自己的信誉和名牌,连种子袋、标签都印有公司名称、地址和承诺;为提高种子公司的效益,各类种子公司都在不断加强内部管理、精简职员、采用现代设备和手段。

第二节　我国种子立法与管理的概述及特点

一、我国种子法规及管理的建设过程

新中国成立后,党和政府非常重视种子工作,发展历程如下。

1949 年 12 月,农业部召开第一次全国农业工作会议,确定推广良种为恢复和发展农作物生产的重要措施之一。1950 年 2 月,农业部召开华北农业技术会议,制定了《粮食作物良种普及计划实施方案》(1951 年 12 月农业部正式发布时改为《粮食作物良种普及和实施方案》),提出就地选种就地推广的原则,农村普遍实行“家家种田,户户留种”。

1958 年,为适应当时的以自然经济为基础的形势,中央政府召开全国种子工作会议提出“四自一辅”的工作方针。在此方针指引下,全国各地逐步建立起的以县良种场为骨干、公社良种场为桥梁、生产队种子田为基础的三级良种繁育推广体系,使农业生产用种问题得到基本解决。随着农业生产的发展,生产条件的改善和科学技术的进步,这种留种方式越来越不能适应生产的需要。其主要缺点是繁育制种零星分散,技术力量差,隔离条件不能保证,致使种子纯度和典型性难以达到要求,“一年纯、二年杂、三年就退化”的现象普遍存在。为了解决这个问题,进一步推动种子工作的开展,1978 年 5 月,国务院批转农林部“关于加强种子工作的报告”,要求建立种子公司和种子生产基地,健全良种繁育体系,实现“四化一供”。

1992 年,党的十四大提出建立社会主义市场经济的方针。原来在计划经济体制下建立起来的种子体制弊端开始逐步显现出来。计划经济体制下的种子服务体系已远远不能满足农业生产的需要。在市场经济大潮的推动下,各地经济实体发展速度加快,假劣种子坑农事件时有发生,影响了农业生产的健康发展,损害了农民的切身利益。为了改变上述局面,国务院于 1995 年 9 月在天津召开全国种子工作会议提出“种子工程”项目。1993 年 7 月 2 日国务院颁布《中华人民共和国农业法》(2002 年 12 月 28 日通过修订),明确提出“国家扶持动植物品种的选育、生产、更新和良种的推广使用,鼓励品种选育和生产、经营相结合,实施种子工程和畜禽良种工程。国务院和省、自治区、直辖市人民政府设立专项资金,用于扶持动植物良种的选育和推广工作”。

1997 年 3 月 20 日,国务院第 213 号令发布《中华人民共和国植物新品种保护条例》,1999 年 6 月 16 日农业部第 13 号令发布《中华人民共和国植物新品种保护条例实施细则(农业部

分)》,开始对国内植物新品种产权提供法律保护。

1999 年,我国正式加入 UPOV(国际植物新品种保护联盟),成为其第 39 个成员国,表明我国将在国际公认的植物新品种准则下开展这项工作。这标志着我国在知识产权保护法律体系建设方面又迈上了一个新台阶,它将有益于鼓励国内外企业和个人增加对植物育种领域的投入,从而育成更多的植物新品种,促进农林业生产的发展。

2000 年 12 月 1 日《种子法》颁布实施,在借鉴国外成功经验的基础上,增加了一些适应社会主义市场经济体制要求的内容,注重解决好实践中存在的突出问题。《种子法》的施行标志着我国进入了依法治种的新阶段。对于保护和合理利用种子资源,规范品种选育和种子生产、经营、使用行为、维护品种选育者和种子生产者、经营者、使用者的合法权益,提高种子质量水平,推动种子产业化,促进农业发展具有重大意义。政府制定的政策同样受《种子法》约束和制衡,这对原有的体制和经济观念形成了巨大的冲击。

为进一步深化种业改革,提升我国农业科技创新水平,增强育繁推一体化制种企业竞争力,满足建设现代农业的需要,2011 年出台《国务院关于加快推进现代农作物种业发展的意见》。2012 年《全国现代农作物种业发展规划(2012—2020 年)》的出台,从规划背景、总体要求、重点任务、发展布局、重大工程、保障措施六个方面对 2012—2020 年现代农作物种业发展进行系统性规划,明确提出要走商业化育种道路,并积极引导科研机构、高等院校与所办种业事企脱钩。2015 年《关于鼓励事业单位种业骨干科技人员到种子企业开展技术服务的指导意见》文件的发布,极大地推动了大批育种人才向企业流动。党的十八大以来,分别对《中华人民共和国植物新品种保护条例》《中华人民共和国种子法》进行了修订,将植物新品种知识产权保护从行政法规上升到法律层次,为保护育种者合法权益、促进种业创新发展提供了法律保障,标志着种子资源保护、种业法制化发展迈出了重要步伐。

提升种业创新能力已成为中国种业发展的核心任务。在 2016—2021 年的中央一号文件中,明确指明“大力推进育繁推一体化,提升种业自主创新能力”,“加大实施种业自主创新重大工程和主要农作物良种联合攻关力度”“推动生物种业自主创新”“大力实施种业自主创新工程”“打好种业翻身仗”,重点是要加强农业种质资源的保护及开发利用,深入开展农作物和畜禽良种联合攻关,实施新一轮畜禽遗传改良计划和现代种业提升工程,支持种业龙头企业建立健全商业化育种体系和加强制种基地和良种繁育体系建设。2021 年中央全面深化改革委员会第二十次会议审议通过的《种业振兴行动方案》把修改《种子法》列为重点任务,强调要把种源安全提升到关系国家安全的战略高度,要综合运用法律、经济、技术、行政等多种手段,推行全链条、全流程监管,对假冒伪劣、套牌侵权等突出问题要重拳出击,让侵权者付出沉重代价。2021 年 12 月 24 日,第十三届全国人民代表大会常务委员会第三十二次会议审议通过了《中华人民共和国种子法》(以下简称《种子法》)修改决定。这是《种子法》自 2000 年颁布以来的第四次修改。

二、我国目前与种子生产经营相关的法律法规

法律位阶是指在一国之内同一法域之中,法律体系呈现出纵横交错的特征。所谓法律位阶,是指每一部规范性法律文本在法律体系中的纵向等级。下位阶的法律必须服从上位阶的法律,所有的法律必须服从最高位阶的法。在我国,按照宪法和立法法规定的立法体制,法律效力位阶共分六级,它们法律效力等级为:宪法—法律—行政法规—地方性法规—规章。

《中华人民共和国立法法》第八十三条规定：同一机关制定的法律、行政法规、地方性法规、自治条例和单行条例、规章，特别规定与一般规定不一致的，适用特别规定；新的规定与旧的规定不一致的，适用新的规定。

我国种子法律体系如下。

(1)专门法律 《中华人民共和国种子法》。

(2)相关法律 刑法、行政处罚法、行政许可法、农业法、农业技术推广法、产品质量法、消费者权益保护法、标准化法、国家通用语言文字法、反不正当竞争法、广告法、计量法等。

(3)行政法规 植物新品种保护条例、转基因生物安全管理条例、植物检疫条例、标准化法实施条例、认证认可管理条例等。

(4)农业部规章 标签、生产经营、监督抽查、田间鉴定、品种审定办法、加工包装、主要农作物范围规定、转基因生物标识管理办法、转基因生物安全评价管理办法、农业生产资料管理暂行规定、农业植物品种命名规定。

(5)相关部委规章 质检总局：产品标识标注规定、定量包装商品计量监督管理办法、定量包装商品净含量检验规则；工商总局：广告语言文字管理暂行规定等。

(6)立法解释 例如全国人大《中华人民共和国种子法》有关条款的解释意见-2006。

(7)司法解释 最高人民法院、最高人民检察院关于办理生产、销售伪劣商品刑事案件具体应用法律若干问题的解释；最高人民法院关于审理不正当竞争民事案件应用法律若干问题的解释；最高人民法院关于审理侵犯植物新品种权纠纷案件具体应用法律问题的若干规定；最高人民检察院、公安部《关于公安机关管辖的刑事案件立案追诉标准的规定》。

(8)行政解释 农业部办公厅关于种子法有关条款适用的函。

(9)技术法规 农作物种子标签通则、农作物种子检验规程、25 个种子强制性质量标准、6 个农业行业标准。

(10)规范性文件 《国务院关于加快推进现代农作物种业发展的意见》(国发〔2011〕8 号)、国务院办公厅《关于印发全国现代农作物种业发展规划(2012—2020 年)的通知》(国办发〔2012〕59 号)、国务院办公厅《关于深化种业体制改革提高创新能力的意见》(国办发〔2013〕109 号)、农业部 国家发改委 科技部《全国农作物种质资源保护与利用中长期发展规划 2015—2030 年》(农种发〔2015〕2 号)。

三、《中华人民共和国种子法》修订历程

《中华人民共和国种子法》2000 年 7 月 8 日第九届全国人民代表大会常务委员会第十六次会议通过；根据 2004 年 8 月 28 日第十届全国人民代表大会常务委员会第十一次会议《关于修改〈中华人民共和国种子法〉的决定》第一次修正；根据 2013 年 6 月 29 日第十二届全国人民代表大会常务委员会第三次会议《关于修改〈中华人民共和国文物保护法〉等十二部法律的决定》第二次修正；根据 2015 年 11 月 4 日第十二届全国人民代表大会常务委员会第十七次会议第三次修订；2021 年 12 月 24 日，中华人民共和国第十三届全国人民代表大会常务委员会第三十二次会议通过《全国人民代表大会常务委员会关于修改〈中华人民共和国种子法〉的决定》第四次修订，自 2022 年 3 月 1 日起施行。《中华人民共和国种子法》全文共十章 92 条，具体有总则，种质资源保护，品种选育、审定与登记，新品种保护，种子生产经营，种子监督管理，种子进出口和对外合作，扶持措施，法律责任和附则。

【以案说法】2003 年来，河南洛阳中院法官李某娟审理了一宗“种子案”。该案中，甲公司（汝阳县种子公司）委托乙公司（伊川县种子公司）培育种子，双方约定了数量、质量、价款、交货时间等。乙公司培养完种子后，没有依约将良种卖给甲公司，而是高价卖向市场，给甲公司造成了经济损失。甲公司依法将乙公司告到法院。李某娟法官作为本案的审判长，在确定乙公司的赔偿基准时，遇到了法律难题，依据河南人大常委会制定的《河南省农作物种子管理条例》（以下简称《河南种子条例》），乙公司应依国家指导价，赔偿甲公司经济损失 7 万元；依据全国人大常委会制定的《种子法》，乙公司依市场自由价，赔偿甲公司经济损失约 70 万元。

2003 年 5 月，洛阳市中级人民法院认定《河南种子条例》的某项条文与《种子法》相冲突，“自然无效”，因而拒绝适用该条文，而直接适用了《种子法》。判决乙公司赔偿甲公司经济损失 70 万元。被告（伊川县种子公司）不服判决，向河南省高级人民法院提起上诉。

“《种子法》实施后，玉米种子的价格已由市场调节，《河南省农作物种子管理条例》作为法律位阶较低的地方性法规，其与《种子法》相抵触的条（款）自然无效。”[洛阳中院的（2003）洛民初字第 26 号判决书]此判决书一出，开始在河南、继而在全国引发轩然大波。河南省人大认为判决书中宣告地方性法规有关内容无效，这种行为的实质是对省人大常委会通过的地方性法规的违法审查，违背了我国人民代表大会制度，侵犯了权力机关的职权，是严重违法行为。

2004 年 10 月 18 日，河南省人大常委会办公厅下发了《关于洛阳市中级人民法院在民事审判中违法宣告省人大常委会通过的地方性法规有关内容无效问题的通报》，要求河南省高院对洛阳市中院的“严重违法行为作出认真、严肃的处理，对直接责任人和主管领导依法作出处理”。洛阳市中院党组根据要求作出决定，撤销判决书签发人民事庭赵某云的副庭长职务和李某娟的审判长职务，免去李某娟的助理审判员，该决定最终未履行。

河南省高级人民法院受理此案后，向最高人民法院进行了请示。2004 年 3 月 30 日，最高人民法院作出《关于河南省汝阳县种子公司与河南省伊川县种子公司玉米种子代繁合同纠纷一案请示的答复》，指出《立法法》第七十九条规定：“法律的效力高于行政法规、地方性法规、规章，行政性法规的效力高于地方性法规、规章。”中华人民共和国合同法解释：（一）第四条规定“合同法实施以后，人民法院确认合同无效应当以全国人大及其常委会制定的法律和国务院制定的行政性法规为依据，不得以地方性法规和行政规章为依据。”根据上述规定，人民法院在审理案件过程中，认为地方性法规与法律、行政法规的规定不一致，应当适用法律、行政法规的相关规定。

河南省高级人民法院做出终审判决，维持洛阳市中级人民法院的原判。紧接着的 4 月 1 日，河南省第十届人大常委会第八次会议通过《河南省实施〈中华人民共和国种子法〉办法》（下称“《办法》”）。

该《办法》第 28 条宣布：“本办法自 2004 年 7 月 1 日起施行，……《河南省农作物种子管理条例》同时废止。”在《办法》中，原《河南种子条例》第 36 条“种子的收购和销售必须严格执行省内统一价格，不得随意提价”被废止了。

【思考】人大能否干涉人民法院的独立审判行为？法官面对法律冲突的抉择时怎么办？人民法院是否应享有对地方性法规的审查权？

第三节　国外种子管理的概述及特点

优良的作物品种是保持农业良性发展的基础，育种技术发达的国家大都十分重视育种技术，并采取一系列措施保护和发展育种技术，如立法保护育种、加强育种管理、重视育种质量、扶持育种技术研发和注重育种科研、生产、推销一体化发展等。

一、国外种子机构的设立及育种特点

（一）美国

各国一般规定由农业部负责管辖，并在农业部领导下设立专门机构，保证种子法的实施。美国是世界上最大的农产品生产国，也是最大的种子生产国，是世界上种子产业发展最早、种子法规比较健全的国家之一。随着生产发展和育种科研体制改革，种子产业发展经历了以下几个历史时期：政府管理时期，立法过渡时期，垄断经营时期，跨国公司竞争时期。其成立“作物品种改良协会”或“种子认证机构”，开始组织和实施种子改良和认证计划，其目的是生产和销售高质量的种子。其中美国国际有机作物改良协会，于 1987 年在美国宾夕法尼亚州成立，是为其广大会员提供有机农业和有机食品方面的研究、教育和认证服务的非营利性机构，并在全球设有 18 个分会。作为世界有机产品认证行业的先驱者，OCIA 在世界各地，包括北美、中南美洲、欧洲、非洲和太平洋地区的 20 个国家内拥有数千个会员。经过 OCIA 有机认证的有机种植者、加工者和贸易者可以顺利地将其有机产品销售往美国、日本和欧盟等世界主要的有机产品市场。

美国有许多公立和私立的育种机构，公立的育种机构有美国农业部、林业局和按照赠地法建立的大学，私立育种机构一般设在种子公司和食品工业公司。20 世纪 70—80 年代，私人种子公司居美国种业的主导地位。通过市场竞争，特别是将高新技术引入种子产业，超额利润吸引了大量工业资本和金融资本进入，使种子公司朝着大型化和科研、生产、销售、服务一体化的垄断方向发展。由于执行植物品种保护法和专利法令，知识产权得以保护，再加上贸易全球化和公立机构经费紧缩，美国的植物育种工作大都由公立机构转到私立机构。然而，全国基础性研究和某些特定植物的育种仍大都在公立机构。

美国植物育种中玉米、蔬菜种子主导产品所占比重大，科研是发展的基础，不断地向先进技术和商业化育种发展，同时重视品牌的保护和资源的搜集，重视依法治种，质量至上。例如先锋种子公司玉米（99%）和大豆（1%）种子的利润几乎占营业总利润的 100%。圣尼斯公司以经营蔬菜种子为主，有 20 多个种类 300 多个蔬菜品种。美国最大的 7 家种业公司中有 5 家以玉米种子作为主要产品。占种子贸易总利润的一半以上。

（二）日本

日本在全国建有由国立和公立科研机构、大学、民间（企业等）三大系统组成的农业科研体系。根据 1990 年修订的《农林水产研究基本目标》，研究开发工作的骨干是直属农林水产省的 29 所国立研究机构，其中农业 19 所、林业 1 所、水产业 9 所，并与地方和民间机构紧密结合进行。

为增强农业在国际上的竞争力，日本政府提出：培育划时代的水稻新品种和开发新一代水

稻生产技术，并称此为“日本奇迹”计划（1995 年制定）。该计划是在过去培育的超高产品种“星丰”“高生”，香米品种“纱丽女王”，黏性强、具光泽的品种“彩”等多种类型稻米的基础上，进一步培育适合直播的高品质、抗稻飞虱、抗低温和抗倒伏品种。同时，开发适应大规模经营、直播和低投入栽培的新一代水稻生产技术。

（三）英国

英国的农业科研工作由教育和科学部下设的农业研究委员会统一计划和协调。农业研究委员会有 23 个研究所，承担农业、渔业和食品部委托研究的项目。由农业、渔业和食品部提供的研究经费占农业研究委员会全部经费的一半。

英国的农业研究机构有两类：一类是国家农业研究机构，另一类是私人出资办的农业研究机构。国家办的农业研究机构有 46 个。农渔食品部所属的研究机构主要侧重于应用研究，如人工育种、畜禽防疫、植物病虫害的控制及水产养殖等；国家农业研究委员会和大学的研究机构则主要侧重于动植物生理、遗传学、生物化学、分子结构、土壤物理、生物固氮等基础科学的研究。

英国为挽救和保护世界上许多濒临灭绝的珍稀植物物种而建的一个“种子银行”，于 2005 年 8 月底在英国正式投入使用。这个耗资 8000 万英镑（1.24 亿美元）、极具远见的机构名叫“千禧年种子银行”，建于英格兰南部的韦克赫斯特。千禧年种子银行项目关系到保存濒临灭绝的植物，以及最有可能在未来使用的植物的种子。2000 年开始到现在，该项目组与 100 多个国家及地区合作“共保存着来自世界的 24 亿颗种子，大约占地球上野生植物品种的 15.6％。

二、国外种子管理体系概况

美国种子管理法制健全，依据《联邦种子法》颁布了《种子检验规程》《种子签证规程》和《植物品种保护法》，使整个种子管理工作程序化、规范化。从育种、原原种、原种到良种的生产质量控制、销售等都有法规条款以及违法处罚办法。国家对育种和种子行业管理有一套官方、半官方和民间相结合的管理体制，例如品种试验、种子质量控制、商品种子签证乃至种子价格的协调，都是由政府委托农业院校、科研单位、行业协会、种子公司办理。

美国的种子管理体系分为联邦和州两级。在联邦一级，农业部设有种子处，负责种子法的实施与管理。此外，联邦一级还设有国家种子监测中心、国家种子协会和官方种子认定协会等。在州一级，农业厅设有相应的种子部门，负责种子法的实施与管理。州一级在州立大学设有种子检验室，有的州还设有种子改良协会和品种认证委员会等。种子法实施的仲裁机构是法院。

日本农林水产省（MAFF）生产局负责执行植物品种保护制度，具体工作由种苗课负责。主要任务是审查申请品种的名称、新颖性及“三性”（包括特异性、一致性、稳定性，简称 DUS）。申请保护的植物新品种的认定工作由日本种苗管理中心（NCSS）负责。NCSS 是独立行政法人，主要职责是申请品种的栽培试验、品种资源保存与扩繁、原原种的生产与配布、种苗检查及相关技术调研等。新品种保护实行自愿申请，批准登记的基本依据是 DUS 试验结果。

在法国，种子行业管理工作主要由法国农业部所属的一个半官方机构（简称 GEVES，相当于我国的事业单位）负责。该组织共有员工 250 名，这些员工全部由政府聘任，国家支付工资。它既为法国育种者权益保护委员会（简称 CPOV）服务，又为法国种子苗木跨行业联合会

(简称 GNIS)服务,主要职能一是负责发布农作物新品种、种子贸易等方面的信息;二是协调种子行业与政府之间的关系;三是起顾问作用,如对种子在试验、生产中出现的问题提出改革建议,进行协调、指导、咨询、帮助等。

在荷兰,根据《种子与植物法》在农业部设立品种注册处,负责品种注册工作;同时成立植物育种者权利委员会,下设中心局、农业品种局、园艺品种局、申诉局,负责植物新品种者权利的授予工作,包括对申请的受理、驳回,育种者权利的授予、颁发经营授权品种许可证、宣布育种者权利的无效等,对于委员会的决定,当事人或利害关系人可以向委员会申诉局申诉或向法院上诉。申诉局主要由律师和专家组成,在人员和业务上与其他三个局相对独立,以保证处理申诉时做到公正、独立。荷兰还成立种子检验协会,种子公司自愿申请成为会员,协会通过制定有关规定约束其成员,通过检验促进可靠的繁殖材料上市,进一步商业化出口。

加拿大种子管理部门主要是加拿大食品检验署的品种局和中央种子检验室,该署是一相对独立于农业部的部门,但署长由农业部长提名,并有义务向农业部长报告工作。品种局下设三个办公室,一是植物生物技术办公室,负责利用生物技术选育的新特品种尤其是转基因品种的安全性评价工作,新特品种必须通过安全性评价,才能申请品种注册和品种权保护;二是品种注册办公室,负责品种的注册工作,凡是列入必须登记作物名录的品种,必须经过注册才可生产销售,其他作物品种可以不经注册,直接生产销售;三是植物育种者权利办公室,负责植物新品种权的授予和保护工作,由品种选育者自愿向育种者权利办公室提出申请,由办公室组织一年的试验,符合条件的授予品种权,给予保护,实践中,由于申请程序复杂且授予品种权后必须缴纳保护费,申请者大多是种子公司。中央种子检验室下设种子净度和发芽率检验室、健康检验室、品种纯度检验室和试验室资格认证室,具体负责种子质量标准、种子检验及质量控制等工作。此外,加拿大农业部还有负责种子立法、种子科研开发的部门。民间组织有加拿大种子联合会,由种子贸易协会、种子种植者协会、商品种子分析师协会联合组成,经政府认可,负责种子生产质量监督。

三、国外种子立法及管理特点

(一)政府扶持育种技术研发

从 1970 年开始,随着《植物保护法》的颁布,美国种业进入了现代产业时代。《植物保护法》和随后的修正案以及相关仲裁,通过保护新植物品种专利权等方式,极大地激发了私营公司进入种子市场的热情,这也开启了美国种业公司的大兼并时代。一些企业通过并购获得知识产权,规避了高额的专利费。另外一些企业则基于生物技术和遗传学相关研究的应用,朝着"生命科学"综合体方向发展。美国种子企业对科研的投入快速增长,用于科研和新品种选育的经费约占总收入的 10%~15%。同时种子公司都重视提高种子科技含量,把生物技术应用到科研育种中。近 20 年来,美国转基因作物种子快速发展,目前全美 90%以上的大豆、85%以上的玉米和棉花都是转基因种子,但小麦、马铃薯、水稻等作物转基因种子尚未释放。

在荷兰和加拿大,政府对种子产业的扶持主要体现在育种及基础研究方面,如荷兰减征或免征种子公司从事育种科研人员的个人所得税。加拿大农业部有科研基金,用于资助科研单位选育品种,对开拓国际种子市场,政府给予经费补贴。

无论荷兰还是加拿大,种子产业主要由两部分组成:一是公共种子科研单位,二是私有的种子公司。公共种子科研单位一般是公立农业大学和农业科研部门,其主要职责是育种理论研究、种质资源的研究开发、选育新品种和承担品种试验等工作，经费来源有政府拨款、种子协会的资助、出售品种权及试验收费等途径，如荷兰的植物育种繁殖研究中心承担着品种 DUS 测验工作，同时又是荷兰遗传资源中心，负责遗传资源的保存和开发工作，主要经费来源是 DUS 测验收费和农业部、外贸部的拨款；加拿大哈罗研究中心是农业部 18 个研究中心之一，其主要从事小麦、豆类作物的育种及品种试验工作，主要经费来源是转让品种权及试验收费。

(二)重视育种质量控制

美国政府及公司都把种子质量放在首位，质量控制机构设在联邦政府或州政府(有的设在州立农业学院)，也可以是农业部官方参加的协会组织，还可以是公司或私人负责的机构，但这些机构须经过官方认可。健全的种子质量控制和检验体系，出具的检验报告具有权威性和法律效力。大公司拥有经验丰富、技术熟练的质检人员和精良、实用、高效的检验设备及操作规程。检验过程高度程序化、标准化、规范化，检验样本、检验资料、数据计算、检验报告全部由电脑控制。

日本的种子质量保证体系是《种苗法》所规定的指定种苗制度，它相当于种子真实标签制。"指定种苗"就是规定实行真实包装标签的品种，标签上必须标明名称、生产者、产地、发芽率等；种子种苗的质量标准由农林水产大臣颁布，其标准相对较低(相当于基本标准)，企业实际销售的种子一般高于指定标准。合格种子才能销售。农林水产省每年都进行种子质量抽查并有计划进行纯度鉴定，对质量不合格者将严厉处罚。

(三)种子认证

在荷兰，所有的种子必须经过认证才可销售。根据作物不同，认证程序有所区别，对于农业品种，由种子检验机构的检验员对种子生产、加工的全过程进行监控、认证，对于蔬菜、园艺作物，是由公司对种子生产、加工的每个环节把关，种子检验机构的检验员检查各个生产环节的技术人员是否合格、随机抽取检查任何环节进行监督。

在加拿大，种子认证不是强制性的，销售的种子可以是认证种子，也可以是普通种子，由种子生产者协会负责各级别种子(育种家种子、注册种子、认证种子)生产过程的认证，由中央种子检验室和西部种子检验室及政府认可的检验室负责种子质量检验及认证标签的发放。加拿大将种子生产认证委托种子生产者协会负责，同时认证私人种子检验单位，负责种子认证检验工作。

(四)注重育种科研、生产、推销一体化发展

美国的种子经营和商业化活动开始得比较早，现代农业的发展主要得益于种子技术的发展，种子也成为农业技术发展的核心。为适应市场需要，很多种子公司已发展成全能化的公司，即集种子研究、生产、加工和销售于一体，重视科研投入。近年来，国际种企巨头纷纷在专利种子方面加大研发力度，国际大型种企在经历了多轮并购浪潮后，逐渐形成当前国际种子行业两强格局。

日本是园艺业大国，水果、蔬菜、花卉等园艺作物新品种的研究开发水平高，种子种苗业很发达。尤其是蔬菜、西甜瓜、花卉种子种苗业，拥有几家育、繁、推、销一体化的实力雄厚的跨国公司，在世界种业中占有重要地位。日本的园艺作物种业以私人企业为主导，国家在政策法规和基础研究方面提供保障，行业协会发挥交流、协调作用并具有部分管理职能，从而形成了健全而强大的种业体系。

【思考】借鉴国外种子立法和管理的特点，我国在未来种业发展应考虑哪些方面？

第三章

《中华人民共和国种子法》释义

《中华人民共和国种子法》(以下简称《种子法》)。

第一章　总则

第一条　为了保护和合理利用种质资源，规范品种选育、种子生产经营和管理行为，加强种业科学技术研究，鼓励育种创新，保护植物新品种权，维护种子生产经营者、使用者的合法权益，提高种子质量，发展现代种业，保障国家粮食安全，促进农业和林业的发展，制定本法。

本条主要阐明了种子法的立法宗旨，说明了为什么要制订《种子法》。

《种子法》中第一条开宗明义将"加强种业科学技术研究，鼓励育种创新"列为立法目的，激励育种原始创新。党中央高度重视种业发展和知识产权保护，2021 年中央全面深化改革委员会第二十次会议审议通过的《种业振兴行动方案》把修改《种子法》列为重点任务，强调要把种源安全提升到关系国家安全的战略高度，要综合运用法律、经济、技术、行政等多种手段，推行全链条、全流程监管，对假冒伪劣、套牌侵权等突出问题要重拳出击，让侵权者付出沉重代价。

因此，制订本法的目的就是为了用法律手段来进一步强化和规范在我国境内从事各项种子活动的行为，努力创造出一个公平、公正、科学、合理的市场经济体制，使先进生产力在我国的种子事业中得到充分发挥。

第二条　在中华人民共和国境内从事品种选育、种子生产经营和管理等活动，适用本法。

本法所称种子，是指农作物和林木的种植材料或者繁殖材料，包括籽粒、果实、根、茎、苗、芽、叶、花等。

本条主要说明了管理规范的行为范围和种子包含的范围。

(一)行为范围

凡在我国境内从事品种选育和种子生产、经营、使用、管理等活动的，都属于本法管理规范的范围。品种选育，主要是指育种者所从事的工作，生产经营是指种子企业和承担种子生产的农户，种子使用者是指购买种子用作农产品生产的人，种子管理主要是指行政主管部门的工作。因为这些活动都是由不同人的不同行为支配的，所以属行为管理规范的范围。

(二)种子的含义与范围

这里所说的农作物种子是指能在农业生产中直接用来播种、生产和繁殖品种的所有材料。它包括以下几点。

(1)籽粒　如粮食作物中的玉米、水稻、小麦、大豆等，经济作物中的棉花、西瓜、甜瓜等，油料作物中的油葵、油菜、胡麻等，麻类作物中的亚麻、红麻、大麻等，糖料作物中的甜菜等。还包括蔬菜、花卉、烟草、中药材、草类、绿肥作物中用籽粒播种的品种。

(2)果实　如大麦、葵花、桃李杏的核果等。

(3)根　如薯类、大丽花等块根作物等。

(4)茎　如葡萄、木本花卉等利用枝条插播的作物。

(5)苗　如水稻、部分蔬菜、花卉等用于移植而培育的幼苗。

(6)芽　如从植物的枝条上采集来用于嫁接的芽、直接利用植物的芽栽种繁殖等。

(7)叶　如有些花卉就是利用叶片扦插方法来繁殖的。

(8)花　是植物的繁殖器官，其主要目的在于繁殖，即令花粉中包含的精子和位于子房的胚珠得以结合。授粉是花粉从花药到柱头的移动过程，精细胞和卵细胞结合的过程则称为受精。

当然农作物繁殖材料并不只是这七种，它所涵盖的范围是很广的，像生产食用菌所用的菌种等也属于繁殖材料。

第三条　国务院农业农村、林业草原主管部门分别主管全国农作物种子和林木种子工作；县级以上地方人民政府农业农村、林业草原主管部门分别主管本行政区域内农作物种子和林木种子工作。

各级人民政府及其有关部门应当采取措施，加强种子执法和监督，依法惩处侵害农民权益的种子违法行为。

本条主要确定了管理种子工作的行政主体。

根据本条规定，国务院农业行政主管部门主管全国农作物种子工作，这里所说的农业行政主管部门就是农业农村部。县级以上地方人民政府农业行政主管部门主管本行政区域内农作物种子工作，这里说的农业行政主管部门是：县级为农业农村局，省级为农业农村厅。国务院林业草原主管部门主管全国林木种子工作指的是国家林业与草原局，2018 年 3 月，根据第十三届全国人民代表大会第一次会议批准的国务院机构改革方案，组建国家林业和草原局；县级以上地方人民政府林业草原主管部门也相应地进行机构改革重组：例如，县级有呼图壁县林业和草原局，省级有新疆维吾尔自治区林业和草原局。

涉及种子管理工作的机关很多。市场管理局、交通部门等在种子活动的管理中，都有其一定的职权范围。此外如税务、物价、财政、审计、粮食、邮电等部门都对种子的管理有一定的职权范围。在种子管理活动中，各部门之间应当注意协调配合，在各自的法定职权范围内进行种子管理方面的行政执法，不能超越职权，滥用职权，也不得失职、渎职。对于构成犯罪的违法行为，则可由公安机关进行查处，并追究刑事责任。

制种是种子生产流通的源头。严格把控制种源头，对于确保种子质量、维护守法企业合法权益、保障国家粮食安全具有重要意义。要坚持源头治理，把好制种基地生产关，在种子进入市场前进行全程监管。在制种苗期，以转基因监管为重点，组织力量对制种基地进行普遍排查，坚决查处非法生产转基因种子行为；在种子收获前，围绕转基因、品种真实性开展基地复查，严禁非法生产的转基因种子、侵权种子流出基地；在种子加工时期，以生产经营档案、品种真实性、品种权许可等为重点，组织企业监督抽查，防止违法种子流入市场。近年来，国家级制种基地不断加大监管力度，统筹协调公检法力量，严厉打击各种违法行为。在严把基地关的同时，注重强化品种登记、审定环节的监管，要求申请者要提供标准样品，同时对品种进行真实性、转基因检测，实现综合有效的源头管控。

第四条 国家扶持种质资源保护工作和选育、生产、更新、推广使用良种，鼓励品种选育和种子生产经营相结合，奖励在种质资源保护工作和良种选育、推广等工作中成绩显著的单位和个人。

本条法律的制定，将对我国种质资源保护、品种选育及推广工作起到极大的鼓励和推动作用。国务院印发的《"十四五"推进农业农村现代化规划》中提出，围绕重点农作物，启动实施农业种源关键核心技术攻关。加快实施农业生物育种重大科技项目，有序推进生物育种产业化应用。开展种业联合攻关，实施新一轮现代种业提升工程。推进国家级和省级育制种基地建设，加快建设南繁硅谷。在北方农牧交错区布局建设大型牧草良种繁育基地。加快建设种业基地高标准农田。继续实施制种大县奖励政策。建设一批国家级核心育种场，完善良种繁育和生物安全防护设施条件。推进国家级水产供种繁育基地建设。

著名植物学家，中国科学院院士吴征镒先生参加并领导了中国植物资源的有效保护与合理利用的理论研究与实践。20 世纪 50 年代，他负责橡胶宜林地的考察，与其他科学家共同解决了中国橡胶种植的一些关键技术难题，使国家急需的战略物资紧缺得到缓解。他系统全面地回答了中国现有植物的种类和分布问题，摸清了中国植物资源的基本家底，推动了中国植物资源的寻找、开发利用以及引种驯化等工作。他提出的建立"自然保护区"和"野生种质资源库"的建议得到党和政府的高度重视并施行，为中国生物多样性的保护和资源可持续利用做出了前瞻性的部署，获得 2007 年国家最高科学技术奖。

"水稻之父"袁隆平及其团队培育的超级杂交稻品种"湘两优 900(超优千号)"创亩产纪录，经第三方专家测产，该品种的水稻在试验田内亩产 1149.02 千克。他主持实施的超级杂交稻"种三产四"丰产工程，促进科技成果的生产应用，自 2007 年以来取得巨大的增产、增收效应，全国已有 7 个省市实施，其中湖南省全省参加的县(市、区)由 20 个增加至 2012 年的 50 个，面积达 882 万亩。截至 2012 年，累计示范推广面积 2000 多万亩，增产 20 多亿千克，为粮食持续稳定增产做出了新的贡献。由于他对中国及世界人民做出了突出贡献，国家给予了他很高的荣誉，获得 2000 年国家最高科学技术奖，2013 年获得第四届中国消除贫困奖终身成就奖，2018 年 12 月 18 日，党中央、国务院授予袁隆平"改革先锋"称号，颁授改革先锋奖章，获评杂交水稻研究的开创者。2019 年 9 月 17 日，国家主席习近平签署主席令，授予袁隆平"共和国勋章"。

第五条 省级以上人民政府应当根据科教兴农方针和农业、林业发展的需要制定种业发展规划并组织实施。

1995 年农业部提出了种子工作规划方案，制定了实施"种子工程"的规划。后来又进一步提出："各级政府要把实施种子工程作为依靠科技进步发展农业的一件大事，安排专项资金，组织专门力量，确保种子工程顺利实施。”为了贯彻落实党中央、国务院这一系列决定和要求，根据农业发展对种子工作的需求和种子工作发展的实际情况，农业部制定了实施“种子工程”的发展目标。

多年来国家为了扶持种子事业的发展，对种子生产、经营活动一直给予减免税收的优惠政策。2015 年以来，中央财政通过制种大县奖励政策累计安排奖励资金，支持制种大县建设，建设高标准种子田，购置制种机械设备，建设仓储、晒场等，巩固了国家级制种基地发展基础。2021 年中央财政加大制种大县支持力度，奖励资金规模由 10 亿元增加到 20 亿元，创新种子基地建设和发展模式，推进优势基地与龙头企业结合共建，推动基地做优、企业做强。实施种子生产收储政策，将种子收购纳入粮食直补政策。开展种子生产保险，建立政府支持、种子企业参与、商业化运作的种子生产风险分散机制。将制种机械和种子加工机械纳入农机具购置补贴范围。各地金融机构特别是政策性银行都对种子工作方面实施信贷支持。国家规定交通运输部门要优先保证种子的调运。这些优惠政策对我国种子事业的发展，起到了非常积极的促进作用。

为此，国家和各级地方政府都在采取措施，制订当地的种子发展规划。2022 年 3 月 1 日起施行的《新疆维吾尔自治区乡村振兴促进条例》(以下简称《条例》)明确，县级以上人民政府应当加强农业种质资源保护利用，支持种业科技创新，推动农作物、畜禽水产、林果以及牧草、中药材等种质资源保护体系建设。《条例》指出，将种子繁育基地纳入高标准农田建设，扶持建设规模化、标准化小麦、玉米、棉花、林果和其他特色农作物现代制种基地。对育种基础性研究及重点育种给予长期稳定支持，支持种业科技成果转化和优良品种引进推广。培育壮大育繁推一体化种业龙头企业，推进现代种业发展。

第六条 省级以上人民政府建立种子储备制度，主要用于发生灾害时的生产需要及余缺调剂，保障农业和林业生产安全。对储备的种子应当定期检验和更新。种子储备的具体办法由国务院规定。

1989 年，国务院批准建立国家种子储备制度。2016 年修订的《种子法》规定，省级以上人民政府建立种子储备制度，主要用于发生灾害时的生产需要及余缺调剂，保障农业生产安全。目前，国家和省级两级储备制度体系中，国家层面每年储备救灾备荒种子 5000 万千克，安排财政资金 5000 万元，采取政府购买服务方式落实储备任务，补助资金实行综合补贴、包干使用；省级层面，已有 20 个省(自治区、直辖市)建立了省级储备制度，储备种子近 4000 万千克，安排资金近 8000 万元。种子储备制度对有效应对农业自然灾害、确保种子市场平稳、保障国家粮食安全做出了重要贡献。

新疆维吾尔自治区在国家现有救灾备荒种子储备基础上，建立区级种子储备体系。每年重点储备早熟玉米、棉花、油葵、大豆等作物种子 3000 吨以上，储备主要造林树种 20%的用种量，保障灾后恢复生产和市场调剂。充分发挥我区种子储藏优势，建设国家级种子储备设施。自治区财政每年安排 1000 万元救灾备荒种子储备补助资金，用于储备种子收购资金补助和贴息、仓储保管、质量检测、损耗及转商损失等费用的补贴。

第七条 转基因植物品种的选育、试验、审定和推广应当进行安全性评价，并采取严格的安全控制措施。国务院农业农村、林业草原主管部门应当加强跟踪监管并及时公告有关转基因植物品种审定和推广的信息。具体办法由国务院规定。

转基因作物的商业化种植始于1996年，从历史发展看，转基因育种发展期间经历了早期探索、快速推广、成熟发展三个阶段。相比传统杂交育种技术，转基因育种利用现代生物技术，获得具有相应性状品种，产出的作物准确性高、周期短、抗性好、单产高，能为种子安全的发展带来巨大变革。

20世纪90年代初，我国发生大面积棉铃虫灾害，一些棉区的棉花产量降幅达80%。就在棉铃虫肆虐之际，一家跨国公司凭借其领先世界的生物技术，研制出了转基因抗虫棉，并一举占据我国95%的抗虫棉市场份额。在国家"863"计划和转基因专项的支持下，我国科学家通过不懈努力，经过人工合成*Bt*基因、植物表达载体的构建、植物遗传转化、转基因棉花品种选育、安全评价和品种审定等步骤，研制出拥有自主知识产权的国产转基因抗虫棉，成功打破了国际公司垄断，积极抢占了国际生物技术制高点。

目前，全球转基因种植面积集中，两极分化严重，五大转基因作物种植国家的种植面积占比近9成，美国种植面积占比37.55%，位列第一，中国位列第7位。在转基因应用率方面，2019年，五大国家的转基因平均应用率接近饱和，其中，阿根廷转基因平均应用率接近100%。分品种来看，大豆、玉米、棉花、油菜是全球四大转基因作物种植品种。从性状表现看，转基因作物经历三代发展，其中第一代聚焦抗除草剂、抗虫、抗病毒等单一性状，第二代则将多种抗性复合，第三代进一步追求品质和营养的改良。2019年，全球复合性状增长了6%，相当于8510万公顷，覆盖了全球45%的转基因作物种植面积；耐除草剂作物种植面积减少至8150万公顷，占比为43%；抗虫性状占比为12%。

国内转基因育种始于1986年，1997年起国内首例转基因抗虫棉商业化推广，但2010年之后，政策导向趋于审慎，转基因育种商业化停滞；2016年，转基因商业化推广重新提及，但进度较缓慢。从我国转基因推广审定流程来看，主要分为试验阶段、生物安全及品种审定阶段、商业化应用阶段。受益于审定通道的开放和相关政策的推出，我国转基因推广审定流程加快，在未来的1～2年有望看到新品种的推广。具体办法由国务院规定见附件1.1《农业转基因生物安全管理条例》。

【以案说法】关于贾某松、王某东在新疆维吾尔自治区察布查尔县进行转基因玉米非法制种案(农业农村部办公厅关于10起农业转基因生物安全管理违规行为处理情况的通报，2019年2月1日)。

2018年新疆维吾尔自治区察布查尔县农业农村行政主管部门调查发现，贾某松、王某东在察布查尔县违法进行转基因玉米种子繁育，涉及转基因玉米种子1.555万千克、转基因玉米种子亲本1.3万千克。经察布查尔县人民法院审理，于2018年11月以非法经营罪分别判处两名当事人有期徒刑三年、罚金125万元和有期徒刑二年、罚金50万元。

第二章　种质资源保护

第八条　国家依法保护种质资源，任何单位和个人不得侵占和破坏种质资源。

禁止采集或者采伐国家重点保护的天然种质资源。因科研等特殊情况需要采集或者采伐的，应当经国务院或者省、自治区、直辖市人民政府的农业农村、林业草原主管部门批准。

1. 什么是种质资源

种质资源又称品种资源或遗传资源，它象征着国家的主权。种质是生物体亲代传递给子代的遗传物质,它往往存在于特定品种之中。种质有时又称基因,是连续的遗传物质。《种子法》第九十条第一款规定,种质资源是指选育植物新品种的基础材料,包括各种植物的栽培种、野生种的繁殖材料以及利用上述繁殖材料人工创造的各种植物的遗传材料。

2. 国家为什么要保护天然种质资源

种质资源是大自然赏赐给人类的宝贵财富,科学合理地利用好这些资源,就能够不断培育出许多新品种,不断改善和提高人类的生存环境。尤其是天然的资源,一旦遭到破坏就有可能是毁灭性的,它将给科学的发展及我们的子孙后代带来不可挽回的损失。中国工程院院士袁隆平先生在此基础上成功地寻找到了合适的野生的雄性不育株,并突破了日本人无法实现的杂交水稻育种技术,完成了杂交水稻研究工作的最后一步,选育出了第一个得到大面积应用的杂交水稻品种——南优 2 号,并于 1981 年荣获中国第一个国家特等发明奖。袁隆平还被国际科学界称为"杂交水稻之父"。中国科学院院士吴征镒先生指出:"一个基因可以影响一个国家的兴衰,一个物种可以左右一个地区的经济命脉。"国家用法律的手段来保护它,就是为了确保我国农业的可持续发展。

3. 种质资源的重要性

种质资源是育种工作的物质基础,如果没有品种资源,作物育种工作就成了"无米之炊"。育种工作突破性的成就,取决于关键性基因资源的发掘与利用。种质资源是不断发展新作物的主要来源。实现新的育种目标,必须拥有更多的基因资源。种质资源是理论研究的重要材料。

第九条 国家有计划地普查、收集、整理、鉴定、登记、保存、交流和利用种质资源,重点收集珍稀、濒危、特有资源和特色地方品种,定期公布可供利用的种质资源目录。具体办法由国务院农业农村、林业草原主管部门规定。

农业种质资源是保障国家粮食安全和重要农产品有效供给的战略性资源,是农业科技原始创新与现代种业发展的物质基础。随着工业化、城镇化进程加快、气候环境变化以及农业种养方式的转变,地方品种消失风险加剧,野生近缘植物资源急剧减少。为此,迫切需要有组织地开展全国农业种质资源普查工作,加快摸清家底,开展抢救性收集保存,为打好种业翻身仗奠定种质基础。

做好种质资源的收集保存工作需要做好以下几点。

1. 种质资源的收集、整理、鉴定、保存和利用

在全国由中国农业科学院品种资源研究所组织,在各省自治区直辖市由其农业主管部门授权有关单位负责。我国分别于 1956—1957 年、1979—1983 年对农作物种质资源进行了两次征集,一大批种质资源得到有效保护。随着气候、自然环境、种植业结构和土地经营方式等方面的变化,农业地方品种消失速度加快,农作物野生近缘植物资源也因其赖以生存繁衍的栖息地遭受破坏而急剧减少。为此,2015 年,农业部启动第三次全国农作物种质资源普查与收集行动,抢救性收集资源,丰富了遗传多样性。党中央、国务院高度重视农业种质资源保护,2019 年国务院办公厅印发《关于加强农业种质资源保护与利用的意见》。

2. 种质资源实行长期、中期两级保存制度

长期保存由中国农业科学院品种资源研究所负责,中期保存由中国农业科学院有关作物专业所及各省(自治区、直辖市)农科院负责。新疆的种质资源库就建在新疆农业科学院,国家

种质资源库建在中国农业科学院。

3. 保存贮藏

种质资源是我们进行品种改良必不可少的“基因库”，因此要妥善加以保存。保存种质资源不仅是保存样本的数量，更主要的是保持其原有的种性。常用的方法如下。

(1)种植保存　就地保存，种质资源在原来所处的生态环境中，不经迁移，采取措施加以保护，主要方式有划定自然保护区、国家公园、人工圈护。或将种质材料迁出其自然生长地，集中改种在品种资源圃、种质资源圃等处保存。为规范我区林草种质资源库(圃)建立和管理，有效保护和合理利用林草种质资源，根据《中华人民共和国种子法》《草种管理办法》《林木种质资源管理办法》等有关规定，新疆维吾尔自治区制定《新疆维吾尔自治区林草种质资源库(圃)管理办法(试行)》。

(2)离体保存　即在适宜条件下，用离体的分生组织、花粉、休眠枝条等保存种质资源。

(3)利用保存　种质资源在发现其利用价值后，及时用于育成品种或中间育种材料。实际上就是把种质资源中的有利基因保存到栽培品种中，可随时用于育种。

(4)基因文库保存　将总 DNA 剪切为片段随机连接到载体上，然后转化到大肠杆菌中进行繁殖，提取质粒保存或在超低温下保存菌种。

(5)贮藏保存　即恰当控制种子库的温度，尽可能地延长种子的寿命。长期贮藏时不仅工作量小，而且可以避免混杂和自然串粉，更主要的还在于世代进展缓慢，有利于保持原有性状。

种质库库内有控湿设备，是当今保存种质资源较为理想的条件。按贮藏期可分为短期保存、中期保存和长期保存三种。

短期库：库温控制在 10～15 ℃，相对湿度在 50%～60%。种子用纸袋或布袋包装，一般可存放 5 年左右，作为临时应用材料，供鉴定、研究和分发。

中期库：繁殖更新，对种质进行鉴定、记录存档，向育种学家提供种子，温度 0～10 ℃，相对湿度在 50%以下。种子用防潮材料包装并密封。种子水分在 8%左右，保存期 10～20 年。

长期库：库温在 −10～20 ℃，相对湿度在 30%～50%，种子含水量在 4%～6%。种子用铝盒或铝箔塑胶密封包装或真空密封。贮藏期 50～100 年。长期库贮藏，一般不做分发用。是中期库的后盾，防止中期库种质丢失。当种子发芽率达到一定程度时，需要进行繁殖更新。

第十条　国务院农业农村、林业草原主管部门应当建立种质资源库、种质资源保护区或者种质资源保护地。省、自治区、直辖市人民政府农业农村、林业草原主管部门可以根据需要建立种质资源库、种质资源保护区、种质资源保护地。种质资源库、种质资源保护区、种质资源保护地的种质资源属公共资源，依法开放利用。

占用种质资源库、种质资源保护区或者种质资源保护地的，需经原设立机关同意。

因为种质资源的独特价值，不少国家很早就开始建立种质资源保存系统。早在 1946 年，美国就建立了国家植物种质系统；1997 年，英国投资 8000 万英镑启动了千年种子库项目；2008 年，挪威修建了“世界末日种子库”，即斯瓦尔巴德全球种子库，用以储存农作物种子，确保未来粮食供应。截至 2010 年，联合国粮农组织的统计资料显示，目前全世界有近 1750 座种质库，收集保存的农业和粮食植物种质资源已达 740 万份。2015 年 9 月，位于挪威北极地区“植物诺亚方舟”斯瓦尔巴全球种子库，在建成 7 年多后首次提取种子备份，这一申请来自战火中的叙利亚。斯瓦尔巴全球种子库储存着来自全球各地数十万份植物种子的“备份”，以防人类赖以生存的农作物因灾难而绝种。科学家对这座“植物诺亚方舟”将要应对的“灾难”的设定，包括自然灾害、疫病、战争，甚至“世界末日”。

中国西南野生生物种质资源库位于昆明北郊黑龙潭的中国科学院昆明植物研究所里，这里保存着来自国内外的大量野生植物种子，3 万多种植物以及丰富的动物种质资源在这里得以“多世同堂”。这里是我国第一座国家级野生生物种质资源库，也是目前亚洲最大、世界第二大的野生植物种质库。十多年来，种质资源库已抢救性收集和保存的各类种质资源中，处于核心地位的植物种子资源为 229 科 9484 种 71232 份，占到我国种子植物种类的 32%，包括 4000 种 13178 份中国特有植物种子，数千种重要农作物野生近缘种种子，近百种 442 份珍稀、濒危植物种子。通过与英国和国际农林业中心的国际合作，他们还收集保藏了来自世界上 45 个国家的 1197 份重要植物种子。

我国种质资源保护体系初步构建。建立了以作物种质长期库为核心、10 座中期库和 43 个种质圃为支撑、214 个原生境保护区为补充的作物种质资源保护体系。近年来，新疆农业科学院持续开展种质资源收集、保护与利用工作。目前，国家作物种质资源库（新疆分库）保存了来自 20 多个国家和地区的近 3 万份种质资源，涵盖 57 种作物，其中来自哈萨克斯坦、乌兹别克斯坦等周边国家的 4000 余份农作物种质资源，极大地丰富了全区种质资源类型和数量，为育种创新提供了有力的资源保障。

第十一条 国家对种质资源享有主权。任何单位和个人向境外提供种质资源，或者与境外机构、个人开展合作研究利用种质资源的，应当报国务院农业农村、林业草原主管部门批准，并同时提交国家共享惠益的方案。国务院农业农村、林业草原主管部门可以委托省、自治区、直辖市人民政府农业农村、林业草原主管部门接收申请材料。国务院农业农村、林业草原主管部门应当将批准情况通报国务院生态环境主管部门。

从境外引进种质资源的，依照国务院农业农村、林业草原主管部门的有关规定办理。

国家建立种业国家安全审查机制。境外机构、个人投资、并购境内种子企业，或者与境内科研院所、种子企业开展技术合作，从事品种研发、种子生产经营的审批管理依照有关法律、行政法规的规定执行。

我国主要采用适当收紧和规范种子育种研发的开放政策。

一是实施合作审批审查制度：严格对与境外机构、个人合作利用国内种质资源进行审批，对外商投资种业及科研进行审查。

二是推进共享惠益制度落实：要求国内科研单位、企业和个人，制订翔实共享惠益方案，确保在对外合作中获得最大收益，包括利益共享、技术共享和资源共享等。

三是加大违规行为惩处力度：对有关单位未经审批、擅自与境外机构开展种质资源合作交流的违规行为进行通报批评并责令限期整改。

“十四五”期间我国实施种子种源进口优惠税收政策，2021 年 4 月 21 日财政部、海关总署、国家税务总局联合签发《关于“十四五”期间种子种源进口税收政策的通知》，明确自 2021 年 1 月 1 日至 2025 年 12 月 31 日，对符合《进口种子种源免征增值税商品清单》的进口种子种源免征进口环节增值税。

第三章 品种选育、审定与登记

第十二条 国家支持科研院所及高等院校重点开展育种的基础性、前沿性和应用技术研究以及生物育种技术研究，支持常规作物、主要造林树种育种和无性繁殖材料选育等公益性研究。

国家鼓励种子企业充分利用公益性研究成果，培育具有自主知识产权的优良品种；鼓励种子企业与科研院所及高等院校构建技术研发平台，开展主要粮食作物、重要经济作物育种攻关，建立以市场为导向、利益共享、风险共担的产学研相结合的种业技术创新体系。

国家加强种业科技创新能力建设，促进种业科技成果转化，维护种业科技人员的合法权益。

我国科研院所和高等院校经过几十年的艰辛努力，先后培育了农作物品种 2.2 万多个，农作物品种经历了矮秆化、杂交化、优质化，实现了 6～7 次更新换代，为我国农业发展做出了巨大贡献，凝聚了广大育种科技人员的智慧、心血和奉献。科研院所和高等院校所积累的人才、技术和资源是支撑我国现代种业发展的宝贵财富。

近年来，为贯彻落实《国务院关于加快推进现代农作物种业发展的意见》(国发〔2011〕8 号)和《国务院办公厅关于深化种业体制改革提高创新能力的意见》(国办发〔2013〕109 号)要求，深化种业体制改革，提高种业创新能力，国家加大了对科研单位用于种业基础性公益性研究的投入，同时也加大对种子企业商业化育种的支持力度，形成科研单位种业公益性研究和种子企业商业化育种共同提高的创新局面。在《种子法》2015 年修订版中也对国家支持科研院所及高等院校重点开展的育种研究方向作出明确规定，即国家支持科研单位重点开展育种的基础性、前沿性和应用技术研究，以及常规作物、无性繁殖材料选育等公益性研究。

截止到 2016 年，国家“973 计划”“863 计划”等重点科研项目已累计投入 86603 万元支持科研单位构建现代分子育种新技术、新方法，创制突破性的抗逆、优质、高产的育种新材料，建立主要农作物重要性状表型、基因组数据库及基于品种分子设计的高效分子育种技术体系。2016 年 5 月中共中央、国务院印发的《国家创新驱动发展战略纲要》明确指出，实现创新驱动，要坚持双轮驱动，科技创新和体制机制创新两个轮子相互协调、持续发力，鼓励行业领军企业构建高水平研发机构，形成完善的研发组织体系。对种子企业，我们通过政策引导带动企业和社会资金投入，支持企业商业化育种和成果转化应用。目前，国家支撑计划先后启动“作物种业科技工程”“小麦新品种选育及示范”等育种与产业化推广项目，对科研单位和种子企业同时进行支持，已累计投入经费 38266 万元。2022 年 8 月 4 日农业农村部发布《关于扶持国家种业阵型企业发展的通知》，公布了 270 多家农作物、畜禽、水产种业企业及专业化平台企业名单，加快打造种业振兴骨干力量。新疆有 7 家企业入选，其中，入选国家农作物种业阵型企业有 4 家，分别是新疆农乐农业发展有限责任公司(蔬菜，破难题阵型)、九圣禾种业股份有限公司(玉米，补短板阵型)、新疆金丰源种业股份有限公司(棉花，补短板阵型)、新疆塔里木河种业股份有限公司(棉花，补短板阵型)。

面对国际种业育种创新主体、机制、模式深刻变化的新形势，面临种业国际竞争日益激烈的新趋势，建设种业强国，必须深化我国种业科技体制改革，建立以企业为主体的商业化育种创新体系。种业科技体制改革成功的关键，就是能否更加有效地发挥科研院所和高等院校现有人才、技术和资源优势，种子企业能否尽快做大做强。

第十三条 由财政资金支持形成的育种发明专利权和植物新品种权，除涉及国家安全、国家利益和重大社会公共利益的外，授权项目承担者依法取得。

由财政资金支持为主形成的育种成果的转让、许可等应当依法公开进行，禁止私自交易。

确定为公益性的科研院所和高等院校利用国家拨款发明的育种材料、新品种和技术成果，可以申请品种权、专利等知识产权，可以作价到企业投资入股，也可以上市公开交易。要研究确定种业科研成果机构与科研人员权益比例，由农业部、科技部会同财政部等部门组织在部分科研院所和高等院校试点。建立种业科技成果公开交易平台和托管中心，制定交易管理办法，禁止私下交易。

根据国务院办公厅《关于深化种业体制改革提高创新能力的意见》(国办发〔2013〕109 号)要求，2014 年农业部、科技部、财政部联合开展种业权益比例改革工作，在中国农业科学院和中国农业大学所属的 4 家中央级科研机构启动试点，通过依法赋权、公开转化、分类管理等措施，强化改革制度创新和政策创设，形成了科研瞄准市场、成果对接产业、科研人员服务企业创新的新机制，激发了创新活力，创新成果及转化效益快速增长。2014 年以来试点单位取得种业科研成果 542 项，超过试点前三年的总量。为打通科技与经济结合的通道，鼓励研究开发机构、高等院校等创新主体及科技人员转移转化科技成果，2015 年 8 月，新修订的《中华人民共和国促进科技成果转化法》，对进一步促进科技成果转化转移作出新规定。2016 年 2 月，国务院出台《关于印发实施〈中华人民共和国促进科技成果转化法〉若干规定的通知》(国发〔2016〕16 号)(以下简称《若干规定》)，对研究开发机构、高等院校技术转移作出了明确规定。《若干规定》指出，国家设立的研究开发机构、高等院校“对其持有的科技成果，可以自主决定转让、许可或者作价投资”“有权依法以持有的科技成果作价入股确认股权和出资比例”。2015 年修订的《种子法》也对财政资金支持形成的育种发明专利权和植物新品种权的产权、转让、许可等作出规定，支持促进种业科技成果转化，维护种业科技人员的合法权益。

第十四条 单位和个人因林业草原主管部门为选育林木良种建立测定林、试验林、优树收集区、基因库等而减少经济收入的，批准建立的林业草原主管部门应当按照国家有关规定给予经济补偿。

对为选育林木良种建立测定林、试验林、优树收集区、基因库而减少经济收入的单位和个人给予经济补偿，办理流程如下。

(1)受理 对申请人提交的因林业行政主管部门为选育林木良种建立测定林、试验林、优树收集区、基因库而减少经济收入申请经济补偿给付予以受理。

(2)审查 两名及以上工作人员对申报材料进行审核(包括发生地现场情况、受损情况等)。

(3)决定 经调查后情况属实并确需补偿的，对申请人进行补偿(不予补偿的要说明原因并告知其诉讼权利)。

(4)送达 将决定结果按规定送达申请补助人。

(5)事后监管 对补助资金给付情况进行监督检查，确保资金按时到位。

第十五条 国家对主要农作物和主要林木实行品种审定制度。主要农作物品种和主要林木品种在推广前应当通过国家级或者省级审定。由省、自治区、直辖市人民政府林业草原主管部门确定的主要林木品种实行省级审定。

申请审定的品种应当符合特异性、一致性、稳定性要求。

主要农作物品种和主要林木品种的审定办法由国务院农业农村、林业草原主管部门规定。审定办法应当体现公正、公开、科学、效率的原则，有利于产量、品质、抗性等的提高与协调，有利于适应市场和生活消费需要的品种的推广。在制定、修改审定办法时，应当充分听取育种者、种子使用者、生产经营者和相关行业代表意见。

品种审定是对新育成和新引进的主要农作物品种，由国家或各省、自治区、直辖市的农作物品种审定委员会，根据品种区域试验、生产示范结果，审查评定其推广价值和适应范围的活动。见附件1.2《主要农作物品种审定办法》。

品种审定的主要作用：

(1)可以保证生产上所推广的新品种具有较高的增产潜力，至少在一个方面具有优点，而在其他方面的表现均不低于在生产上已推广的主栽品种。一方面可以加速新品种的推广，同时，也可以加速新品种对原有的产量与其他方面表现较差的品种的替代，加速科技成果向生产力的转化。

(2)被审定通过的新品种，表明其产量或者其他方面的显著表现已被生产上所认可与接收，且具有较高的利用价值，可为生产带来更大的经济效益；而未审定通过的品种，则表明在产量或其他方面的表现未能超过对照品种，若在生产上采用，不会产生更大的经济效益，还有潜在风险。因此，只有审定通过的品种才能在生产上推广应用。

品种审定的主要任务：

(1)贯彻执行有关农作物品种审定工作的规章、制度、办法。

(2)组织和安排农作物新品种的中间试验(包括区域试验和生产试验)。

(3)审定新育成和新引进的农作物品种。

(4)给审定通过的新品种制定标准和规定适宜推广的范围。

(5)对审定通过的新品种进行登记、编号、命名和颁发新品种审定合格证书等有关事宜。

品种审定制度于20世纪80年代在全国建立，设计初衷是为了保证品种在各地种植的适应性，安全性。从设立开始至2018年，全国审定稻、小麦、玉米、棉花、大豆5种主要农作物品种3万多个，良种对农业增产的贡献率达到45%以上，对提高粮食产量、改善农产品品质、优化种植业结构、增加农民收入发挥了巨大作用。

近40年来，品种审定制度也随着种业发展产生的新变化，历经数次改革，不断发挥着新的作用。时间追溯回1982年，我国品种审定制度正式设立。在当时，我国的种业发展尚处于起步阶段，需要审定的品种数量较少，因此品种审定制度采取"三年一轮"的周期，一个品种要通过审定，必须先通过3年的区试后，再进行2年的生产试验才可以通过审定。在区试周期的3年内，国家农作物品种审定委员会或省级农作物品种审定委员会不再增加试验品种的申请。即便是"三年一轮"的长周期模式，随着种业不断发展，通过审定的品种数量积累至一定的水平，品种审定制度在1995年前后引入"滚动式"的机制，即每年淘汰一些品种。自此之后每年都有品种被淘汰或新审定，品种审定数量进入一定动态平衡的阶段。

2011年，国务院8号文发布，种子管理局正式成立。这一年，育种主体已经由过去的以科研单位为主发展为科研、企业及个人多元化格局。不断增加的待审品种，这个时候已经超过了国家区试能够承载的范围，品种审定工作面临待审品种多与参加试验难的矛盾。对于这个情况，种子管理局自成立起就立即着手对2001年制定的《主要农作物品种审定办法》(以下简称《办法》)进行修订，核心是提高品种审定门槛，同时进行了拓宽试验渠道探索。

新修订的《办法》在2013年颁布，送审品种门槛明显提高。新《办法》要求申请品种应有在同一生态类型区2年以上、多点品种比较试验报告；品种试验增加特异性、一致性和稳定性(DUS)测试；区域试验点增加1倍，生产试验点不少于区域试验。同时，新《办法》对品种审定各主体行为进行规范。审定门槛提高对减少审定品种数量起了一定作用，2013—2015年国家年平均审定的5种主要农作物品种数量比前5年减少27%。

在新《办法》规定下，品种审定需要跨过三重难关。

第一关是“指标关”，在当时，国家区试容量有限，每年能够获得参加区域试验资格的品种极少。据种子管理局调研估计，全国每年不足1/3的新品种拥有试验资格。

第二关是“数据关”，根据当时的审定标准，试验品种产量表现超过对照品种尚未及格，必须超过该组参选品种的产量均值才符合要求。在严格标准下，通过审定的品种开始减少。从往年的160～170个减少至110～120个。

第三关“投票关”，根据审定流程，试验品种必须获得国家农作物品种审定委员会或省级农作物品种审定委员的专家组投票通过，才可以过审。

对于审定难的现象，“指标关”是最先需要打破的难题，因此本轮改革以放开渠道为主线。在国家(含省级)试验容量已经无法扩大的情况下，此前已经经过试验的绿色通道政策成为扩大渠道的主要措施。2014年5月，主管部门在杂交水稻、杂交玉米两大主要作物上，将绿色通道制度由国家级试验延伸到省级试验。当年杂交玉米国家统一试验品种349个，绿色通道品种就达到386个；2015年绿色通道参试品种960个，是国家试验的2.6倍。绿色通道制度对拓宽品种审定渠道起到良好的作用，而且已经通过实际运行的检验，因此成为最重要的改革措施。在本轮改革中，绿色通道参加资格从仅国家级育繁推一体化企业扩大到省级育繁推一体化企业均可参加；作物范围也从杂交水稻、杂交玉米扩大到5个主要农作物。但是能够满足绿色通道仅仅是育繁推一体化企业，仅仅只有100多家，仍然无法满足当时4000多家种企的审定需求。为了解决这个问题，主管部门继续推出“联合体试验”制度，鼓励多家企业联合试验。绿色通道和联合体试验基本满足了企业的审定需求，基本做到只要有品种，就有审定资格。“指标关”难题得以解决。2017年，仅仅是杂交玉米一项，绿色通道、联合体试验的品种数量超过3300个，而国家统一试验品种仅仅900多个。

第十六条 国务院和省、自治区、直辖市人民政府的农业农村、林业草原主管部门分别设立由专业人员组成的农作物品种和林木品种审定委员会。品种审定委员会承担主要农作物品种和主要林木品种的审定工作，建立包括申请文件、品种审定试验数据、种子样品、审定意见和审定结论等内容的审定档案，保证可追溯。在审定通过的品种依法公布的相关信息中应当包括审定意见情况，接受监督。

品种审定实行回避制度。品种审定委员会委员、工作人员及相关测试、试验人员应当忠于职守，公正廉洁。对单位和个人举报或者监督检查发现的上述人员的违法行为，省级以上人民政府农业农村、林业草原主管部门和有关机关应当及时依法处理。

依据《主要农作物品种审定办法》规定：农业农村部设立国家农作物品种审定委员会，负责国家级农作物品种审定工作。省级人民政府农业农村主管部门设立省级农作物品种审定委员会，负责省级农作物品种审定工作。农作物品种审定委员会建立包括申请文件、品种审定试验数据、种子样品、审定意见和审定结论等内容的审定档案，保证可追溯。

品种审定委员会由科研、教学、生产、推广、管理、使用等方面的专业人员组成。委员应当具有高级专业技术职称或处级以上职务，年龄一般在 55 岁以下。每届任期 5 年，连任不得超过两届。品种审定委员会设主任 1 名，副主任 2～5 名。品种审定委员会设立办公室，负责品种审定委员会的日常工作，设主任 1 名，副主任 1～2 名。品种审定委员会按作物种类设立专业委员会，各专业委员会由 9～23 人的单数组成，设主任 1 名，副主任 1～2 名。

省级品种审定委员会对本辖区种植面积小的主要农作物，可以合并设立专业委员会。品种审定委员会设立主任委员会，由品种审定委员会主任和副主任、各专业委员会主任、办公室主任组成。

农业农村部建立全国农作物品种审定数据信息系统，实现国家和省两级品种试验与审定网上申请、受理、审核、发布，品种试验数据、审定通过品种、撤销审定品种、引种备案品种、标准样品、转化体等信息互联共享，审定证书网上统一打印。审定证书格式由国家农作物品种审定委员会统一制定。省级以上人民政府农业农村主管部门应当在统一的政府信息发布平台上发布品种审定、撤销审定、引种备案、监督管理等信息，接受监督。

品种试验、审定单位及工作人员，对在试验、审定过程中获知的申请者的商业秘密负有保密义务，不得对外提供申请品种审定的种子或者谋取非法利益。品种审定委员会委员和工作人员应当忠于职守，公正廉洁。品种审定委员会委员、工作人员不依法履行职责，弄虚作假、徇私舞弊的，依法给予处分；自处分决定作出之日起五年内不得从事品种审定工作。

第十七条 实行选育生产经营相结合，符合国务院农业农村、林业草原主管部门规定条件的种子企业，对其自主研发的主要农作物品种、主要林木品种可以按照审定办法自行完成试验，达到审定标准的，品种审定委员会应当颁发审定证书。种子企业对试验数据的真实性负责，保证可追溯，接受省级以上人民政府农业农村、林业草原主管部门和社会的监督。

依据《主要农作物品种审定办法》规定：符合农业农村部规定条件、获得选育生产经营相结合许可证的种子企业（以下简称“育繁推一体化种子企业”），对其自主研发的主要农作物非转基因品种可以在相应生态区自行开展品种试验，完成试验程序后提交申请材料。试验实施方案应当在播种前 30 日内报国家级或省级品种试验组织实施单位备案。育繁推一体化种子企业应当建立包括品种选育过程、试验实施方案、试验原始数据等相关信息的档案，并对试验数据的真实性负责，保证可追溯。

申请者在申请品种审定过程中有欺骗、贿赂等不正当行为的，三年内不受理其申请。联合体成员单位弄虚作假的，终止联合体品种试验审定程序；弄虚作假成员单位三年内不得申请品种审定，不得再参加联合体试验；其他成员单位应当承担连带责任，三年内不得参加其他联合体试验。品种测试、试验、鉴定机构伪造试验数据或者出具虚假证明的，按照《种子法》第七十二条及有关法律行政法规的规定进行处罚。育繁推一体化种子企业自行开展品种试验和申请审定有造假行为的，由省级以上人民政府农业农村主管部门处 100 万元以上 500 万元以下罚款;不得再自行开展品种试验;给种子使用者和其他种子生产经营者造成损失的,依法承担赔偿责任。构成犯罪的,依法追究刑事责任。

第十八条 审定未通过的农作物品种和林木品种,申请人有异议的,可以向原审定委员会或者国家级审定委员会申请复审。

本条是给品种申请人的一个复审权力。

依据《主要农作物品种审定办法》规定:审定未通过的品种,由品种审定委员会办公室在30日内书面通知申请者。申请者对审定结果有异议的,可以自接到通知之日起30日内,向原品种审定委员会或者国家级品种审定委员会申请复审。品种审定委员会应当在下一次审定会议期间对复审理由、原审定文件和原审定程序进行复审。对病虫害鉴定结果提出异议的,品种审定委员会认为有必要的,安排其他单位再次鉴定。品种审定委员会办公室应当在复审后30日内将复审结果书面通知申请者。

品种审定标准:由同级农作物品种审定委员会制定。审定标准应当有利于产量、品质、抗性等的提高与协调,有利于适应市场和生活消费需要的品种的推广。省级品种审定标准,应当在发布后30日内报国家农作物品种审定委员会备案。制定品种审定标准,应当公开征求意见。

第十九条 通过国家级审定的农作物品种和林木良种由国务院农业农村、林业草原主管部门公告,可以在全国适宜的生态区域推广。通过省级审定的农作物品种和林木良种由省、自治区、直辖市人民政府农业农村、林业草原主管部门公告,可以在本行政区域内适宜的生态区域推广;其他省、自治区、直辖市属于同一适宜生态区的地域引种农作物品种、林木良种的,引种者应当将引种的品种和区域报所在省、自治区、直辖市人民政府农业农村、林业草原主管部门备案。

引种本地区没有自然分布的林木品种,应当按照国家引种标准通过试验。

详见:GB/T 14175—1993,林木引种[S]。

第二十条 省、自治区、直辖市人民政府农业农村、林业草原主管部门应当完善品种选育、审定工作的区域协作机制,促进优良品种的选育和推广。

依据《主要农作物品种审定办法》规定:初审通过的品种,由品种审定委员会办公室在30日内将初审意见及各试点试验数据、汇总结果,在同级农业农村主管部门官方网站公示,公示期不少于30日。公示期满后,品种审定委员会办公室应当将初审意见、公示结果,提交品种审定委员会主任委员会审核。主任委员会应当在30日内完成审核。审核同意的,通过审定。

育繁推一体化种子企业自行开展自主研发品种试验,品种通过初审后,应当在公示期内将品种标准样品提交至农业农村部指定的植物品种标准样品库保存。审定通过的品种,由品种审定委员会编号、颁发证书,同级农业农村主管部门公告。省级审定的农作物品种在公告前,应当由省级人民政府农业农村主管部门将品种名称等信息报农业农村部公示,公示期为15个工作日。

审定编号为审定委员会简称、作物种类简称、年号、序号,其中序号为四位数。审定公告内容包括:审定编号、品种名称、申请者、育种者、品种来源、形态特征、生育期(组)、产量、品质、抗逆性、栽培技术要点、适宜种植区域及注意事项等。转基因品种还应当包括转化体所有者、转化体名称、农业转基因生物安全证书编号、转基因目标性状等。

审定公告公布的品种名称为该品种的通用名称。禁止在生产、经营、推广过程中擅自更改该品种的通用名称。审定证书内容包括：审定编号、品种名称、申请者、育种者、品种来源、审定意见、公告号、证书编号。

转基因品种还应当包括转化体所有者、转化体名称、农业转基因生物安全证书编号。

引种备案：省级人民政府农业农村主管部门应当建立同一适宜生态区省际品种试验数据共享互认机制，开展引种备案。通过省级审定的品种，其他省、自治区、直辖市属于同一适宜生态区的地域引种的，引种者应当报所在省、自治区、直辖市人民政府农业农村主管部门备案。备案时，引种者应当填写引种备案表，包括作物种类、品种名称、引种者名称、联系方式、审定品种适宜种植区域、拟引种区域等信息。引种者应当在拟引种区域开展不少于1年的适应性、抗病性试验，对品种的真实性、安全性和适应性负责。具有植物新品种权的品种，还应当经过品种权人的同意。

省、自治区、直辖市人民政府农业农村主管部门及时发布引种备案公告，公告内容包括品种名称、引种者、育种者、审定编号、引种适宜种植区域等内容。公告号格式为：(×)引种〔×〕第×号，其中，第一个"×"为省、自治区、直辖市简称，第二个"×"为年号，第三个"×"为序号。国家审定品种同一适宜生态区，由国家农作物品种审定委员会确定。省级审定品种同一适宜生态区，由省级农作物品种审定委员会依据国家农作物品种审定委员会确定的同一适宜生态区具体确定。

第二十一条 审定通过的农作物品种和林木良种出现不可克服的严重缺陷等情形不宜继续推广、销售的，经原审定委员会审核确认后，撤销审定，由原公告部门发布公告，停止推广、销售。

审定通过的品种，在使用过程中如发现不可克服的缺点，由原专业委员会或者审定小组提出停止推广建议，经过主任委员会审核同意后，由原公告部门发布公告。

审定通过的品种，有下列情形之一的，应当撤销审定：

(一)在使用过程中出现不可克服严重缺陷的；

(二)种性严重退化或失去生产利用价值的；

(三)未按要求提供品种标准样品或者标准样品不真实的；

(四)以欺骗、伪造试验数据等不正当方式通过审定的；

(五)农业转基因生物安全证书已过期的。

拟撤销审定的品种，由品种审定委员会办公室在书面征求品种审定申请者意见后提出建议，经专业委员会初审后，在同级农业农村主管部门官方网站公示，公示期不少于30日。公示期满后，品种审定委员会办公室应当将初审意见、公示结果，提交品种审定委员会主任委员会审核，主任委员会应当在30日内完成审核。审核同意撤销审定的，由原公告部门发布公告。

公告撤销审定的品种，自撤销审定公告发布之日起停止生产、广告，自撤销审定公告发布一个生产周期后停止推广、销售。品种审定委员会认为有必要的，可以决定自撤销审定公告发布之日起停止推广、销售。省级品种撤销审定公告，应当在发布后30日内报国家农作物品种审定委员会备案。

第二十二条 国家对部分非主要农作物实行品种登记制度。列入非主要农作物登记目录的品种在推广前应当登记。

实行品种登记的农作物范围应当严格控制，并根据保护生物多样性、保证消费安全和用种安全的原则确定。登记目录由国务院农业农村主管部门制定和调整。

申请者申请品种登记应当向省、自治区、直辖市人民政府农业农村主管部门提交申请文件和种子样品，并对其真实性负责，保证可追溯，接受监督检查。申请文件包括品种的种类、名称、来源、特性、育种过程以及特异性、一致性、稳定性测试报告等。

省、自治区、直辖市人民政府农业农村主管部门自受理品种登记申请之日起二十个工作日内，对申请者提交的申请文件进行书面审查，符合要求的，报国务院农业农村主管部门予以登记公告。

对已登记品种存在申请文件、种子样品不实的，由国务院农业农村主管部门撤销该品种登记，并将该申请者的违法信息记入社会诚信档案，向社会公布；给种子使用者和其他种子生产经营者造成损失的，依法承担赔偿责任。

对已登记品种出现不可克服的严重缺陷等情形的，由国务院农业农村主管部门撤销登记，并发布公告，停止推广。

非主要农作物品种登记办法由国务院农业农村主管部门规定。

国家高度重视农作物品种管理和市场监管工作。2016 年颁布实施的《种子法》，规定对稻、小麦、玉米、大豆、棉花 5 种主要农作物实行品种审定制度，建立了非主要农作物品种登记制度，要求列入非主要农作物登记目录的品种在推广前应当登记。按照《种子法》要求，农业部 2017 年 5 月 1 日颁布《非主要农作物品种登记办法》，发布了第一批非主要农作物登记目录，对马铃薯、油菜、向日葵、大白菜、苹果等 29 种农作物实施品种登记制度。为加强农作物品种管理，2021 年农业农村部启动实施全国种业监管执法年活动和保护种业知识产权专项整治行动，以向日葵为突破口开展非主要农作物登记品种清理，已依法撤销 355 个向日葵品种。在此基础上，2022 年将开展黄瓜、甜瓜等非主要农作物登记品种清理工作，进一步优化种业市场环境。

关于非主要农作物品种登记的执法界限：《种子法》第二十二条规定，国家对部分非主要农作物实行品种登记制度，列入非主要农作物登记目录的品种在推广前应当登记；第二十三条规定，应当登记的农作物品种未经登记的，不得发布广告、推广，不得以登记品种的名义销售。这里讲的推广与《农业技术推广法》中的推广概念一致。《农业技术推广法》第二条规定，农业技术推广是指通过试验、示范、培训、指导以及咨询服务等，把农业技术普及应用于农业产前、产中、产后全过程的活动。在实践中，不得推广指的是没按照规定登记的品种，国家农技推广机构不得进行推广；不得以登记品种的名义销售，就是不得假借登记的品种进行销售，也不得发布广告。对于违反该规定的，应按照《种子法》第七十七条规定，由县级以上人民政府农业农村主管部门责令停止违法行为，没收违法所得和种子，并处 2 万元以上 20 万元以下罚款。

第二十三条 应当审定的农作物品种未经审定的，不得发布广告、推广、销售。

应当审定的林木品种未经审定通过的，不得作为良种推广、销售，但生产确需使用的，应当经林木品种审定委员会认定。

应当登记的农作物品种未经登记的，不得发布广告、推广，不得以登记品种的名义销售。

为什么说未经审定的品种不得宣传、经营、推广?

(1)因为只有主要农作物品种需要审定,而被确定为主要农作物的品种在整个农业生产面积中,所占比例非常大,处于主导地位。它的产量是直接影响国计民生的大问题,国家确定的5个主要农作物中,有4个都是粮食作物,对我们这个拥有14亿人口的大国来说,粮食一旦出了大问题,谁也帮不了我们。

(2)一般来说,不同的农作物品种都具有不同的特性,对赖以生存的自然环境就有不同的要求,也就是适应性问题。不同的无霜期、土壤、温度、光照、自然灾害等,对不同的品种都有不同的影响。当地和自然条件相类似的地区培育的品种,适应性就强,反之就相对要弱。主要农作物品种只要审定通过,它必定是经过了区域试验和生产试验,并且是表现突出的品种,一般年份都不会出现问题,把好审定关,就会把种子使用者的风险降到最低程度。

综上所述可见,一般被确定为主要农作物的都是关系到国计民生的大宗作物。未经审定通过不得宣传、经营、推广,目的是为了回避重大风险。通过审定程序,可给品种确定最适宜种植区,使品种的优良特性得到最大限度发挥。

第二十四条 在中国境内没有经常居所或者营业场所的境外机构、个人在境内申请品种审定或者登记的,应当委托具有法人资格的境内种子企业代理。

(1)境外释义 指中华人民共和国领域以外或者领域以内中华人民共和国政府尚未实施行政管辖的地域。

(2)详细解释 依据《中华人民共和国出境入境管理法》第八章-附则-第八十九条本法下列用语的含义:出境,是指由中国内地前往其他国家或者地区,由中国内地前往香港特别行政区、澳门特别行政区,由中国大陆前往台湾地区。

(3)入境 是指由其他国家或者地区进入中国内地,由香港特别行政区、澳门特别行政区进入中国内地,由台湾地区进入中国大陆。

第四章 新品种保护

第二十五条 国家实行植物新品种保护制度。对国家植物品种保护名录内经过人工选育或者发现的野生植物加以改良,具备新颖性、特异性、一致性、稳定性和适当命名的植物品种,由国务院农业农村、林业草原主管部门授予植物新品种权,保护植物新品种权所有人的合法权益。植物新品种权的内容和归属、授予条件、申请和受理、审查与批准,以及期限、终止和无效等依照本法、有关法律和行政法规规定执行。

国家鼓励和支持种业科技创新、植物新品种培育及成果转化。取得植物新品种权的品种得到推广应用的,育种者依法获得相应的经济利益。

1. 什么是植物新品种权?

植物新品种权(Plant Variety Rights),简称品种权,也称“植物育种者权利”(Plant Breeder's Rights,PBR),是指完成育种的单位和个人对其获得授权的品种,享有排他的独占权。根据《中华人民共和国民法典》第一百二十三条的规定,新品种权与专利权、著作权、商标权等一样,同属于知识产权的范畴。

2. 为什么要进行新品种保护?

具有高产、优质或抗病虫害等特性的植物新品种,是农业、园艺和林业提高产量和质量的基本因素。而培育植物新品种需要大量的投资,包括技能、劳力、物质资源和资金,同时花费大量时间(10～15 年)。授予新品种的培育者以独占权,使其能通过其品种获得利润,可鼓励育种者继续投资品种选育,为农业、园艺和林业的发展做出更大贡献。同时,农民通过应用这些优良品种增产增收,为保障粮食安全做出贡献;消费者能享受到更多优质、新奇的农产品,满足人民对美好生活的向往。此外,在植物新品种保护制度的框架下,可更多地引进国外优良新品种,为我国种植结构、种质资源的多元化提供有效补充,也有利于我国的优势品种更好地到国外生产种植,在国际市场上寻找可信赖的合作伙伴。

3. 植物新品种保护制度的演进

植物育种成果的知识产权保护可追溯到 19 世纪末期,巴黎工业产权大会认为,工业产权一词应该具有更广泛的保护对象,不仅狭义的工业产品能够得到权利保护,农业产品也应当得到保护。20 世纪的 20—50 年代,一些西方国家,如美国、法国、德国、比利时等都在探索用工业专利的方式来保护育种者的品种权,并取得了进步。1968 年,国际植物新品种保护公约生效,公约的生效标志着国际植物新品种保护联盟(UPOV)正式成立,国际植物新品种保护进入了新的历史时期。

种子是农业的"芯片",是国家粮食安全的"命脉"。对农业知识产权工作,我国政府非常重视。2019 年印发的《关于强化知识产权保护的意见》要求,充分发挥知识产权制度对促进共建"一带一路"的重要作用,支持共建国家加强能力建设,推动其共享专利、植物新品种审查结果。2021 年《知识产权强国建设纲要(2021—2035 年)》明确提出,要积极参与知识产权全球治理体系改革和建设。国务院 1997 年颁布了《中华人民共和国植物新品种保护条例》(以下简称《条例》,见附件 1.5),1999 年我国正式加入国际植物新品种保护联盟(UPOV),实行 UPOV 公约 1978 年文本,农业知识产权保护实现了历史性跨越。2000 年全国人大常委会通过的《种子法》进一步明确规定,在我国实行植物新品种保护制度。2015 年修订的《种子法》增设植物新品种保护专章,提升了法律层级。截止到 2021 年,我国农业植物新品种权申请量超过 9700 件,授权 3218 件。自 1999 年实行植物新品种保护制度以来,我国农业植物新品种权申请总量已经突破 5 万件,目前已授权近 2 万件,2017—2021 年的申请量连续五年位居世界第一。同时在全国范围内建立了 34 个测试机构,发布了 11 批新品种保护名录和 235 个行业标准,种业知识产权保护法律制度的"四梁八柱"基本构建。针对行业反映强烈的品种同质化问题,2020 年建立实质性派生品种制度,重新修订国家级玉米、稻品种审定标准,同时,加快修订种子质量标准,建立健全标准体系,不断提高种子质量水平。

依法保护种业知识产权离不开司法审判的"利剑"。近年来,最高人民法院知识产权法庭不断完善种业知识产权保护规则,重点破解技术事实审查难问题,指导各地法院提升服务种业振兴能力。2013—2021 年植物新品种一审案件 1907 件,其中侵害植物新品种权纠纷案件占比 80%,主要涉及玉米、小麦、水稻等主要农作物,超七成案件品种权人胜诉,工作取得显著成效。最高人民法院曾在"两优培九"杂交水稻品种权合同纠纷上诉案中邀请袁隆平院士等参与并有效促成当事人和解,在侵害"郑 58"玉米品种权申请再审案中对 4950 余万元的高额侵权赔偿予以确认。

我国先后设立 4 家专门知识产权法院和 23 家知识产权法庭,集中审理包括植物新品种案件在内专业性较强的知识产权案件,对植物新品种权提供更为有力的司法保护。目前全国共有 40 家具有植物新品种案件管辖权的第一审法院。海南自由贸易港知识产权法院于 2021 年成立，将紧密围绕“南繁硅谷”建设，打造国际化高水平种业知识产权保护新高地。

第二十六条 一个植物新品种只能授予一项植物新品种权。两个以上的申请人分别就同一个品种申请植物新品种权的，植物新品种权授予最先申请的人；同时申请的，植物新品种权授予最先完成该品种育种的人。

对违反法律，危害社会公共利益、生态环境的植物新品种，不授予植物新品种权。

新品种权的申请人可以是自然人，也可以是法人。对于非职务育种，完成育种的个人可以申请新品种权；对于职务育种，育种人所在的单位可以申请新品种权；对于委托育种或者合作育种，由当事人通过合同约定由谁申请新品种权，没有合同约定的，受委托完成或者共同完成育种的单位或者个人可以申请新品种权。另外，品种权的申请权也可以由双方签订协议进行转让。

植物新品种权的授权与确权程序：植物新品种权授权程序分为申请、受理、初审、实审和授权 5 个阶段。

申请及受理：植物育种成果在申请新品种权时，需要递交申请材料。新品种权的申请由申请人向新品种保护办公室(保护办)提出。我国的单位和个人可以直接或者委托代理机构向保护办提出申请；在我国没有经常居所的外国申请人应当委托代理机构向保护办提出申请。对于农业植物品种，新品种权申请通过“农业农村部政务服务平台”进行网上申请，具体由农业农村部科技发展中心受理审查。

初审及实审：受理申请后，受理部门进行初审。初审的内容主要包括品种是否属于保护名录列举的范围，是否符合新颖性要求，命名是否符合要求，以及其他形式问题。初审符合要求的植物新品种权申请将进行实质审查。实质审查最重要的环节是同时具备特异性、一致性和稳定性的审查。必须进行 DUS 测试，即特异性(Distinctness)、一致性(Uniformity)和稳定性(Stability)的栽培鉴定试验或室内分析测试。DUS 测试的主要方法是在至少两个独立生长周期内，对品种的形状进行观测、拍照和综合评价。目前 DUS 测试主要包括官方测试、委托测试和自主测试三种方式，三种方式在进行测试以前，均需要向对应的农业或林业植物新品种保护办公室提出申请，并在其监督管理下，按照对应的具体流程进行测试。正常情况下每个样品进行 DUS 测试的周期为 2 年(每年一个生长周期)，但当样品两年间表现不一致时将安排第 3 年测试。

授权：在完成实质审查后，符合授权规定的授予新品种权、颁发品种权证书，并予以公告；不符合授权规定的，予以驳回。

类似于专利权，对于被驳回的申请，申请人可以请求复审。复审由对应的农业或林业植物新品种复审委员会进行审理，申请人对植物新品种复审委员会的决定不服的，可以自接到通知之日起 15 日内向人民法院提起行政诉讼。对于已授权的植物新品种，任何单位或者个人都可以书面请求无效，对植物新品种复审委员会的无效宣告决定不服的，可以自收到通知之日起 3 个月内向人民法院提起行政诉讼。区别于专利权的是，对于已授权的植物新品种，还可以以不符合《植物新品种保护条例》第 18 条为由，书面请求更名。更名请求同样由植物新品种复审委员会审理，程序与植物新品种无效请求基本相同。

第二十七条 授予植物新品种权的植物新品种名称，应当与相同或者相近的植物属或者种中已知品种的名称相区别。该名称经授权后即为该植物新品种的通用名称。

下列名称不得用于授权品种的命名：

（一）仅以数字表示的；

（二）违反社会公德的；

（三）对植物新品种的特征、特性或者育种者身份等容易引起误解的。

同一植物品种在申请新品种保护、品种审定、品种登记、推广、销售时只能使用同一个名称。生产推广、销售的种子应当与申请植物新品种保护、品种审定、品种登记时提供的样品相符。

为规范农业植物品种命名，加强品种名称管理，保护育种者和种子生产者、经营者、使用者的合法权益，根据《种子法》《植物新品种保护条例》和《农业转基因生物安全管理条例》，农业农村部制定部门规章《农业植物品种命名规定》（见附件 1.6）。用于指导申请农作物品种审定、农业植物新品种权和农业转基因生物安全评价的农业植物品种及其直接应用的亲本的命名。

一个农业植物品种只能使用一个名称。相同或者相近的农业植物属内的品种名称不得相同。申请人应当书面保证所申请品种名称在农作物品种审定、农业植物新品种权和农业转基因生物安全评价中的一致性。相同或者相近植物属内的两个以上品种，以同一名称提出相关申请的，名称授予先申请的品种，后申请的应当重新命名；同日申请的，名称授予先完成培育的品种，后完成培育的应当重新命名。品种名称应当使用规范的汉字、英文字母、阿拉伯数字、罗马数字或其组合。品种名称不得超过 15 个字符。

品种命名不得存在下列情形：

（一）仅以数字或者英文字母组成的；

（二）仅以一个汉字组成的；

（三）含有国家名称的全称、简称或者缩写的，但存在其他含义且不易误导公众的除外；

（四）含有县级以上行政区划的地名或者公众知晓的其他国内外地名的，但地名简称、地名具有其他含义的除外；

（五）与政府间国际组织或者其他国际国内知名组织名称相同或者近似的，但经该组织同意或者不易误导公众的除外；

（六）容易对植物品种的特征、特性或者育种者身份等引起误解的，但惯用的杂交水稻品种命名除外；

（七）夸大宣传的；

（八）与他人驰名商标、同类注册商标的名称相同或者近似，未经商标权人同意的；

（九）含有杂交、回交、突变、芽变、花培等植物遗传育种术语的；

（十）违反国家法律法规、社会公德或者带有歧视性的；

（十一）不适宜作为品种名称的或者容易引起误解的其他情形。

有下列情形之一的，属于容易对植物品种的特征、特性引起误解的情形：

（一）易使公众误认为该品种具有某种特性或特征，但该品种不具备该特性或特征的；

（二）易使公众误认为只有该品种具有某种特性或特征，但同属或者同种内的其他品种同样具有该特性或特征的；

（三）易使公众误认为该品种来源于另一品种或者与另一品种有关，实际并不具有联系的；

（四）其他容易对植物品种的特征、特性引起误解的情形。

有下列情形之一的，属于容易对育种者身份引起误解的情形：

（一）品种名称中含有另一知名育种者名称的；

（二）品种名称与另一已经使用的知名系列品种名称近似的；

（三）其他容易对育种者身份引起误解的情形。

有下列情形之一的，视为品种名称相同：

（一）读音或者字义不同但文字相同的；

（二）仅以名称中数字后有无“号”字区别的；

（三）其他视为品种名称相同的情形。

品种的中文名称译成英文时，应当逐字音译，每个汉字音译的第一个字母应当大写。品种的外文名称译成中文时，应当优先采用音译；音译名称与已知品种重复的，采用意译；意译仍有重复的，应当另行命名。农业植物品种名称不符合本规定的，申请人应当在指定的期限内予以修改。逾期未修改或者修改后仍不符合规定的，驳回该申请。申请农作物品种审定、农业植物新品种权和农业转基因生物安全评价的农业植物品种，在公告前应当在农业农村部网站公示，公示期为 15 个工作日。省级审定的农作物品种在公告前，应当由省级人民政府农业行政主管部门将品种名称等信息报农业部公示。农业农村部对公示期间提出的异议进行审查，并将异议处理结果通知异议人和申请人。

公告后的品种名称不得擅自更改。确需更改的，报原审批单位审批。销售农业植物种子，未使用公告品种名称的，由县级以上人民政府农业行政主管部门按照《种子法》第五十九条的规定处罚。申请人以同一品种申请农作物品种审定、农业植物新品种权和农业转基因生物安全评价过程中，通过欺骗、贿赂等不正当手段获取多个品种名称的，除由审批机关撤销相应的农作物品种审定、农业植物新品种权、农业转基因生物安全评价证书外，三年内不再受理该申请人相应申请。

第二十八条 植物新品种权所有人对其授权品种享有排他的独占权。植物新品种权所有人可以将植物新品种权许可他人实施，并按照合同约定收取许可使用费；许可使用费可以采取固定价款、从推广收益中提成等方式收取。

任何单位或者个人未经植物新品种权所有人许可，不得生产、繁殖和为繁殖而进行处理、许诺销售、销售、进口、出口以及为实施上述行为储存该授权品种的繁殖材料，不得为商业目的将该授权品种的繁殖材料重复使用于生产另一品种的繁殖材料。本法、有关法律、行政法规另有规定的除外。

实施前款规定的行为，涉及由未经许可使用授权品种的繁殖材料而获得的收获材料的，应当得到植物新品种权所有人的许可；但是，植物新品种权所有人对繁殖材料已有合理机会行使其权利的除外。

对实质性派生品种实施第二款、第三款规定行为的，应当征得原始品种的植物新品种权所有人的同意。

实质性派生品种制度的实施步骤和办法由国务院规定。

1. 植物新品种保护环节

《种子法》规定，除本法、有关法律、行政法规另有规定的外，任何单位或者个人未经植物新品种权所有人许可，不得生产、繁殖和为繁殖而进行处理、许诺销售、销售、进口、出口以及为实施上述行为储存该授权品种的繁殖材料，不得为商业目的将该授权品种的繁殖材料重复使用于生产另一品种的繁殖材料。与原种子法相比，品种权保护环节由原来的3个扩展为8个，增加了“为繁殖而进行处理、许诺销售、进口、出口、储存”5个环节，为品种权人提供了更多主张权利的机会，减少维权举证难度，对侵权行为构成全链条打击。

2. 植物新品种权的保护范围

植物新品种权的保护范围是授权品种的繁殖材料，根据《植物新品种保护条例》的规定，侵权行为包括以商业目的生产或者销售授权品种的繁殖材料。当新品种权人或者利害关系人发现侵权行为时，可以向对应的省级以上人民政府农业或林业行政部门请求行政处理，也可以向人民法院提起诉讼。从目前公开的裁判文书数量可知，侵害植物新品种权纠纷呈逐年增加的趋势。

植物新品种权保护的繁殖材料，并不局限于申请品种权时提交的繁殖材料，而是包括该品种的所有繁殖材料。例如，在申请植物新品种权时提交的繁殖材料是嫁接得到的枝条，并不是植物新品种权的保护范围仅包括以嫁接方式得到的枝条。除枝条以外的其他繁殖材料例如茎、根等也可能被育种者们普遍使用，该繁殖材料同样在植物新品种权的保护范围内。但是，如果该植物新品种的果实无法作为繁殖材料培育出该新品种，则该果实不落入该植物新品种的保护范围。在实践中，繁殖材料、收获材料和直接制成品的范围界定因植物种类和用途会有所不同。一般来说，杂交植物的繁殖材料与收获材料界限比较明确，收获材料一般不能再作为生产用繁殖材料使用。例如，对杂交水稻品种来说，杂交种子是繁殖材料，生产出的稻谷是收获材料，加工后的大米或草帘等是直接制成品。是否落入植物新品种权的保护范围，关键在于涉案材料是否能够作为繁殖材料培养出被保护的植物新品种。在具体实施中，如果遇到品种权人对收获材料主张权利，种子使用者可以通过合法来源抗辩，适时转移举证责任，最终将侵权责任追溯到生产侵权繁殖材料的主体。这样可以形成品种权人与种子使用者之间的联动机制，有利于提高法律实施效率。

对于繁殖材料是否侵害植物新品种权，核心在于比对被诉繁殖材料和涉案植物新品种的DUS测试结果。过去长期采用传统的DUS田间观察测试方法，通常需要进行两个以上生长周期的测试，取证的周期、成本和难度都较大。进入21世纪以后，随着基因指纹图谱检测的发展，植物新品种DUS测试进入了新阶段。目前，主要的基因指纹图谱检测方法包括美国的SSR(简单重复序列)标记法、SNP(单核苷酸多态性)标记法，以及我国自主开发的MNP(多核苷酸多态性)标记法。

【以案说法】张三是某地种粮大户，种植了受保护的水稻品种A，当年收获了一批稻谷。张三发现，稻谷当成常规种子卖出的价格明显高于当成粮食卖出的价格，便将稻谷以种子价格卖出去。此次修正《种子法》之前，张三的行为属于“打擦边球”，因为对授权品种的保护只包括繁殖材料(种子)，不包括收获材料(粮食)。但是稻谷既是种子又是粮食，张三可以按种子的价格出售，面对监管，张三又可以说自己售卖的是粮食。此次修正将收获材料也纳入进来，张三这种将粮食当成种子售卖的行为不再合法。

3. 实质性派生品种制度(Essentially Derived Variety，EDV)

实质性派生品种是指由原始品种实质性派生，或者由该原始品种的实质性派生品种派生出来的品种，与原始品种有明显区别，并且除派生引起的性状差异外，在表达由原始品种基因型或者基因型组合产生的基本性状方面与原始品种相同。《种子法》第二十八条规定,“对实质性派生品种实施第二款、第三款规定行为的[即上述(一)、(二)所述内容],应当征得原始品种的植物新品种权所有人的同意。”实质性派生品种制度的要义是,实质性派生品种可以申请植物新品种权并可以获得授权,但对其进行商业化利用时,应当征得原始品种的植物新品种权所有人的同意。1991 年,国际植物新品种保护联盟针对利用生物技术修饰性改造他人授权品种的情况,建立了实质性派生品种(EDV)制度,明晰了原始品种的品种权人与派生品种的品种权人的利益分享机制,以鼓励育种原始创新,减少修饰模仿。目前,UPOV 77 个成员中,有 60 个成员执行 UPOV 公约 1991 年文本,有 8 个成员执行 UPOV 公约 1978 年文本但建立实质性派生品种制度,共有 68 个成员已经实行实质性派生品种制度。我国是 UPOV 成员中第 69 个实行实质性派生品种制度的国家。

《种子法》规定,实质性派生品种制度的实施步骤和办法由国务院规定。实施实质性派生品种制度,需要种子 DNA 身份鉴定等技术支持。关于判定方法,国际种子联盟(ISF)2021 年 4 月发布了包括黑麦草(≥60%)、玉米(≥91%)、油菜(85%)、棉花(≥87.5%)、莴苣(96%)及蘑菇 6 种作物的遗传相似系数阈值标准。成员非常重视运用这些标准通过协商的方式解决 EDV 纠纷。法国提议采用 200 个标记鉴定蔬菜品种间的实质性派生关系。若遗传相似度>90%,可以判定为实质性派生品种;若<82%,可以判定为非实质性派生品种;若为 82%~90%,则需根据育种记录和 DUS 测试结果等进行辅助判定。在我国,截止至 2022 年,农业农村部已建立植物新品种测试中心及 27 个分中心,建立了水稻、玉米、小麦等作物 1 万多个品种的 DNA 指纹数据库,制定了 35 种作物的分子鉴定技术标准。

【以案说法】(案例来源:农民种子网络):李四是某种子公司老板,看到友商王五选育出的受保护品种 B 在市场大卖,深受农户欢迎,也想趁机捞一笔。于是李四的公司购买了一批品种 B 的种子,利用它们在自家的制种基地繁育了一批材料,贴上自己的审定号,以品种 C 的名义在市场销售。农户无法分辨 B 和 C 的区别,但李四的种子卖得更便宜,立刻成了当地市场的热销品种,挤占了李四的市场份额。业内常提的提纯复壮、系统选育等都属于改装方法。改装后的品种虽然和原始品种有差别,但在核心性状上并无根本区别。实质性派生品种在市场上与原始品种竞争,所获得的收益与付出的成本、承担的风险严重不对等,对于原始育种者显失公平。实质性派生品种制度,激励育种创新,通过建立利益调节机制,加强对原始育种者的权利保护,从源头上解决种子同质化难题。

第二十九条 在下列情况下使用授权品种的,可以不经植物新品种权所有人许可,不向其支付使用费,但不得侵犯植物新品种权所有人依照本法、有关法律、行政法规享有的其他权利:

(一)利用授权品种进行育种及其他科研活动;

(二)农民自繁自用授权品种的繁殖材料。

第一款中,法律并不禁止利用授权品种进行育种及其他科研活动。利用授权品种培育形成新品种后,为品种权申请、品种审定、品种登记需要而重复利用授权品种的繁殖材料,是育种活动的自然延伸,属于科研豁免的情形,当然也就无须认定是否具有相关法律规定所禁止的“商业目的”。获得植物新品种权授权及通过品种审定后,该新品种的权利人面向市场推广该新品种,将他人已授权品种的繁殖材料重复使用于生产该新品种的繁殖材料的,仍然需要经过作为父母系的该已授权品种的权利人的同意或许可。如此既维护了品种权人的合法权益，同时对鼓励培育及推广良种起到了积极的促进作用，有效平衡了新品种权利人与已获授权品种权利人之间的利益，对于社会公共利益及种业发展具有良好的促进作用。

第二款中，我国是大国小农，家庭承包经营仍然是生产经营主体，保留农民对种子自繁自育自用的权利在一定时期是必要的，有些豆科类、无性繁殖类作物及部分常规种子，离不开农民的自繁自育；第二，农民自留种对于保存传统的农作物种质资源，保持农作物品种多样化，维护生物多样性仍具有重要作用；第三，农民是弱势群体，农业是弱质产业，国家不断提高对农业、农民的支持保护水平，在农民用种上给予倾斜，有利于农民降低生产成本，符合政策趋向；第四，最高人民法院颁布的《关于审理侵害植物新品种权纠纷案件具体应用法律问题的若干规定(二)》，对农民自繁自用行为已进行界定，农民在其家庭农村土地承包经营合同约定的土地范围内自繁自用授权品种的繁殖材料，不构成侵权。承包大户、家庭农场以及农民专业合作社等新型经营主体，不属于享有自繁自用权利的农民范围，防止滥用“农民权利”实施侵权行为。

第三十条 为了国家利益或者社会公共利益，国务院农业农村、林业草原主管部门可以作出实施植物新品种权强制许可的决定，并予以登记和公告。

取得实施强制许可的单位或者个人不享有独占的实施权，并且无权允许他人实施。

植物新品种权，与专利权、著作权、商标权一样，属知识产权的范畴。

植物新品种：是指经过人工培育的或者对发现的野生植物加以开发，具备新颖性、特异性、一致性和稳定性并有适当命名的植物品种。

植物新品种权：是由植物新品种保护审批机关依照法律法规的规定，赋予品种权人对其新品种的经济权利和精神权利的总称。经济权利是指新品种育种者依法对其品种享有的独占权，以及自己实施或许可他人生产、销售、使用并获得报酬的权利等；精神权利是指完成新品种的培育者享有的表明其是该品种完成者这一身份的权利以及因完成该品种而获得相应的奖励和荣誉的权利。

植物新品种保护：国家实行植物新品种保护制度。对国家植物品种保护名录内经过人工选育或者发现的野生植物加以改良，具备新颖性、特异性、一致性、稳定性和适当命名的植物品种，由国务院农业农村、林业草原主管部门授予植物新品种权，保护植物新品种权所有人的合法权益。

植物新品种保护是对植物育种人权利的保护，保护的对象不是植物品种本身，而是植物育种者应当享有的权利。品种权的保护期限，自授权之日起，藤本植物、林木、果树和观赏树木为20年，其他植物为15年。

植物新品种品种权人的权益：植物新品种权所有人对其授权品种享有排他的独占权，包括生产权、销售权、使用权、标记权、被奖励权、许可权、转让权、放弃权。植物新品种权所有人可以将植物新品种权许可他人实施，并按照约定收取许可使用费。任何单位或者个人未经植物新品种权所有人许可，不得生产、繁殖和为繁殖而进行处理、许诺销售、销售、进口、出口以及为实施上述行为储存该授权品种的繁殖材料，不得为商业目的将该授权品种的繁殖材料重复使用于生产另一品种的繁殖材料；不得假冒授权品种或者销售授权品种未使用其注册登记名称。法律、行政法规另有规定的除外。

第五章　种子生产经营

第三十一条　从事种子进出口业务的种子生产经营许可证，由国务院农业农村、林业草原主管部门核发。国务院农业农村、林业草原主管部门可以委托省、自治区、直辖市人民政府农业农村、林业草原主管部门接收申请材料。

从事主要农作物杂交种子及其亲本种子、林木良种繁殖材料生产经营的，以及符合国务院农业农村主管部门规定条件的实行选育生产经营相结合的农作物种子企业的种子生产经营许可证，由省、自治区、直辖市人民政府农业农村、林业草原主管部门核发。

前两款规定以外的其他种子的生产经营许可证，由生产经营者所在地县级以上地方人民政府农业农村、林业草原主管部门核发。

只从事非主要农作物种子和非主要林木种子生产的，不需要办理种子生产经营许可证。

1. 种子生产经营许可证实行分级审核、核发

①从事主要农作物常规种子生产经营及非主要农作物种子经营的，其种子生产经营许可证由企业所在地县级以上地方农业农村主管部门核发。

②从事主要农作物杂交种子及其亲本种子生产经营以及实行选育生产经营相结合、有效区域为全国的种子企业，其种子生产经营许可证由企业所在地县级农业农村主管部门审核，省、自治区、直辖市农业农村主管部门核发。

③从事农作物种子进出口业务以及转基因农作物种子生产经营的，其种子生产经营许可证由农业农村部核发。

2. 农业农村主管部门对申请人提出的种子生产经营许可申请，应当根据下列情况分别作出处理

①不需要取得种子生产经营许可的，应当即时告知申请人不受理。

②不属于本部门职权范围的，应当即时作出不予受理的决定，并告知申请人向有关部门申请。

③申请材料存在可以当场更正的错误的，应当允许申请人当场更正。

④申请材料不齐全或者不符合法定形式的，应当当场或者在五个工作日内一次告知申请人需要补正的全部内容，逾期不告知的，自收到申请材料之日起即为受理。

⑤申请材料齐全、符合法定形式，或者申请人按照要求提交全部补正申请材料的，应当予以受理。

审核机关应当对申请人提交的材料进行审查，并对申请人的办公场所和种子加工、检验、仓储等设施设备进行实地考察，查验相关申请材料原件。核发机关应当自受理申请或收到审核意见之日起二十个工作日内完成核发工作。核发机关认为有必要的，可以进行实地考察并查验原件。符合条件的，发给种子生产经营许可证并予以公告；不符合条件的，书面通知申请人并说明理由。选育生产经营相结合、有效区域为全国的种子生产经营许可证，核发机关应当在核发前在中国种业信息网公示五个工作日。详见附件 1.3《农作物种子生产经营管理办法》。

第三十二条　申请取得种子生产经营许可证的，应当具有与种子生产经营相适应的生产经营设施、设备及专业技术人员，以及法规和国务院农业农村、林业草原主管部门规定的其他条件。

从事种子生产的，还应当同时具有繁殖种子的隔离和培育条件，具有无检疫性有害生物的种子生产地点或者县级以上人民政府林业草原主管部门确定的采种林。

申请领取具有植物新品种权的种子生产经营许可证的，应当征得植物新品种权所有人的书面同意。

为加强农作物种子生产经营许可管理，规范农作物种子生产经营秩序，根据《种子法》规定，县级以上人民政府农业农村主管部门按照职责分工，负责农作物种子生产经营许可证的受理、审核、核发和监管工作。负责审核、核发农作物种子生产经营许可证的农业农村主管部门，应当将农作物种子生产经营许可证的办理条件、程序等在办公场所公开。农业农村主管部门应当按照保障农业生产安全、提升农作物品种选育和种子生产经营水平、促进公平竞争、强化事中事后监管的原则，依法加强农作物种子生产经营许可管理。

申请领取种子生产经营许可证的企业，应当具有与种子生产经营相适应的设施、设备、品种及人员，申请条件如下。

1. 申请领取主要农作物常规种子或非主要农作物种子生产经营许可证的企业，应当具备以下条件

①基本设施：生产经营主要农作物常规种子的，具有办公场所 150 平方米以上、检验室 100 平方米以上、加工厂房 500 平方米以上、仓库 500 平方米以上；生产经营非主要农作物种子的，具有办公场所 100 平方米以上、检验室 50 平方米以上、加工厂房 100 平方米以上、仓库 100 平方米以上。

②检验仪器：具有净度分析台、电子秤、样品粉碎机、烘箱、生物显微镜、电子天平、扦样器、分样器、发芽箱等检验仪器，满足种子质量常规检测需要。

③加工设备：具有与其规模相适应的种子加工、包装等设备。其中，生产经营主要农作物常规种子的，应当具有种子加工成套设备，生产经营常规小麦种子的，成套设备总加工能力 10 吨/小时以上；生产经营常规稻种子的，成套设备总加工能力 5 吨/小时以上；生产经营常规大豆种子的，成套设备总加工能力 3 吨/小时以上；生产经营常规棉花种子的，成套设备总加工能力 1 吨/小时以上。

④人员：具有种子生产、加工贮藏和检验专业技术人员各 2 名以上。

⑤品种：生产经营主要农作物常规种子的，生产经营的品种应当通过审定，并具有 1 个以上与申请作物类别相应的审定品种；生产经营登记作物种子的，应当具有 1 个以上的登记品种。生产经营授权品种种子的，应当征得品种权人的书面同意。

⑥生产环境：生产地点无检疫性有害生物，并具有种子生产的隔离和培育条件。

⑦农业农村部规定的其他条件。

2. 申请领取主要农作物杂交种子及其亲本种子生产经营许可证的企业，应当具备以下条件

①基本设施：具有办公场所 200 平方米以上、检验室 150 平方米以上、加工厂房 500 平方米以上、仓库 500 平方米以上。

②检验仪器：除具备本办法第七条第二项规定的条件外，还应当具有 PCR 扩增仪及产物检测配套设备、酸度计、高压灭菌锅、磁力搅拌器、恒温水浴锅、高速冷冻离心机、成套移液器等仪器设备，能够开展种子水分、净度、纯度、发芽率四项指标检测及品种分子鉴定。

③加工设备：具有种子加工成套设备，生产经营杂交玉米种子的，成套设备总加工能力10吨/小时以上；生产经营杂交稻种子的，成套设备总加工能力5吨/小时以上；生产经营其他主要农作物杂交种子的，成套设备总加工能力1吨/小时以上。

④人员：具有种子生产、加工贮藏和检验专业技术人员各5名以上。

⑤品种：生产经营的品种应当通过审定，并具有自育品种或作为第一选育人的审定品种1个以上，或者合作选育的审定品种2个以上，或者受让品种权的品种3个以上。生产经营授权品种种子的，应当征得品种权人的书面同意。

⑥生产环境：生产地点无检疫性有害生物，并具有种子生产的隔离和培育条件。

⑦农业农村部规定的其他条件。

3. 申请领取实行选育生产经营相结合、有效区域为全国的种子生产经营许可证的企业，应当具备以下条件

①基本设施：具有办公场所500平方米以上，冷藏库200平方米以上。生产经营主要农作物种子或马铃薯种薯的，具有检验室300平方米以上；生产经营其他农作物种子的，具有检验室200平方米以上。生产经营杂交玉米、杂交稻、小麦种子或马铃薯种薯的，具有加工厂房1000平方米以上、仓库2000平方米以上；生产经营棉花、大豆种子的，具有加工厂房500平方米以上、仓库500平方米以上；生产经营其他农作物种子的，具有加工厂房200平方米以上、仓库500平方米以上。

②育种机构及测试网络：具有专门的育种机构和相应的育种材料，建有完整的科研育种档案。生产经营杂交玉米、杂交稻种子的，在全国不同生态区有测试点30个以上和相应的播种、收获、考种设施设备；生产经营其他农作物种子的，在全国不同生态区有测试点10个以上和相应的播种、收获、考种设施设备。

③育种基地：具有自有或租用（租期不少于5年）的科研育种基地。生产经营杂交玉米、杂交稻种子的，具有分布在不同生态区的育种基地5处以上、总面积200亩以上；生产经营其他农作物种子的，具有分布在不同生态区的育种基地3处以上、总面积100亩以上。

④品种：生产经营主要农作物种子的，生产经营的品种应当通过审定，并具有相应作物的作为第一育种者的国家级审定品种3个以上，或者省级审定品种6个以上（至少包含3个省份审定通过），或者国家级审定品种2个和省级审定品种3个以上，或者国家级审定品种1个和省级审定品种5个以上。生产经营杂交稻种子同时生产经营常规稻种子的，除具有杂交稻要求的品种条件外，还应当具有常规稻的作为第一育种者的国家级审定品种1个以上或者省级审定品种3个以上。生产经营非主要农作物种子的，应当具有相应作物的以本企业名义单独申请获得植物新品种权的品种5个以上。生产经营授权品种种子的，应当征得品种权人的书面同意。

⑤生产规模：生产经营杂交玉米种子的，近3年年均种子生产面积2万亩以上；生产经营杂交稻种子的，近3年年均种子生产面积1万亩以上；生产经营其他农作物种子的，近3年年均种子生产的数量不低于该类作物100万亩的大田用种量。

⑥种子经营：具有健全的销售网络和售后服务体系。生产经营杂交玉米种子的，在申请之日前3年内至少有1年，杂交玉米种子销售额2亿元以上或占该类种子全国市场份额的1%以上；生产经营杂交稻种子的，在申请之日前3年内至少有1年，杂交稻种子销售额1.2亿元以上或占该类种子全国市场份额的1%以上；生产经营蔬菜种子的，在申请之日前3年内至少有

1年，蔬菜种子销售额8000万元以上或占该类种子全国市场份额的1%以上；生产经营其他农作物种子的，在申请之日前3年内至少有1年，其种子销售额占该类种子全国市场份额的1%以上。

⑦种子加工：具有种子加工成套设备，生产经营杂交玉米、小麦种子的，总加工能力20吨/小时以上；生产经营杂交稻种子的，总加工能力10吨/小时以上（含窝眼清选设备）；生产经营大豆种子的，总加工能力5吨/小时以上；生产经营其他农作物种子的，总加工能力1吨/小时以上。生产经营杂交玉米、杂交稻、小麦种子的，还应当具有相应的干燥设备；

⑧人员：生产经营杂交玉米、杂交稻种子的，具有本科以上学历或中级以上职称的专业育种人员10人以上；生产经营其他农作物种子的，具有本科以上学历或中级以上职称的专业育种人员6人以上。生产经营主要农作物种子的，具有专职的种子生产、加工贮藏和检验专业技术人员各5名以上；生产经营非主要农作物种子的，具有专职的种子生产、加工贮藏和检验专业技术人员各3名以上。

⑨生产环境：生产地点无检疫性有害生物，并具有种子生产的隔离和培育条件；

⑩农业农村部规定的其他条件。

4. 申请领取转基因农作物种子生产经营许可证的企业，应当具备下列条件

①农业转基因生物安全管理人员2名以上。

②种子生产地点、经营区域在农业转基因生物安全证书批准的区域内。

③有符合要求的隔离和生产条件。

④有相应的农业转基因生物安全管理、防范措施。

⑤农业农村部规定的其他条件。

5. 从事种子进出口业务、转基因农作物种子生产经营的企业和外商投资企业申请领取种子生产经营许可证，除具备本办法规定的相应农作物种子生产经营许可证核发的条件外，还应当符合有关法律、行政法规规定的其他条件。

第三十三条 种子生产经营许可证应当载明生产经营者名称、地址、法定代表人、生产种子的品种、地点和种子经营的范围、有效期限、有效区域等事项。

前款事项发生变更的，应当自变更之日起三十日内，向原核发许可证机关申请变更登记。

除本法另有规定外，禁止任何单位和个人无种子生产经营许可证或者违反种子生产经营许可证的规定生产、经营种子。禁止伪造、变造、买卖、租借种子生产经营许可证。

1. 种子生产经营许可证

种子生产经营许可证设主证、副证。主证注明许可证编号、企业名称、统一社会信用代码、住所、法定代表人、生产经营范围、生产经营方式、有效区域、有效期至、发证机关、发证日期；副证注明生产种子的作物种类、种子类别、品种名称及审定（登记）编号、种子生产地点等内容。

①许可证编号为“______（××××）农种许字（××××）第××××号”。“______”上标注生产经营类型，A为实行选育生产经营相结合，B为主要农作物杂交种子及其亲本种子，C为其他主要农作物种子，D为非主要农作物种子，E为种子进出口，F为外商投资企业，G为转基因农作物种子；第一个括号内为发证机关所在地简称，格式为“省地县”；第二个括号内为首次发证时的年号；“第××××号”为四位顺序号。

②生产经营范围按生产经营种子的作物名称填写，蔬菜、花卉、麻类按作物类别填写。

③生产经营方式按生产、加工、包装、批发、零售或进出口填写。

④有效区域。实行选育生产经营相结合的种子生产经营许可证的有效区域为全国。其他种子生产经营许可证的有效区域由发证机关在其管辖范围内确定。

⑤生产地点为种子生产所在地，主要农作物杂交种子标注至县级行政区域，其他作物标注至省级行政区域。

种子生产经营许可证加注许可信息代码。许可信息代码应当包括种子生产经营许可相关内容，由发证机关打印许可证书时自动生成。

2. 种子生产经营许可证有效区域

种子生产经营许可证载明的有效区域是指企业设立分支机构的区域。种子生产地点不受种子生产经营许可证载明的有效区域限制，由发证机关根据申请人提交的种子生产合同复印件及无检疫性有害生物证明确定。种子销售活动不受种子生产经营许可证载明的有效区域限制，但种子的终端销售地应当在品种审定、品种登记或标签标注的适宜区域内。

3. 种子生产经营许可证的监督管理

种子生产经营许可证有效期为五年。转基因农作物种子生产经营许可证有效期不得超出农业转基因生物安全证书规定的有效期限。在有效期内变更主证载明事项的，应当向原发证机关申请变更并提交相应材料，原发证机关应当依法进行审查，办理变更手续。在有效期内变更副证载明的生产种子的品种、地点等事项的，应当在播种三十日前向原发证机关申请变更并提交相应材料，申请材料齐全且符合法定形式的，原发证机关应当当场予以变更登记。种子生产经营许可证期满后继续从事种子生产经营的，企业应当在期满六个月前重新提出申请。

在种子生产经营许可证有效期内，有下列情形之一的，发证机关应当注销许可证，并予以公告。

①企业停止生产经营活动一年以上的。

②企业不再具备本办法规定的许可条件，经限期整改仍达不到要求的。

申请人故意隐瞒有关情况或者提供虚假材料申请种子生产经营许可证的，农业农村主管部门应当不予许可，并将申请人的不良行为记录在案，纳入征信系统。申请人在一年内不得再次申请种子生产经营许可证。申请人以欺骗、贿赂等不正当手段取得种子生产经营许可证的，农业农村主管部门应当撤销种子生产经营许可证，并将申请人的不良行为记录在案，纳入征信系统。申请人在三年内不得再次申请种子生产经营许可证。

农业农村主管部门应当对种子生产经营行为进行监督检查，发现不符合本办法的违法行为，按照《种子法》有关规定进行处理。核发、撤销、吊销、注销种子生产经营许可证的有关信息，农业农村主管部门应当依法予以公布，并在中国种业信息网上及时更新信息。对管理过程中获知的种子生产经营者的商业秘密，农业农村主管部门及其工作人员应当依法保密。

上级农业农村主管部门应当对下级农业农村主管部门的种子生产经营许可行为进行监督检查。有下列情形的，责令改正，对直接负责的主管人员和其他直接责任人依法给予行政处分；涉嫌犯罪的，及时将案件移送司法机关，依法追究刑事责任。

①未按核发权限发放种子生产经营许可证的。

②擅自降低核发标准发放种子生产经营许可证的。

③其他未依法核发种子生产经营许可证的。

第三十四条 种子生产应当执行种子生产技术规程和种子检验、检疫规程，保证种子符合净度、纯度、发芽率等质量要求和检疫要求。

县级以上人民政府农业农村、林业草原主管部门应当指导、支持种子生产经营者采用先进的种子生产技术，改进生产工艺，提高种子质量。

关于对种子生产技术等规程的要求有如下几点。

1. 商品种子生产技术规程内容

①生产常规种的原种、生产杂交种的自交系的质量是否符合规定的标准。

②规范选择隔离区、合适的土壤、充足的灌溉用水、制种农户的技术培训办法等。

③田间栽培管理措施的制定、专业技术人员的配备，技术指导方法。

④田间去杂株、去劣株、去雄、父母本错期播种等技术的制定。

2. 种子生产检验规程内容

①播种前对原种或自交系发芽率的室内检验。

②田间苗期纯度检验。

③田间花期纯度检验。

④抽雄期的母本抽雄质量检验。

⑤收获期的果穗纯度检验。

3. 检疫规程内容

①对用于生产商品种子的原种、自交系，在播种前应进行室内检疫，对从外边调进的原种、自交系，要附有产地检疫证明书。

②对安排作种子生产用的地块，在生产前要进行田间检疫。

③生产的种子在成熟时，对已成熟的种子进行田间检疫。在生产的种子向外调出时，凭田间检疫证书换取调运检疫证书。

详见附件1.7《植物检疫条例实施细则》(农业部分)。

第三十五条 在林木种子生产基地内采集种子的，由种子生产基地的经营者组织进行，采集种子应当按照国家有关标准进行。

禁止抢采掠青、损坏母树，禁止在劣质林内、劣质母树上采集种子。

为加强商品林木种子采收管理，规范商品林木种子采收行为，防止抢采掠青，损坏母树，确保种源纯正和生产用种质量，根据《中华人民共和国种子法》(以下简称《种子法》)的规定，2007年国家林业局制定《林木种子采收管理规定》。

县级以上人民政府林业行政主管部门负责商品林木种子采收管理工作，具体工作由其所属的林木种苗管理机构负责。采种林分包括种子园、母树林、一般采种林和临时采种林、群体和散生的优良母树。

①种子园是指用优树无性系或家系按设计要求营建的、实行集约经营的、以生产优质种子为目的的采种林分。

②母树林是指选择优良天然林或种源清楚的优良人工林，经去劣留优、疏伐改造、抚育管理，以生产优良种子为目的而营建的采种林分。

③一般采种林是指选择中等以上林分去劣疏伐，以生产质量合格的种子为目的的采种林分。

④临时采种林是选择即将采伐的林分，以生产质量合格的种子为目的的采种林分。

林木种子的采集应当在确定的采种林分和采种期内进行。优先采集种子园、母树林、采种基地的种子。种子园、母树林由省级人民政府林业行政主管部门确定，一般采种林、临时采种林、群体和散生的优良母树由市、县人民政府林业行政主管部门确定，并向社会公告。县级以上人民政府林业行政主管部门确定的采种林分应当报上一级人民政府林业行政主管部门备案。

采种期由县级以上人民政府林业行政主管部门确定，并在采种期起始日一个月前向社会公布。林木种子生产者组织有采种经验的人员进行林木种子采集。县级以上人民政府林业行政主管部门应当加强对林木种子采收工作的监督检查。采种现场应有技术人员或熟练工人对采种方法、采种质量、母树保护、人员安全进行检查指导。林木种子生产者应当按照国家、行业或者地方林木采种技术标准要求采集种子，并按照国家标准《林木采种技术》(GB/T 11619—1996)执行。

采集和收购林木种子的单位和个人应当建立林木种子采集和收购档案，包括种子产地、种源、数量、质量检验证书、责任人和林木采种登记表等内容。收购林木种子的单位或个人应当依法取得林木种子经营许可证，具备林木种子贮藏设施，建立种子流向档案。

国家投资建设的林木种子生产基地生产的林木种子，由当地人民政府林业行政主管部门统一组织收购和调剂使用，优先用于生态公益林建设。禁止抢采掠青、损坏母树，禁止在劣质林内、劣质母树上采种。禁止在确定的采种林分外采种。

第三十六条 种子生产经营者应当建立和保存包括种子来源、产地、数量、质量、销售去向、销售日期和有关责任人员等内容的生产经营档案，保证可追溯。种子生产经营档案的具体载明事项，种子生产经营档案及种子样品的保存期限由国务院农业农村、林业草原主管部门规定。

这里说的商品种子生产者，是指预约种子生产的企业或个人，也就是种子生产的收购方。建立健全种子生产档案对生产者来说，是一项很重要的工作。通过档案可以详细了解不同作物、不同品种在不同地区的表现，为不同作物、不同品种选择最佳生产区，获得最佳产量，提供可靠依据。一旦种子生产出现问题，利用档案记录对问题的原因进行科学分析，以便制定解决问题的措施。目前在种子经营中出现问题比较多的是，一些经营者在种子调进后或者销售前，不按规定对发芽率进行复检，或者检验后不做记录，也不按规定保留样品。一旦出现发芽率纠纷，很难保护自己的权益。

种子生产档案也是行政管理部门经常要检查的一项内容，未建立种子生产档案或档案内容不全的，要给予行政处罚。实践证明，规模比较大、行为比较规范的企业在这方面做得比较好，反之则比较差。

种子生产经营者应当建立包括种子田间生产、加工包装、销售流通等环节形成的原始记载或凭证的种子生产经营档案，具体内容如下。

(1)田间生产方面：技术负责人，作物类别、品种名称、亲本(原种)名称、亲本(原种)来源，生产地点、生产面积、播种日期、隔离措施、产地检疫、收获日期、种子产量等。委托种子生产的，还应当包括种子委托生产合同。

(2)加工包装方面：技术负责人，品种名称、生产地点，加工时间、加工地点、包装规格、种子批次、标签标注，入库时间、种子数量、质量检验报告等。

(3)流通销售方面：经办人，种子销售对象姓名及地址、品种名称、包装规格、销售数量、销售时间、销售票据。批量购销的，还应包括种子购销合同。

种子生产经营者应当至少保存种子生产经营档案五年，确保档案记载信息连续、完整、真实，保证可追溯。档案材料含有复印件的，应当注明复印时间并经相关责任人签章。种子生产经营者应当按批次保存所生产经营的种子样品，样品至少保存该类作物两个生产周期。

第三十七条 农民个人自繁自用的常规种子有剩余的，可以在当地集贸市场上出售、串换，不需要办理种子生产经营许可证。

本条所称农民，是指以家庭联产承包责任制的形式签订农村土地承包合同的农民；所称当地集贸市场，是指农民所在的乡(镇)区域。农民个人出售、串换的种子数量不应超过其家庭联产承包土地的年度用种量。违反本款规定出售、串换种子的，视为无证生产经营种子。

第三十八条 种子生产经营许可证的有效区域由发证机关在其管辖范围内确定。种子生产经营者在种子生产经营许可证载明的有效区域设立分支机构的，专门经营不再分装的包装种子的，或者受具有种子生产经营许可证的种子生产经营者以书面委托生产、代销其种子的，不需要办理种子生产经营许可证，但应当向当地农业农村、林业草原主管部门备案。

实行选育生产经营相结合，符合国务院农业农村、林业草原主管部门规定条件的种子企业的生产经营许可证的有效区域为全国。

种子生产经营者在种子生产经营许可证载明有效区域设立的分支机构，应当在取得或变更分支机构营业执照后十五个工作日内向当地县级农业农村主管部门备案。备案时应当提交分支机构的营业执照复印件、设立企业的种子生产经营许可证复印件以及分支机构名称、住所、负责人、联系方式等材料。

受具有种子生产经营许可证的企业书面委托生产其种子的，应当在种子播种前向当地县级农业农村主管部门备案。受委托生产转基因农作物种子的，应当有专门的管理人员和经营档案，有相应的安全管理、防范措施及国务院农业农村主管部门规定的其他条件。备案时应当提交委托企业的种子生产经营许可证复印件、委托生产合同，以及种子生产者名称、住所、负责人、联系方式、品种名称、生产地点、生产面积等材料。受托生产杂交玉米、杂交稻种子的，还应当提交与生产所在地农户、农民合作组织或村委会的生产协议。受委托生产转基因种子的，还应当提交转基因生物安全证书复印件。

专门经营不再分装的包装种子或者受具有种子生产经营许可证的企业书面委托代销其种子的，应当在种子销售前向当地县级农业农村主管部门备案，并建立种子销售台账。备案时应当提交种子销售者的营业执照复印件、种子购销凭证或委托代销合同复印件，以及种子销售者名称、住所、经营方式、负责人、联系方式、销售地点、品种名称、种子数量等材料。种子销售台账应当如实记录销售种子的品种名称、种子数量、种子来源和种子去向。

第三十九条 销售的种子应当加工、分级、包装。但是不能加工、包装的除外。

大包装或者进口种子可以分装；实行分装的，应当标注分装单位，并对种子质量负责。

1. 应当加工、分级、包装的种子

①有性繁殖作物的籽粒、果实,包括颖果、荚果、蒴果、核果等。

②马铃薯微型脱毒种薯。

2. 不经加工、包装进行销售的种子

①无性繁殖的器官和组织,包括根(块根)、茎(块茎、鳞茎、球茎、根茎)、枝、叶、芽、细胞等。

②苗和苗木,包括蔬菜苗、水稻苗、果树苗木、茶树苗木、树苗木、花卉苗木等。

③其他不宜包装的种子。

3. 种子包装的主要作用

①保护功能:适当的材料包装,可使种子在运输和储存中保护种子不受损伤与变质。

②具有方便功能:方便了种子使用者,买前不用准备包装物,可随意购买;方便运输,不同规格的包装,可以方便搬运;可整包销售,免去了零售时过秤的麻烦,节省人员,提高工作效率。

③延伸种子的服务领域,扩大广告宣传力度:包装上或包装内附有品种简介和质量指标,一是使农民对品种的特征特性和栽培技术一目了然;二是农民对所购买的种子增加了知情权;三是起到传播种子商品信息的作用,有助于种子销售。

4. 种子分装

种子销售者需要对调进的大包装或进口种子进行分装的,在分装的包装物上,除载明原说明外,还须加注分装者的名称。并且分装者要对分装后的种子质量负责。

第四十条 销售的种子应当符合国家或者行业标准,附有标签和使用说明。标签和使用说明标注的内容应当与销售的种子相符。种子生产经营者对标注内容的真实性和种子质量负责。

标签应当标注种子类别、品种名称、品种审定或者登记编号、品种适宜种植区域及季节、生产经营者及注册地、质量指标、检疫证明编号、种子生产经营许可证编号和信息代码,以及国务院农业农村、林业草原主管部门规定的其他事项。

销售授权品种种子的,应当标注品种权号。

销售进口种子的,应当附有进口审批文号和中文标签。

销售转基因植物品种种子的,必须用明显的文字标注,并应当提示使用时的安全控制措施。

种子生产经营者应当遵守有关法律、法规的规定,诚实守信,向种子使用者提供种子生产者信息、种子的主要性状、主要栽培措施、适应性等使用条件的说明、风险提示与有关咨询服务,不得作虚假或者引人误解的宣传。

任何单位和个人不得非法干预种子生产经营者的生产经营自主权。

《种子法》中对种子的包装、标签、质量、生产经营等有明确规定(见附件 1.8《农作物种子标签和使用说明管理办法》),常见的种子标签问题如下。

1. 作物种类标签不规范

典型的情况有:"芫荽"标注为"香菜","菜豆"标注为"豆类","印度南瓜"标注为"南瓜","西葫芦"标注为"瓜类","茎用芥菜"标注为"茎瘤芥","茄"标注为"茄果类"等。

种子类别常见的问题为将大田用种标为原种,对应的标签纯度数值标注成大田用种的数值,这样标注违反了《种子法》的第四十八条规定,可以直接判为假种子。

2. 净含量标注不标准

标注内容由“净含量”字样、数字、法定计量单位(kg或者g)或者数量单位(粒或者株)3部分组成第九条规定:批量定量包装商品的平均实际含量应当大于或者等于其标注净含量。从这个意义上讲,一是标注时应为准确数值,不允许有范围,多标为画蛇添足,出现错误;二是在国家监督检查时,允许查出的结果与标注值有差异,但差异不允许过大,超出允许值就算不合格。

3. 检测日期和质量保证期标注不清晰

有的企业只标明生产加工日期,无检测日期和质保期;有的企业将质量保证期标成一个具体的日期(某年月日),与种子质量检验合格期限需要一个时间段不相吻合;有的企业将日期含糊地镶嵌到使用说明的其他内容里,难以辨识。

这些企业不明确、独立标注检测日期和质量保证期,违背了《农作物种子标签和使用说明管理办法》制定的初衷。

4. 种子质量指标不准确

监督检查发现,有一个常规谷子种子,正面标注是原种,背面标注的品种纯度是国家标准大田用种的纯度指标,存在标注值低于国家标准或行业标准或者种子类别标注错误的行为。

5. 标注内容不规范

包衣种警示标志标注骷髅头,但未标注高毒,也未标注药剂名称和注意事项;种子标签上1个品种只能标注1个名称,有法定通用名称的必须标注法定的品种通用名称。

第四十一条 种子广告的内容应当符合本法和有关广告的法律、法规的规定,主要性状描述等应当与审定、登记公告一致。

种子销售免不了要借助各种媒介向使用者广泛宣传,以促进销售或扩大服务。广告的基本功能是传递真实的种子信息,沟通种子供需,特别是帮助使用者了解种子的特征特性、栽培要点、联系方式等。因为种子的用途非常特殊,一旦广告宣传失实,很有可能给使用者造成一个生产周期的损失。

因此种子经销商在进行广告宣传时须遵守以下基本原则。

(1)合法性 主要农作物品种在做广告宣传时,必须是经过审定的品种,宣传的特性特征、适宜种植的范围、产量指标、栽培技术等都要与审定公告一致。种子企业须具备该作物品种经营的合法资格。

(2)真实性 所有种子宣传广告内容都应当真实可靠,不能任意夸大其词,欺诈种子使用者。

(3)诚信原则 在种子广告宣传中要充分尊重种子使用者的知情权,详细告知品种的优缺点,以便使种子使用者能根据自己的实际需要来做出选择。

第四十二条 运输或者邮寄种子应当依照有关法律、行政法规的规定进行检疫。

这一条应参照植物检疫条例的具体规定执行,例如,凡种子、苗木和其他繁殖材料,不论是否列入应施检疫的植物、植物产品名单和运往何地,在调运之前,都必须经过检疫。

在本法关于种子标签的使用规定一节中,也明确提出,种子标签上要标注种子检疫证号。

第四十三条 种子使用者有权按照自己的意愿购买种子,任何单位和个人不得非法干预。

《种子法》规定，种子使用者有权依照自己的意愿购买种子，任何单位和个人不得非法干预。种子使用者因种子质量问题或者因种子的标签和使用说明标注的内容不真实，遭受损失的，种子使用者可以向出售种子的经营者要求赔偿，也可以向种子生产者或者其他经营者要求赔偿。赔偿额包括购种价款、可得利益损失和其他损失。属于种子生产者或者其他经营者责任的，出售种子的经营者赔偿后，有权向种子生产者或者其他经营者追偿；属于出售种子的经营者责任的，种子生产者或者其他经营者赔偿后，有权向出售种子的经营者追偿。

第四十四条 国家对推广使用林木良种造林给予扶持。国家投资或者国家投资为主的造林项目和国有林业单位造林，应当根据林业草原主管部门制定的计划使用林木良种。

中国将把生态文明建设作为“十四五”规划的重要内容，而植树造林是生态文明建设的重要抓手。苗木从业者应该抓好造林绿化这个改善生态环境的“绿色”新契机，超前谋划，提前准备，适时转型提升苗木产业，实现新的跨越目标。

为了加强林木良种推广使用管理，发展高产、优质、高效益的林业，根据《中华人民共和国种子法》和国家有关规定，国家林业局制定了《林木良种推广使用管理办法》，对推广使用林木良种的单位和个人，可以给予适当的经济补贴。具体补贴办法执行各省、自治区、直辖市林业行政主管部门的规定。县级以上林业行政主管部门应当按照《中华人民共和国农业技术推广法》第二十三条的规定，向同级人民政府争取在财政拨款和农业发展基金中安排一定比例的资金份额，用于林木良种的推广使用。县级以上林业行政主管部门应当安排适当的资金，用于林木良种的推广使用。任何单位或者个人不得截留或者挪用林木良种推广使用资金。

第四十五条 种子使用者因种子质量问题或者因种子的标签和使用说明标注的内容不真实，遭受损失的，种子使用者可以向出售种子的经营者要求赔偿，也可以向种子生产者或者其他经营者要求赔偿。赔偿额包括购种价款、可得利益损失和其他损失。属于种子生产者或者其他经营者责任的，出售种子的经营者赔偿后，有权向种子生产者或者其他经营者追偿；属于出售种子的经营者责任的，种子生产者或者其他经营者赔偿后，有权向出售种子的经营者追偿。

过去农民在购买的种子出现质量问题时，找到经销商协商，常听到经销商说的一句话是“种子不是我生产的，我也是调别人的，种子质量有问题不是我的事”，农民被推来推去，问题得不到合理解决。为此本条专门作出谁出售的种子，谁先给农民赔偿的规定，并将赔偿的范围划定为种子价款、有关费用和可得利益损失 3 个部分。

这里说的种子价款是指农民在购买种子时的单价乘以损失部分的用种数量。有关费用是指遭受损失部分所用的机耕费、水费、人工费、地膜、化肥等实际费用。可得利益损失是指种该品种收获后应得的正常收入。一般按当地或附近，种同类品种所得平均收入计算。如当年附近其他农民种植同品种西瓜，每亩收入为 1000 元、800 元、600 元。平均为 800 元，那么可得利益就应按每亩 800 元赔偿。若农民还有一部分收入，应该用 800 元减去这部分收入后的金额来赔偿。经销商赔付完后，可凭赔款手续向生产商或直接供货商提出索赔。这就解决了相互推诿的问题。

第六章 种子监督管理

第四十六条 农业农村、林业草原主管部门应当加强对种子质量的监督检查。种子质量管理办法、行业标准和检验方法，由国务院农业农村、林业草原主管部门制定。

农业农村、林业草原主管部门可以采用国家规定的快速检测方法对生产经营的种子品种进行检测，检测结果可以作为行政处罚依据。被检查人对检测结果有异议的，可以申请复检，复检不得采用同一检测方法。因检测结果错误给当事人造成损失的，依法承担赔偿责任。

为确保农业生产和国家粮食安全，维护农民利益不受损失，近年来，国务院农业行政主管部门治标抓本，实施了一系列促进种子质量提升的措施。

一是完善了法律制度。2012 年以来，随着《种子法》的修订，新法在进一步明确假劣种子概念的同时，强调各级人民政府及其有关部门应当采取措施，加强种子执法和监督，依法惩处侵害农民权益的种子违法行为。要求各级农业主管部门加强对种子质量的监督检查，明确规定检测可以采用快速检测方法。依据《种子法》，农业农村部又制定了《农作物种子质量监督抽查管理办法》《农作物种子质量检测机构考核管理办法》，形成了职责清晰、运行有保障的系列法规制度，明确了谁来管、管什么、如何管等核心问题。

二是健全标准和检验体系。本着检验标准(规程)所有作物全覆盖、检验机构能力所有作物全覆盖、推动分子检测技术不断应用的原则，科学修订旧标准、抓紧制定新标准，不断组织力量加强种子质量检验标准建设，积极推动检验机构考核，尤其是放开第三方检验机构考核，检验体系更具活力。2018—2021 年的种子质量年专项行动，全面弥补、提升了我国种子标准空白、主要农作物种子质量标准、检验体系建设。目前，我国已制定了 170 多个涵盖种子质量、品种真实性、转基因检测及加工包装管理的标准体系，不仅研制了系列常规检测标准，而且研制了一批 DNA 分子检测标准。同时，建设并考核通过了 250 多个种子测试及检验机构，建立了 5 种主要农作物、29 种登记作物品种标准样品库，种子质量管理技术体系初步得到完善。

三是持续强化市场监管。我国从 1990 年开始了种子质量监督抽查工作。2011 年以来，农业农村部实施企业监督抽查＋春季市场检查＋夏季基地抽查＋秋季市场检查＋区域性综合治理相结合的全程质量管理模式。经过多年努力，我国种子质量有了较大的提升，水稻、玉米种子质量合格率已连续多年稳定在 96%以上，种子质量有了明显改观。

随着中国农业生产模式不断变化，机械化程度日益提高，加之跨国种业进入中国，对国内种子质量提出了更高要求。近年来，种业市场监管取得明显成效。种业法律法规及质量标准体系不断健全，种业监管手段和能力显著提升，种业市场主体生产经营秩序更加规范，种子质量水平持续提高，主要农作物种子质量抽查合格率稳定在 98%以上，质量“低劣”问题基本解决，但侵犯种业知识产权等违法行为仍时有发生。为此，农业农村部自 2021 年起开展为期 3 年的“全国种业监管执法年”活动，内容上重点聚焦种业知识产权保护，严格品种管理，启动审定品种撤销工作，着力整治品种同质化问题；主体上重点聚焦企业，严格检查问题及投诉举报较多或有重大种子案件的企业，切实规范企业生产经营行为。

在第二款中，检验机构应当按国家标准《农作物种子检验规程》进行检测，保证检验工作科学、公正、准确。检验原始记录应当按规定如实填写，保证真实、准确、清晰，不得随意涂改，并妥善保存备查。检验机构依据《种子法》第四十六条的规定和相关种子技术规范的强制性要求，并根据国家标准《农作物种子检验规程》所规定的容许误差对种子质量进行判定。检验结束后，检验机构应当及时向被抽查企业和生产商送达《种子质量监督抽查结果通知单》。检验机构可以在部分检验项目完成后，及时将检验结果通知被抽查企业。

被抽查企业或者生产商对检验结果有异议的，应当在接到《种子质量监督抽查结果通知单》或者单项指标检验结果通知之日起十五日内，向下达任务的农业行政主管部门提出书面报告，并抄送检验机构。逾期未提出异议的，视为认可检验结果。下达任务的农业行政主管部门应当对企业提出的异议进行审查，并将处理意见告知企业。需要进行复验的，应当及时安排。复验一般由原检验机构承担，特殊情况下，可以由下达任务的农业行政主管部门委托其他检验机构承担。

复验结果与原检验结果不一致的，复验费用由原检验机构承担。

复验按照原抽查方案，根据实际情况可以在原样品基础上或者采用备用样品进行。净度、发芽率和水分等质量指标采用备用样品进行复验，品种真实性和纯度在原种植小区基础上进行复查，特殊情况下，也可以重新种植鉴定。

第四十七条 农业农村、林业草原主管部门可以委托种子质量检验机构对种子质量进行检验。

承担种子质量检验的机构应当具备相应的检测条件、能力，并经省级以上人民政府有关主管部门考核合格。

种子质量检验机构应当配备种子检验员。种子检验员应当具有中专以上有关专业学历，具备相应的种子检验技术能力和水平。

为了加强农作物种子质量检验机构(以下简称"种子检验机构")管理，规范种子检验机构考核工作，保证检验能力。根据《种子法》，农业农村部制定出台《农作物种子质量检验机构考核管理办法》。承担检验工作的检验机构应当符合《种子法》的有关规定，具备相应的检测条件和能力，并经省级以上人民政府农业行政主管部门考核合格。

从事下列活动的种子检验机构，应当经过考核合格：

(一)为行政机关作出的行政决定、司法机关作出的裁判、仲裁机构作出的仲裁裁决等出具有证明作用的数据、结果的；

(二)为社会经济活动出具有证明作用的数据、结果的；

(三)其他依法应当经过考核合格的。

省级人民政府农业农村主管部门负责本行政区域内种子检验机构的考核、监管、技术指导等工作。农业农村部负责制定种子检验机构考核相关标准，监督、指导考核工作。具体工作由全国农业技术推广服务中心承担。

种子检验机构考核应当遵循统一规范、客观公正、科学准确、公开透明的原则，采取文件审查、现场评审和能力验证相结合的方式，实行考核要求、考核程序、证书标志、监督管理统一的制度。种子检验机构考核的申请、受理、公示、证书打印等通过中国种业大数据平台办理。

第四十八条 禁止生产经营假、劣种子。农业农村、林业草原主管部门和有关部门依法打击生产经营假、劣种子的违法行为，保护农民合法权益，维护公平竞争的市场秩序。

下列种子为假种子：

(一)以非种子冒充种子或者以此种品种种子冒充其他品种种子的；

(二)种子种类、品种与标签标注的内容不符或者没有标签的。

下列种子为劣种子：

(一)质量低于国家规定标准的；

(二)质量低于标签标注指标的；

(三)带有国家规定的检疫性有害生物的。

如何认定假劣种子，对种子企业和行政执法部门来说都非常重要，国家在种子管理工作中，重点查处打击的就是假劣种子的生产销售行为。

1. 假种子的认定

(1)非种子冒充种子　这种情况出现比较多的是常规种子。有些种子企业或经销商在某种种子供不应求时，会选择一些农民自己生产的，粮食、棉花加工厂加工的，榨油厂用作榨油的，商品粮食、商品棉花、商品油葵等，收购回来进行加工包装，充作种子销售。这种做法对经销商来说成本低，利润高。对农民来说，这不是真正意义上的种子，购买了这种假种子，纯度无法保证，产量不如真种子的高。

(2)此种品种种子冒充他种品种种子　这种情况多是因为当年有的品种销路好，有的品种销路不好。于是在利益的驱动下，有些经销商就将不好销的品种改换名称，改换包装，冒充好销的品种来销售。

如有一年，南方某省一个市级种子公司从外地调进一批水稻种子销售给当地农民种植。直到收获季节，水稻在田间仍然叶片浓绿，而且只长叶片不抽穗结实，几千亩水稻颗粒无收，损失巨大，农民欲哭无泪。经查该批种子就是用了不适合该市种植的品种，而该品种又是被外地种子经销商用其他品种改换了名称、包装后冒充当地畅销品种销售的。案件查清后，制假的种子经销商被判了刑，当地主管农业的县领导、农业局领导、种子公司领导都受到了行政处分，当地政府财政部门拿出一大笔资金对农民进行了补偿。

(3)种子种类、品种与标签标注内容不符合的　这款是说，种子包装物里所装的种子的种类，作物品种(名称)与标签上标注的内容不一致，这也属于假种子。所以作为种子生产、经营单位和个人在印刷填写种子标签时，必须真实客观地反映实际情况。

2. 劣种子的认定

(1)质量低于国家规定的种用标准的　“国家规定”的种用标准是指国家对绝大多数农作物种子都有规定的质量标准，生产、经销商所生产销售的商品种子质量必须达到规定标准，低于国家质量标准的属劣种子。这里的“国家标准”有两层含义：一层是由国务院行政主管部门制定的标准，称作国标(GB)。一层是地方政府主管部门根据当地种子质量实际情况制定的标准，称为地标(DB)。如哈密瓜种子质量标准，使用的就是地方标准。这两种标准都是强制性标准。

(2)质量低于标签标注指标的　有三种情况：一是国家和地方对新引进或新培育的特殊作物，还没有制定质量标准，生产经销商在标签上标注企业的标准；二是生产经销商在标签上标注的质量指标高于国家标准；三是按国家规定指标标注的。三种关系是国家没有制定质量标准的，实际质量以标签标注的指标为准。标签上标注的指标高于国家规定的，以标签标注的指标为准。标签标注的指标低于国家标准的，以国家规定标准为准。

(3)带有国家规定检疫对象的有害生物的　国家规定种子生产调运必须要经过检疫，如果种子中带有检疫病菌、害虫、杂草种子等有害生物的，也视为劣种子。

第四十九条 农业农村、林业草原主管部门是种子行政执法机关。种子执法人员依法执行公务时应当出示行政执法证件。农业农村、林业草原主管部门依法履行种子监督检查职责时，有权采取下列措施：

（一）进入生产经营场所进行现场检查；

（二）对种子进行取样测试、试验或者检验；

（三）查阅、复制有关合同、票据、账簿、生产经营档案及其他有关资料；

（四）查封、扣押有证据证明违法生产经营的种子，以及用于违法生产经营的工具、设备及运输工具等；

（五）查封违法从事种子生产经营活动的场所。

农业农村、林业草原主管部门依照本法规定行使职权，当事人应当协助、配合，不得拒绝、阻挠。

农业农村、林业草原主管部门所属的综合执法机构或者受其委托的种子管理机构，可以开展种子执法相关工作。

保护企业的原始创新能力离不开对市场的有效监管，有效的监管需要高素质强有力的执法队伍。针对队伍建设，国务院 2011 年印发的《关于加快推进现代农作物种业发展的意见》（国发〔2011〕8 号），明确要求健全种子管理体系，强化各级农业部门的种子管理职能，明确负责种子管理的机构，保障种子管理工作经费，加强种子管理队伍建设，建立一支廉洁公正、作风优良、业务精通、素质过硬和装备精良的种子管理队伍。地方政府要将属于公共服务范围的种子管理工作经费纳入同级财政预算。2015 年修订的《种子法》进一步明确了种子行政执法机关和具体开展执法工作的机构，规定各级人民政府及其有关部门应当采取措施，加强种子执法和监督，依法惩处侵害农民权益的种子违法行为。2018 年印发的《深化党和国家机构改革方案》，也明确提出要整合组建农业综合执法队伍，将农业系统内兽医兽药、生猪屠宰、种子、化肥、农药、农机、农产品质量等执法队伍整合，实行统一执法。这些规定都为种子执法监管体系的建立与完善打下了坚实的基础。目前，全国共有农业综合执法和种子专业管理机构 2700 多个，管理人员 25000 多人，基本形成了一支体系健全的种子执法管理队伍。

为提升种子执法管理队伍整体素质，新种子法审议通过后，通过系统培训和广泛宣传，各级种子管理人员对相关法律法规的认识进一步深化，管理和服务的理念不断提升，执法能力和综合素质也得到了一定程度的提高。同时注重加强监管技术支撑，围绕新《种子法》的各项制度落实，先后制定了涵盖种子质量、品种真实性、转基因检测及加工包装等方面的管理标准 170 多个，建设了种子测试检验鉴定机构 250 多个，建立了 7 大作物品种标准样品库，形成了较为完整的技术支撑体系，有力地促进了种子监管能力的提升。

新《种子法》明确了县级综合执法机构、种子管理机构的执法权限，加大了对假劣种子的处罚力度，同时增加了查封扣押等执法手段，规定快速检测技术的检测结果可以作为行政处罚依据，大大丰富了种子执法监管手段，加大了对种子违法行为的惩处力度。

中办、国办部署农业综合行政执法改革工作以来，农业农村部先后制修订发布了《农业行政处罚程序规定》《农业行政执法"三项制度"实施方案》《规范农业行政处罚自由裁量权办法》《执法装备配备指导标准》等执法制度。2020 年 5 月 27 日农业农村部印发《农业综合行政执法事项指导目录(2020年版)》(以下简称《指导目录》)。《指导目录》共梳理农业农村领域现行有效法律、行政法规设定的行政处罚和行政强制事项,以及部门规章设定的警告、罚款的行政处罚事项共251项,包括行政处罚230项、行政强制21项。

第五十条 种子生产经营者依法自愿成立种子行业协会,加强行业自律管理,维护成员合法权益,为成员和行业发展提供信息交流、技术培训、信用建设、市场营销和咨询等服务。

各级种子行业协会充分发挥其协调、服务、维权、自律的作用,规范企业行为。中国种子协会组织开展种子企业信用等级评价,发布种业知识产权保护倡议书,充分发挥法律服务团作用,为企业提供有力法律服务。

中国种子协会(China Seed Association,CSA)是由在我国依法进行农作物种子(以下简称“种子”)科研、生产、经营、管理以及与种业相关的单位和个人自愿组成的群众性、非营利性、自律性的行业组织。协会是独立的全国社团法人,维护会员和行业的合法权益,是政府联系种业的桥梁和纽带。中国种子协会是世界种子联盟的会员单位;是亚太种子协会的会员单位,并派员任执委。

宗旨:遵守国家宪法、法律、法规和相关政策,遵守社会道德风尚,坚持为会员、为种业、为社会服务,促进种子产业健康持续发展。

业务范围:

(1)制定行规行约,协调、规范种子企业、相关企业之间的竞争行为,维护公平竞争。

(2)开展行业调研,分析行业发展趋势,研究行业的共同利益,向政府部门提出与种子产业发展相关的产业政策、经济技术政策和立法等方面的意见和建议。

(3)举办种子科研、生产、经营、管理及国内外贸易等方面的信息交流活动,受政府主管部门委托承办或者根据行业发展需要组织种子及其相关信息产品的交流交易、展览会。

(4)组织种子繁育、生产、加工、贮藏、检验、管理等方面的技术培训;普及种子科学知识,总结、推广种子工作先进经验。

(5)收集、分析、发布行业信息;为企业发展提供咨询意见,为会员提供技术、市场信息咨询等服务。

(6)受政府委托参与本行业相关的技术、产品的国家(行业)标准制(修)订工作;参加国际标准化活动;推动相关标准的贯彻实施。

(7)宣传和贯彻国家种子法律、法规,向政府部门反映行业、会员的意见,维护会员合法权益。

(8)开展行业自律监管,加强行业自律,构建行业内诚信监督体系;受政府主管部门委托开展行检行评,引导、促进行业发展;协助有关主管部门,实施名牌推进战略,打击假冒伪劣产品,保护行业信誉。

(9)经政府授权或委托,参与制定行业发展规划,进行种子企业生产经营资格资质审核,组织科技成果鉴定和推广应用。

(10)开展行业在政策、信息、技术、保护知识产权等方面的国(境)内、外交流活动;开拓国际市场,促进企业开展国际经济技术及贸易合作。

(11)协助有关主管部门参与农业产业扶贫,帮助贫困地区推广农业适用新品种和新技术,培育特色作物产业，开展产业相关技术培训，推进贫困地区逐步脱贫。

(12)规范行业行为，协调解决会员之间的矛盾和纠纷；参与行业相关的反倾销、反补贴等对外贸易争端的产业损害调查和应诉协调工作，保护产业安全。

(13)创办刊物、设立网站，为会员开展咨询服务。

(14)开展符合协会宗旨的其他工作；承担会员、其他团体和政府委托的其他事项。

第五十一条 种子生产经营者可自愿向具有资质的认证机构申请种子质量认证。经认证合格的，可以在包装上使用认证标识。

我国现有农作物种子标准 518 项，形成了涵盖种子、生产、加工包装、贮藏及测试检验等较为完善的农作物种子标准体系。2017 年，启动种子质量认证试点示范工作，截止到 2021 年，参与企业已扩大到 18 个省份 33 家。

1. 种子认证

种子认证是依据种子认证方案，由认证机构确认并通过颁发认证证书和认证标识来证明某一种子批符合相应的规定要求的活动。通过上述活动生产出来的种子称为认证种子。

认证种子主要通过三方面的一系列活动来确认种子质量：一是通过对品种、种子田、种子来源、田间检验、清洁与不混杂管理、验证等一系列过程控制，确认种子的遗传质量（真实性和品种纯度）保持至育种家原先育出的状况和水平；二是监控种子扦样、标识和封缄行为符合认证方案规定的要求；三是通过种子检验室的检测，确认种子的物理质量（净度、发芽率等）符合国家标准或合同规定的要求。

通过种子认证制度来控制种子的质量。种子认证制度就是对制种生产流程进行控制。各国认证制度大同小异，但都是由官方机构或者官方认可的机构，从种子生产开始就对各个环节进行监控。生产的是哪个品种？品种的来源？种植面积多大？在什么地方种植？全部都要记录在案。在生产过程中，对生产种子的质量监督管理，对生产种子的数量进行估算。最后只对符合质量标准的种子发放认证标签，标签的数量与实际种子产量一致。贴于种子袋上的种子标签起证明种子基因纯度、审定等级和种子质量的作用。标签上注明种子审定机构、种子批号、种子的种类（种名、品种名）、审定种子等级、种子生产者的登记号和统一的编号。

2. 种子质量认证工作的含义及重要性

国际上称“种子质量认证”即官方种子机构提出种子方案（包括田间检验、种子检样、种子检验和后期控制过程）。其重要性如下。

(1)种子质量认证有利于控制种子质量　多年来我国种子质量控制重点是放在产后种子检验上，只能解决净度、水分、发芽率等问题，若种子纯度达不到国家标准则无法通过种子处理解决。实际在种子质量事故中种子纯度问题影响最大。纯度检验需要一个生长季节，往往当天得不到鉴定结果，一旦发现问题，为时已晚。这也是我国种子质量上不去的根本原因所在。按照种子质量认证办法，质量控制重点是放在种子生产、加工、贮藏等环节，通过对产前、产中、产后过程中严格控制种子纯度以达到保证种子质量的目的。这样则可解决我国种子检验的被动局面。

(2)种子质量认证工作有利于国际种子贸易活动　国际种子质量认证规则，主要是由经济合作发展组织 OECD 制定的，该组织在世界上约有 50 多个成员国。它规定参与国际种子贸易活动的条件是：除蔬菜种子外，其余作物种子必须经过种子质量认证。因此，我国种子要走出国门，必须要和国际上指定的种子生产办法接轨，这样才能被世界认同。实施和推行种子认证工作是我国种子产业化、现代化和国际化的必由之路。

第五十二条 由于不可抗力原因，为生产需要必须使用低于国家或者地方规定标准的农作物种子的，应当经用种地县级以上地方人民政府批准。

不可抗力是指不能预见、不能避免、并且不能克服的客观情况。不可抗力的来源既有自然现象，如地震、台风，也包括社会现象，如军事行动。作为人力所不可抗拒的强制力，具有客观上的偶然性和不可避免性，主观上的不可预见性以及社会危害性。世界各国均将不可抗力作为免责的条件，中国也不例外。《中华人民共和国民法典》第一百八十条规定，因不可抗力不能履行民事义务的，不承担民事责任。法律另有规定的，依照其规定。本条主要是讲由于自然灾害(如风灾、冰雹、冻害、洪涝、干旱)等原因，造成生产中种子短缺，而符合质量标准的种子又无法满足生产的需求，需要使用低于国家标准的种子。这种情况下必须经用种地县以上人民政府批准同意。

例如，2008 年四川汶川大地震灾后恢复重建工作中，恢复农业生产的第一要务，是向灾区提供农业生产急需的种子。根据震区灾后恢复农业生产的实际需要，全国农技中心和中国种子协会向全国种子行业发出倡议:全力保障灾区恢复农业生产用种。各地种子行业积极响应，山东登海种业、北京金色农华种业等 21 个种子企业在短短的一天时间内，共筹措适宜灾区恢复农业生产所急需的种子 875.68 万千克，其中杂交玉米品种 43 个、种子 824 万千克，蔬菜 11 类、品种 91 个、种子 51.68 万千克，加上国家和四川省救灾贮备种子，保证了灾区恢复农业生产的需要。

第五十三条 从事品种选育和种子生产经营以及管理的单位和个人应当遵守有关植物检疫法律、行政法规的规定，防止植物危险性病、虫、杂草及其他有害生物的传播和蔓延。

禁止任何单位和个人在种子生产基地从事检疫性有害生物接种试验。

本条见附件 1.7《植物检疫条例实施细则》(农业部分)。

第五十四条 省级以上人民政府农业农村、林业草原主管部门应当在统一的政府信息发布平台上发布品种审定、品种登记、新品种保护、种子生产经营许可、监督管理等信息。

国务院农业农村、林业草原主管部门建立植物品种标准样品库，为种子监督管理提供依据。

为加强农作物品种标准样品(简称“品种标样”)管理，2019 年农业农村部种业管理司发布《关于加强农作物品种标准样品管理有关工作的通知》用于规范品种标样保存和提取工作。

1. 品种标样范围

本通知所称农作物品种标准样品是指由品种审定、登记或保护申请者，按照有关规定提交到农业农村部指定机构保存，能够代表该品种取得法定资格时特征特性的种子。

2. 国家农作物品种标样库

农业农村部建立全国统一的农作物品种标准样品库(简称“国家标样库”)，国家标样库由农业农村部种业管理司负责管理，具体实物品种标样管理业务工作委托中国农业科学院作物科学研究所等单位承担。国家标样库负责接收与保存籽粒种子样品，相应的国家资源圃接收与保存无性繁殖作物种苗(薯)样品。

3. 品种标样的接收、质检和保存

①接收与质检：国家标样库在接收样品后，应核对标准样品实物和数量，及时进行质量检验与贮藏前处理，并如实记录各项信息、数据。审定、登记或保护品种30个工作日内完成检测，并向提交者反馈检测结果。

②不合格样品的重新提交：提交的样品存在下列情形之一的，视为不合格，应当重新提交：a. 标准样品包装袋内外标签上品种名称、编号与提交清单不一致的；b. 样品数量达不到要求的；c. 样品发芽率低于65%的；d. 种子经化学试剂处理（含包衣）的；c. 样品接收时，包装破损产生混杂的。

国家标样库将不合格样品清单反馈给提交单位，由提交单位负责重新提交标准样品。

③样品保存：国家标样库应制定详细的安全防护措施和管理办法，对接收的标准样品进行妥善保存，并在保存期内定期监测标准样品数量和发芽率。

④样品补充：当标准样品数量不足提交数量的1/5或发芽率低于50%或无性繁殖品种需更新时，由国家标样库及时提出补充申请，经农业农村部种业管理司同意，做好标准样品补充提交工作。

4. 关于品种标样提取

国家标样库实行严格规范的管理制度，保障品种标样的安全，未经批准，任何人不得从国家标样库提取品种标样。

①提取范围：有下列用途之一的，可以申请提取品种标样：审定、登记品种真实性检测；侵犯品种权或假冒授权品种案件必要的行政执法鉴定；侵犯品种权或假冒授权品种案件的司法鉴定；国家标准样品DNA指纹数据库制作；经农业农村部种业管理司同意的其他用途。

②申请程序：申请提取品种标样的单位和个人，应当向农业农村部种业管理司提出申请，提交《标准样品提取申请表》及有关附件，附件主要包括取样单位介绍信、立案（事由）证明、取样人身份证及相关证明材料复印件等。经农业农村部种业管理司审核同意，由国家标样库根据审批单向申请者提供标准样品种子。

③有关要求：申请表一式两份，申请单位（或个人）和国家标样库各留存一份。一次提取多个样品的，可将样品清单作为附件，并详细填写品种名称、审定或登记编号、育种者及品种权人等相关信息。中国农业科学院作物科学研究所承担单位要建立科学规范的管理制度和稳定的工作队伍，确保标准样品管理工作稳定、有序、高效开展。标准样品管理若出现人为过错等行为，当事人应当承担管理责任及法律责任。

第五十五条 农业农村、林业草原主管部门及其工作人员，不得参与和从事种子生产经营活动。

为了确保种子行政执法的公正、公平、各级农业行政主管部门及其工作人员都不允许参与和从事种子生产经营活动，同时种子生产经营单位也不能从事种子执法工作。

第七章 种子进出口和对外合作

第五十六条 进口种子和出口种子必须实施检疫，防止植物危险性病、虫、杂草及其他有害生物传入境内和传出境外，具体检疫工作按照有关植物进出境检疫法律、行政法规的规定执行。

进口种子和出口种子必须实施检疫，防止植物危险性病、虫、杂草及其他有害生物传入境内和传出境外，具体检疫工作按照有关植物进出境检疫法律、行政法规的规定执行。

企业在进境前或者进境时须持输出国家或者地区的检疫证书、贸易合同等单证向口岸海关报检，经检疫合格后方可入境。

第五十七条 从事种子进出口业务的，应当具备种子生产经营许可证；其中，从事农作物种子进出口业务的，还应当按照国家有关规定取得种子进出口许可。

从境外引进农作物、林木种子的审定权限，农作物种子的进口审批办法，引进转基因植物品种的管理办法，由国务院规定。

依据《进出口农作物种子（苗）管理暂行办法》（见附件1.9）之规定，从事种子进出口业务的，应当具备种子生产经营许可证；其中，从事农作物种子进出口业务的，还应当按照国家有关规定取得种子进出口许可。从境外引进农作物、林木种子的审定权限，农作物种子的进口审批办法，引进转基因植物品种的管理办法，由国务院规定。

1. 进出口种子应具备的条件

(1)具备中国法人资格，禁止个人从事进出口种子业务。

(2)具有与其进出口种子类别相符的种子经营权。即必须具有《农作物种子经营许可证》和《营业执照》，并且进出口种子的种类是在许可经营范围之内。

(3)具有农作物种子进出口权。没有农作物种子进出口权的，由具有农作物种子进出口权的单位代理。

2. 进出口种子的办理程序

(1)进出口单位向审核机关（所在地省级农业行政主管部门）提出申请，递交下列材料：《进出口农作物种子（苗）审批表》；进出口品种说明；办理进口对外制种用种子的，提交对外制种合同或协议书；办理进出口大田用商品种子，提交种子经营许可证、营业执照和进出口权的证明文件。

(2)省级农业行政主管部门审核。审核同意后，报审批机关（农业农村部）审批。

(3)农业农村部审批。

(4)种子进出口单位持有效《进出口农作物种子（苗）审批表》批件到植物检疫机关办检疫审批手续。

第五十八条 进口种子的质量，应当达到国家标准或者行业标准。没有国家标准或者行业标准的，可以按照合同约定的标准执行。

本条是对进口商品种子的质量要求作出的规定。凡从境外调入的种子，一律按我国的质量标准执行。国家或地方已制定了标准的，应达到国家或地方标准。引进的作物种类，国家或地方还没有制定标准的，可按双方合同约定的质量标准执行。

根据《种子法》和《农作物种子标签和使用说明管理办法》的相关规定，在中华人民共和国境内销售的农作物种子应当符合国家或者行业标准，且附有种子标签和使用说明。种子生产经营者对标注内容的真实性和种子质量负责。

销售进口种子的，应当附有进口审批文号和中文标签。

第五十九条 为境外制种进口种子的，可以不受本法第五十七条第一款的限制，但应当具有对外制种合同，进口的种子只能用于制种，其产品不得在境内销售。

从境外引进农作物或者林木试验用种，应当隔离栽培，收获物也不得作为种子销售。

外繁制种是指利用境外种子商提供的农作物种子资源定向繁育农作物种子，再将所繁育种子出口至境外种子商的一系列生产、交易过程。

改革开放以来，许多种子企业不断扩大对外繁种业务，本条是针对外繁业务的规定。为境外制种进口种子指的是，从境外调进制种用的原种、亲本种子，利用这些原种、亲本给境外生产商品种子。开展这项业务应当与境外种子企业签订有效的制种合同，并且因此生产的商品种子必须按合同规定交售给境外种子企业，不允许在国内销售。

第六十条 禁止进出口假、劣种子以及属于国家规定不得进出口的种子。

根据《种子法》第五十六条规定，进口种子和出口种子必须实施检疫，防止植物危险性病、虫、杂草及其他有害生物传入境内和传出境外，具体检疫工作按照有关植物进出境检疫法律、行政法规的规定执行。

进口种子的质量，应当达到国家标准或者行业标准。没有国家标准或者行业标准的，可以按照合同约定的标准执行。国家禁止进出口假、劣种子以及属于国家规定不得进出口的种子。

第六十一条 国家建立种业国家安全审查机制。境外机构、个人投资、并购境内种子企业，或者与境内科研院所、种子企业开展技术合作，从事品种研发、种子生产经营的审批管理依照有关法律、行政法规的规定执行。

目前，全球种业向头部企业聚集的趋势愈发明显，小小的种子早已成为科技较量的赛场。推动种业振兴发展，着力打造优势龙头企业、种业航母企业是推进种质资源整合、自主科技创新攻关、产学研协同创新的重要枢纽，也是衡量一国种业产业发展水平的重要标志。

1. 开展种业国际合作政策

①建立种业安全审查制度：制定了《国家安全法》《外商投资法》《外商投资法实施条例》《外商投资安全审查办法》等法律法规，建立了种业安全联合审查制度，对外商投资种业进行全面评估审查。

②强化生物技术管控：《外商投资准入特别管理措施（负面清单）》规定，禁止外商投资转基因品种选育及种子生产、中国稀有和特有的珍贵优良品种研发。

③推动优势企业走出去：推动实施《企业境外投资管理办法》，为中资企业"走出去"搭建平台。总体上，我国农业用种安全有保障，风险可管控。

2. 对一些食用作物种业国际合作政策

根据《种子法》《外商投资准入特别管理措施（负面清单）》等法律法规，对外商投资种业有三类管理措施。

(1)禁止类，包括转基因品种、稻类、大豆等。

(2)有条件合作类，小麦种业要求中方股份不低于 34%，玉米种业要求中方股份不低于 51%。

(3)全面放开类，蔬菜等作物只要符合准入条件，外商可 100%控股。

3. 种子育种国际研发政策

(1)实施合作审批审查制度：严格对与境外机构、个人合作利用国内种质资源进行审批，对外商投资种业及科研进行审查。

(2)推进共享惠益制度落实：要求国内科研单位、企业和个人，制定翔实共享惠益方案，确保在对外合作中获得最大收益，包括利益共享、技术共享和资源共享等。

(3)加大违规行为惩处力度:对有关单位未经审批、擅自与境外机构开展种质资源合作交流的违规行为进行通报批评并责令限期整改。《种子法》规定,国家对种质资源享有主权,任何单位和个人向境外提供种质资源,或者与境外机构、个人开展合作研究利用种质资源的,要依法履行审批手续;违反法律规定的,依法进行处理。

第八章 扶持措施

第六十二条 国家加大对种业发展的支持。对品种选育、生产、示范推广、种质资源保护、种子储备以及制种大县给予扶持。

国家鼓励推广使用高效、安全制种采种技术和先进适用的制种采种机械,将先进适用的制种采种机械纳入农机具购置补贴范围。

国家积极引导社会资金投资种业。

2013 年,财政部会同农业农村部、中国农业发展银行、中国中化集团公司共同发起现代种业发展基金,广泛吸引社会资本和行业团队参与企业的投资管理,财政出资 10 亿元,基金总规模达 25 亿元,重点支持具有育种能力、市场占有率较高、经营规模较大的"育繁推一体化"种业企业。截至 2020 年底,种业基金累计完成投资项目 32 个,投资金额 18.35 亿元,带动社会资本超 100 亿元,对于稳定支持种业企业发展,做大做强种业起到了积极的推动作用。

第六十三条 国家加强种业公益性基础设施建设,保障育种科研设施用地合理需求。

对优势种子繁育基地内的耕地,划入永久基本农田。优势种子繁育基地由国务院农业农村主管部门商所在省、自治区、直辖市人民政府确定。

近年来,国家继续深化种业体制机制改革,强化科技创新、制度创新、政策创新,推进农作物种业发展,提升种业自主创新力、持续发展力和国际竞争力,保障国家粮食安全,为全面推进乡村振兴、农业农村现代化提供有力支撑。

1. 大力推进"南繁硅谷"建设

按照《国家南繁科研育种基地(海南)建设规划(2015—2025 年)》要求,高标准建设国家南繁育种基地。建立部省共建"南繁硅谷"工作协调机制,推动编制南繁硅谷建设规划,统筹谋划重大项目、重大政策;加大南繁生物育种专区建设力度,全面启动项目建设;支持南繁核心区新基地建设,打造全国最好农田;加快推进南繁供地农民补贴、制种大县等政策落实,加强水利工程等在建项目落实,做好后续项目储备。

2. 积极推进国家种子基地建设

积极开展第二批国家区域性良种繁育基地认定工作;开展制种大县奖励绩效评价工作,研究建立动态调整和常态化支持机制,将国家种子基地纳入高标准农田项目优先支持范围;推动出台水稻、小麦、玉米三大粮食作物制种保险政策落地。建设高标准农田是巩固提升粮食综合生产能力、保障国家粮食安全的关键举措。2019 年以来,国家统筹推进高标准农田建设,加快各地农业基础设施建设,积极落实"藏粮于地、藏粮于技"战略。《全国高标准农田建设规划(2021—2030 年)》明确指出,到 2022 年建成 10 亿亩高标准农田,到 2030 年建成 12 亿亩高标准农田。2018 年机构改革后,通过中央财政转移支付和中央预算内投资两个渠道共同支持高标准农田建设。目前,项目实施区域为全国范围内符合高标准农田建设项目立项条件的耕地,优先在"两区"和永久基本农田保护区开展高标准农田建设,优先安排干部群众积极性高、地方投入能力强的地区开展高标准农田建设，优先支持贫困地区建设高标准农田，积极支持种粮大户、家庭农场、农民合作社、农业企业等新型经营主体建设高标准农田。项目管理按照《农田建设项目管理办法》执行，要求统一规划布局、建设标准、组织实施、验收考核、上图入库。主要建设内容包括土地平整、土壤改良、农田水利、机耕道路、农田输配电设备、防护林网等。

3. 持续推进现代种业提升工程建设

根据《现代种业提升工程建设规划》，重点加强国家种质资源库（圃）等基础性、公益性设施建设，提高资源保存和利用能力；加强育种创新基地、品种测试体系、良种繁育基地等建设，提高育种创新、种业生产和种业监管能力。

4. 务实推进种业权益改革

支持企业与科研单位深度合作，共建平台、共享成果，促进人才流动和成果转化，加快提升企业创新能力；推进种业人才分类评价，有效调动从事基础性公益性科研人员的积极性；加强国家种业交易平台建设，强化成果展示、产权交易等。

5. 推进农作物种质资源保护与利用

继续开展第三次全国作物种质资源普查与收集行动，贯彻落实《全国农作物种质资源保护与利用中长期发展规划（2015—2030年）》，对全国31个省（区、市）2228个农业县（市、区）进行种质资源普查与征集，对其中665个种质资源丰富的县进行系统调查与抢救性收集，全面收集古老地方品种、名特优种质资源以及濒危、珍稀野生近缘种。

6. 加快绿色优质新品种选育和示范推广

围绕绿色种业发展要求，充分挖掘节水、节肥、抗逆等绿色性状种质和基因资源，加快培育推广肥水高效利用、适宜机械化轻简化栽培的绿色优质品种，加强国省地县四级相互衔接、互为补充的展示示范网络构建，促进良种良法配套、农艺农机融合、线上线下联动，加大新品种宣传推广力度，加快新一轮农作物品种更新换代。

7. 落实农机具购置补贴政策

2004年起，中央财政安排专项资金实施农机购置补贴政策，截至2021年年底，中央财政累计投入2582亿元，扶持近4000万农民和农业生产经营组织，购置农机具近5000万台（套），大幅度提升了农业物质技术装备水平，有力地推动了我国农业机械化和农机装备产业的快速发展。2018年12月，《国务院关于加快推进农业机械化和农机装备产业转型升级的指导意见》发布，明确要稳定实施农机购置补贴政策，最大限度地发挥政策效益。2022年中央一号文件指出，实施农机购置与应用补贴政策，优化补贴兑付方式，完善农机性能评价机制，推进补贴机具有进有出、优机优补，重点支持粮食烘干、履带式作业、玉米大豆带状复合种植、油菜籽收获等农机，推广大型复合智能农机。

第六十四条 对从事农作物和林木品种选育、生产的种子企业，按照国家有关规定给予扶持。

近年来，我国不断加大优势企业扶持力度。积极推动种业制种保险、信贷、税收支持等政策落实，支持现代种业发展基金发挥政策导向作用，引导企业做大做强、做专做精。深化种业"放管服"改革，优化办事流程，提供高效便捷服务。支持企业搭建科研平台和创新联合体，牵头承担科研攻关任务，建立健全商业化育种体系。

2021年4月21日，财政部、海关总署、国家税务总局联合签发《关于"十四五"期间种子种源进口税收政策的通知》，明确自2021年1月1日至2025年12月31日，对符合《进口种子种源免征增值税商品清单》的进口种子种源免征进口环节增值税。《进口种子种源免征增值税商品清单》由农业农村部会同财政部、海关总署、税务总局、林草局另行制定印发，并根据农林业发展情况动态调整。对该政策项下进口的种子种源，海关不再按特定减免税货物进行后续监管。

第六十五条 国家鼓励和引导金融机构为种子生产经营和收储提供信贷支持。

全国农业信贷担保体系主要由国家农业信贷担保联盟有限责任公司、省级农业信贷担保机构和市、县(市、区，以下简称市县)农业信贷担保机构组成。

在上下关系上，省级和市县级农业信贷担保机构可直接开展担保业务，国家农业信贷担保联盟主要为省级农业信贷担保机构提供再担保等服务。

在运作方式上，全国各级农业信贷担保机构实行市场化运作，财政资金主要通过资本金注入、担保费补助、业务奖补等形式予以支持。

在业务范围上，农业信贷担保体系必须专注服务农业适度规模经营、专注服务新型农业经营主体，不得开展任何非农担保业务。同时，对省级农担公司政策性业务实行“双控”标准：要求服务范围限定为农业生产及其直接相关的产业融合发展项目，服务对象聚焦农业适度规模经营主体，单户在保余额控制在10万～300万元，符合“双控”标准的政策性业务在保余额不得低于总担保余额的70%。2020年，财政部、农业农村部等四部门联合制发《关于进一步做好全国农业信贷担保工作的通知》，指导开展“双控”业务规模确认，降低担保费率至0.8%以下，脱贫地区为0.5%以下。修订下发农业担保绩效评价评分指引，将评价结果与“一奖一补”政策挂钩。

截至2022年，除西藏、上海和深圳外，29个省、自治区、直辖市和4个计划单列市农业信贷担保公司已完成组建，并通过分公司、办事处等向基层延伸服务，加快推动担保业务开展。

第六十六条 国家支持保险机构开展种子生产保险。省级以上人民政府可以采取保险费补贴等措施，支持发展种业生产保险。

目前，中央财政提供农业保险保费补贴的品种主要包括种植业、养殖业、森林和涉藏特定品种4大类，覆盖稻谷、小麦、玉米、棉花、马铃薯、油料作物、糖料作物、天然橡胶、三大主粮作物制种、能繁母猪、育肥猪、奶牛、公益林、商品林、青稞、牦牛、藏系羊等品种。地方财政支持开展的特色农产品保险品种超过260个。

2021年，财政部修订印发《中央财政农业保险保费补贴管理办法》，对农业保险保费补贴政策作出新的规定：在省级财政至少补贴25%的基础上，中央财政对中西部和东部地区种植业分别补贴45%和35%；中央财政对中西部和东部地区养殖业分别补贴50%和40%；中央财政对公益林和商品林分别补贴50%和30%；中央财政对涉藏特定品种补贴40%。在上述补贴政策基础上，中央财政对产粮大县水稻、玉米、小麦三大粮食作物保险进一步加大支持力度。

一是产粮大县三大粮食作物农业保险保费补贴政策。在省级财政补贴不低于25%的基础上，中央财政对中西部以及东北地区补贴45%，对东部地区补贴35%。

二是开展大灾保险政策试点。2017年，在13个粮食主产省的200个产粮大县三大主粮基本保障金额覆盖直接物化成本的基础上，开发面向适度规模经营农户的专属大灾保险产品，保障水平覆盖“直接物化成本＋地租”。2019年，进一步将农业大灾保险试点实施区域扩大到

13个粮食主产省的500个产粮大县。

三是完全成本保险和种植收入保险政策。2021年，财政部会同农业农村部、银保监会印发《关于扩大三大主粮作物完全成本保险和种植收入保险实施范围的通知》，在前期6个省(24个产粮大县)试点基础上，逐步扩展至覆盖13个粮食主产省份的所有产粮大县，2021年覆盖粮食主产省份大约60%的产粮大县。

四是2018年财政部会同农业农村部、银保监会联合下发通知，明确对农户、种子生产合作社和种子企业等开展的符合规定的水稻、玉米、小麦制种，投保农业保险应缴纳的保费纳入中央财政农业保险保费补贴目录。

五是地方优势特色农产品保险奖补试点政策。2019年，中央财政出台对地方优势特色农产品保险奖补试点政策，在内蒙古、海南、甘肃等10个省(区)开展试点。2020年，中央财政出台了扩大对地方优势特色农产品保险以奖代补试点政策范围，从10个省(区)扩大至20个省(区)，每个试点省份的试点保险标的或保险产品由不超过两种增加至三种。

第六十七条 国家鼓励科研院所及高等院校与种子企业开展育种科技人员交流，支持本单位的科技人员到种子企业从事育种成果转化活动；鼓励育种科研人才创新创业。

推进种业科技体制改革，不是不让科研院所和高等院校从事杂交玉米、杂交水稻、杂交油菜、杂交棉花和蔬菜商业化育种的科研人员从事育种研究，而是鼓励他们为企业育种、到企业育种，完成扶持种业做大做强的历史责任，同时改变育种机制和模式，提高育种效率。国家鼓励种子企业加大研发投入，建立股份制研发机构；鼓励有实力的种子企业并购转制为企业的科研机构。新布局的国家和省部级工程技术研究中心、企业技术中心、重点实验室等种业产业化技术创新平台，优先向符合条件的育繁推一体化种子企业倾斜。按规定开展种业领域相关研发活动后补助，调动企业技术创新的积极性。发挥现代种业发展基金的引导作用，广泛吸引社会、金融资本投入，支持企业开展商业化育种，鼓励企业"走出去"开展国际合作。

国家鼓励科研单位和企业共同构建研发机构，推进多种形式的产学研合作，在四川、湖南等地，部分科研单位和种子企业已经先行先试，成立了科企共建的育种研发机构，科研单位与企业共建研发机构将逐渐成为科技成果转化的重要组成部分。农业部自2014年起组织开展的主要农作物良种重大科研联合攻关试点，就是对政产学研用结合新模式的积极探索。

良种重大科研联合攻关采取了政产学研用相结合的运行机制，一是成立以农业部分管种子工作的副部长任组长，科技部、农业部相关司局、单位负责人为成员的国家良种重大科研联合攻关领导小组，从宏观上加强对联合攻关的领导、协调和监督；二是成立以院士为首席专家、顾问，以行业专家为成员的攻关专家委员会，从技术角度加强攻关顶层设计、方案制定和全程技术指导与服务；三是成立以育繁推一体化种子企业和优势科研教学单位为成员的攻关联合体，从科研、产业、应用角度完成攻关任务，例如，优异种质资源鉴定、发掘等公益性、基础性研究主要由科研教学单位承担，优良自交系亲本选育由科研教学单位与企业分工合作开展，新配制组合筛选、苗头品种测试主要由企业承担。

第六十八条 国务院农业农村、林业草原主管部门和异地繁育种子所在地的省、自治区、直辖市人民政府应当加强对异地繁育种子工作的管理和协调，交通运输部门应当优先保证种子的运输。

本条中种子异地繁育也称为农作物异地培育，即利用我国南方温暖的气候条件，将农作物育种材料夏季在北方种植一代，冬季移至南方再种植一代或两代，南北交替种植，一年繁殖2～3代，加速世代繁育，缩短育种年限，加快农作物的育种和繁育进程。异地培育理论是20世纪50年代初期河南农学院吴绍骙教授创立的。异地培育理论的创立和实践，促成了我国农作物南繁规模扩大，对发展我国农作物育种和种子繁育事业起了重要作用。

第九章　法律责任

第六十九条　农业农村、林业草原主管部门不依法作出行政许可决定，发现违法行为或者接到对违法行为的举报不予查处，或者有其他未依照本法规定履行职责的行为的，由本级人民政府或者上级人民政府有关部门责令改正，对负有责任的主管人员和其他直接责任人员依法给予处分。

违反本法第五十五条规定，农业农村、林业草原主管部门工作人员从事种子生产经营活动的，依法给予处分。

国家机关工作人员不履行追究生产，销售伪劣商品犯罪行为的职责罪(《刑法》第414条)主要特征如下。

(1)犯罪主体是对生产、销售伪劣商品犯罪行为负有追究职责的国家机关工作人员。

(2)客观方面表现为徇私舞弊，对明知有生产、销售伪劣商品犯罪行为的企业事业单位或者个人，不履行法律规定的追究职责的行为。

(3)构成本罪，必须是不履行法律规定的追究生产、销售伪劣商品犯罪行为的职责的行为达到情节严重的程度。

第七十条　违反本法第十六条规定，品种审定委员会委员和工作人员不依法履行职责，弄虚作假、徇私舞弊的，依法给予处分；自处分决定作出之日起五年内不得从事品种审定工作。

依据中华人民共和国农业农村部令2022年第2号《主要农作物品种审定办法》规定：农业农村部建立全国农作物品种审定数据信息系统，实现国家和省两级品种试验与审定网上申请、受理、审核、发布，品种试验数据、审定通过品种、撤销审定品种、引种备案品种、标准样品、转化体等信息互联共享，审定证书网上统一打印。审定证书格式由国家农作物品种审定委员会统一制定。

省级以上人民政府农业农村主管部门应当在统一的政府信息发布平台上发布品种审定、撤销审定、引种备案、监督管理等信息，接受监督。

品种试验、审定单位及工作人员，对在试验、审定过程中获知的申请者的商业秘密负有保密义务，不得对外提供申请品种审定的种子或者谋取非法利益。品种审定委员会委员和工作人员应当忠于职守，公正廉洁。品种审定委员会委员、工作人员不依法履行职责，弄虚作假、徇私舞弊的，依法给予处分；自处分决定作出之日起五年内不得从事品种审定工作。

1. 滥用职权罪是构成要件

(1)犯罪主体是国家机关工作人员。

(2)本罪在主观方面是间接故意或者过失。

(3)本罪在主观方面表现为滥用职权，致使公共财产、国家和人民利益受重大损失的行为。

2. 徇私舞弊罪构成要件

(1)本罪的主体是国家机关工作人员。

(2)本罪在主观方面是出自故意,对结果是间接故意或者过失,动机是徇私。

(3)客观方面表现为枉法舞弊,致使公共财产、国家和人民利益遭受重大损失。“舞弊”是指从事公务活动中,故意违背事实和法律,弄虚作假,该为而不为,不该为而为或者枉法作出处理决定。

第七十一条 品种测试、试验和种子质量检验机构伪造测试、试验、检验数据或者出具虚假证明的,由县级以上人民政府农业农村、林业草原主管部门责令改正,对单位处五万元以上十万元以下罚款,对直接负责的主管人员和其他直接责任人员处一万元以上五万元以下罚款;有违法所得的,并处没收违法所得;给种子使用者和其他种子生产经营者造成损失的,与种子生产经营者承担连带责任;情节严重的,由省级以上人民政府有关主管部门取消种子质量检验资格。

依据中华人民共和国农业农村部令 2019 年第 3 号《农作物种子质量检验机构考核管理办法》规定,种子检验机构有下列情形之一的,由考核机关撤销资格:

(1)以欺骗、贿赂等不正当手段骗取合格证书的;

(2)伪造检验记录、数据或者出具虚假结果和证明的;

(3)超出检验范围出具标注 CASL 标志检验报告的;

(4)超过暂停规定期限仍不能确认恢复检验工作的;

(5)以种子检验机构的名义向社会推荐或者以监制等方式参与种子经营活动,经督促仍不改正的或者造成恶劣影响的;

(6)连续两次能力验证结果不合格的。

被撤销资格的种子检验机构,3 年内不得申请考核。

第七十二条 违反本法第二十八条规定,有侵犯植物新品种权行为的,由当事人协商解决,不愿协商或者协商不成的,植物新品种权所有人或者利害关系人可以请求县级以上人民政府农业农村、林业草原主管部门进行处理,也可以直接向人民法院提起诉讼。

县级以上人民政府农业农村、林业草原主管部门,根据当事人自愿的原则,对侵犯植物新品种权所造成的损害赔偿可以进行调解。调解达成协议的,当事人应当履行;当事人不履行协议或者调解未达成协议的,植物新品种权所有人或者利害关系人可以依法向人民法院提起诉讼。

侵犯植物新品种权的赔偿数额按照权利人因被侵权所受到的实际损失确定;实际损失难以确定的,可以按照侵权人因侵权所获得的利益确定。权利人的损失或者侵权人获得的利益难以确定的,可以参照该植物新品种权许可使用费的倍数合理确定。故意侵犯植物新品种权,情节严重的,可以在按照上述方法确定数额的一倍以上五倍以下确定赔偿数额。

权利人的损失、侵权人获得的利益和植物新品种权许可使用费均难以确定的,人民法院可以根据植物新品种权的类型、侵权行为的性质和情节等因素,确定给予五百万元以下的赔偿。

赔偿数额应当包括权利人为制止侵权行为所支付的合理开支。

县级以上人民政府农业农村、林业草原主管部门处理侵犯植物新品种权案件时，为了维护社会公共利益，责令侵权人停止侵权行为，没收违法所得和种子；货值金额不足五万元的，并处一万元以上二十五万元以下罚款；货值金额五万元以上的，并处货值金额五倍以上十倍以下罚款。

假冒授权品种的，由县级以上人民政府农业农村、林业草原主管部门责令停止假冒行为，没收违法所得和种子；货值金额不足五万元的，并处一万元以上二十五万元以下罚款；货值金额五万元以上的，并处货值金额五倍以上十倍以下罚款。

【以案说法】四川×玉科技公司与云南金×种业公司、云南瑞×种业公司侵害植物新品种权纠纷案(最高人民法院知识产权法庭典型案例(2022)发布—植物新品种案件)

×玉科技公司系‘YA8201’玉米植物新品种的品种权人。×玉科技公司以金×种业公司以商业为目的重复使用‘YA8201’生产‘金禾玉 618’和‘金禾 880’玉米种子，瑞×种业公司向金×种业公司出借农作物种子生产经营许可证为由，向云南省昆明市中级人民法院起诉，请求判令金×种业公司、瑞×种业公司停止侵害并连带承担惩罚性赔偿责任。一审法院认为，金×种业公司构成侵权，瑞×种业公司构成帮助侵权，判令两公司停止侵害并在两案中分别连带承担惩罚性赔偿 10 万余元和 45 万余元。×玉科技公司、金×种业公司均不服，提起上诉。最高人民法院二审认为，金×种业公司明知‘YA8201’为×玉科技公司享有品种权的植物新品种，仍非法向他人租借农作物种子生产经营许可证，实施有关侵权行为，构成情节严重的故意侵权，应当从严适用惩罚性赔偿；金×种业公司拒不提供财务账簿，构成举证妨碍，可以采纳品种权人主张的利润，并考虑‘YA8201’品种权对‘金禾玉 618’‘金禾 880’的贡献率，认定惩罚性赔偿计算基础。改判金×种业公司在两案中分别赔偿×玉科技公司 69 万余元和 152 万余元；瑞×种业公司因非法出借农作物种子生产经营许可证应承担连带赔偿责任。

两案系对租借农作物种子生产经营许可证的行为适用惩罚性赔偿的植物新品种侵权案件。两案中人民法院秉持有利于权利保护的司法理念，合理确定亲本品种权对侵权利润的贡献率并从严适用惩罚性赔偿，为净化种子市场提供有力司法支持。同时，准确适用举证妨碍排除规则，为有效破解品种权人“举证难”问题开辟新路径。

第七十三条 当事人就植物新品种的申请权和植物新品种权的权属发生争议的，可以向人民法院提起诉讼。

种子是农业的“芯片”，种业知识产权保护事关国家粮食安全，事关农业科技自立自强。我国一直将侵犯植物新品种权违法行为作为重点打击对象。近年来，在农业农村部每年组织的侵犯植物新品种权案件专项打击行动中，仅 2016 年和 2017 年两年就查处案件 300 多起，有力打击了侵权行为。随着知识产权保护监管力度持续加大，套牌侵权等违法行为大幅度减少。据初步统计，2017 年种子侵权案件比 2011 年减少了 36%。2016—2020 年，全国各级人民法院审结涉植物新品种纠纷民事案件共计 781 件，年结案量从 2016 年 66 件上升到 2020 年 252 件。其中 85%以上为侵害植物新品种权纠纷，主要涉及玉米、小麦、水稻等主要农作物，超七成案件品种权人胜诉。

【以案说法】湖南省长沙市某种业公司侵犯植物新品种权案(农业农村部公布 2022 年度农业行政执法典型案例)

2021年9月，湖南省绥宁县农业农村水利局接湖南省农业农村厅督办函，长沙市某种业公司涉嫌在绥宁县境内非法利用湖南省浏阳市某公司授权品种杂交水稻恢复系R900为父本生产水稻种子。经绥宁县农业综合行政执法人员现场勘验并抽样送检，认定长沙市某种业公司生产的水稻种子与杂交水稻恢复系R900属于同一品种。经立案查明，当事人未经品种权人授权，在绥宁县境内生产该水稻种子421亩，总计3.3万千克，货值金额62.7万元。经绥宁县农业农村水利局调解，当事人和品种权人自愿达成赔偿协议，品种权人出具谅解书。依据《中华人民共和国种子法》(2015年修订)第二十八条、第七十三条第五款和《中华人民共和国行政处罚法》第三十二条第一款之规定，绥宁县农业农村水利局对当事人作出没收涉案种子，并处罚款188.1万元的行政处罚。

第七十四条 违反本法第四十八条规定，生产经营假种子的，由县级以上人民政府农业农村、林业草原主管部门责令停止生产经营，没收违法所得和种子，吊销种子生产经营许可证；违法生产经营的货值金额不足二万元的，并处二万元以上二十万元以下罚款；货值金额二万元以上的，并处货值金额十倍以上二十倍以下罚款。

因生产经营假种子犯罪被判处有期徒刑以上刑罚的，种子企业或者其他单位的法定代表人、直接负责的主管人员自刑罚执行完毕之日起五年内不得担任种子企业的法定代表人、高级管理人员。

【以案说法】(2022年3月18日最高人民法院发布"农资打假"典型案例)2018年年底，被告人马某在其担任法定代表人的北京某农业技术研究所没有农作物种子生产经营许可证的情况下，未经授权和委托，谎称自己为"德尔红88"胡萝卜种子的中国区总代理，与被告人尹某、刘某分别在河北省围场县、山东省平度市召开推广会，向社会公开推广、销售该品种胡萝卜种子，并分别授权尹、刘二人为该种子在当地的销售代理。农户种植后，先后出现大面积红苗、死苗的现象。经测产评估和鉴定，正规"德尔红88"胡萝卜种子的亩产量为5625千克，马某等人销售的胡萝卜种子测产亩产量仅为3164～3535千克，尹某、刘某所售种子分别造成122余万元和42余万元的损失。

经鉴定，涉案胡萝卜种子SSR引物扩增出的指纹图谱与对照样品正规"德尔红88"胡萝卜种子扩增出的SSR指纹图谱在47个位点上有36个位点带型不一致。案发后，尹某、刘某分别赔偿损失109.4万元、33万元，退还部分种子款并取得谅解。

裁判结果：法院经审理认为，被告人马某生产、销售伪劣种子，使生产遭受特别重大损失，其行为已构成生产、销售伪劣种子罪；被告人尹某、刘某销售伪劣种子，使生产遭受特别重大损失，其行为均已构成销售伪劣种子罪。马某、尹某归案后如实供述，具有坦白情节；刘某自动投案，并如实供述所犯罪行，具有自首情节；尹某、刘某积极赔偿被害人损失，并得到被害人谅解。法院经综合考量，以生产、销售伪劣种子罪判处被告人马某有期徒刑九年，并处罚金人民币三十五万元；以销售伪劣种子罪判处被告人尹某有期徒刑七年，并处罚金人民币二十五万元；以销售伪劣种子罪判处被告人刘某有期徒刑三年，并处罚金人民币十万元。

【以案说法】(新疆维吾尔自治区农业农村厅发布《2021年下半年—2022年上半年自治区农业综合行政执法典型案例》)2021年4月6日，伊犁州农业综合行政执法支队接到科沃施种子欧洲股份两合公司举报，称尼勒克县杨某、马某未经该公司授权，在尼勒克县胡吉尔台乡、喀拉托别乡、科蒙乡等地，销售KWS9384玉米种子50余吨。接到举报，执法支队组成执法办案小组，前往尼勒克县调查侦办案件。办案小组认为这起“KWS9384”玉米种子售假案件，背后可能隐藏着一个长期制售假冒种子窝点。为了获取证据，办案小组联合县农业农村局和公安局，根据举报人员提供的种子销售范围，一家家排查，同时对杨某经营农资经销门店进行突击检查，在其库房和店内现场查获假冒“KWS9384”种子销售账本和假冒种子200多千克。

经过几天的努力，执法人员先后在尼勒克县胡吉尔台乡、喀拉托别乡、科蒙乡等地进行摸排、走访，掌握了当事人的违法事实，初步查实销售的假种子6000多千克。据掌握，以杨某为主要成员的种子售假团伙，从甘肃省购进散装玉米种子，用编织袋将种子进行包装，借助杨某的经销店以每千克20元的价格在附近几个乡(镇)销售。

这起案件是伊犁州近年来最大的一起销售假玉米种子案，涉案金额较大，犯罪嫌疑人杨某多年来从事销售假冒种子的违法活动，销售渠道隐匿，给案件的调查取证带来一定的难度。伊犁州农业综合执行执法支队联合公安机关，有效维护了农民群众合法权益，切实保障了农业生产用种质量安全。

第七十五条 违反本法第四十八条规定，生产经营劣种子的，由县级以上人民政府农业农村、林业草原主管部门责令停止生产经营，没收违法所得和种子；违法生产经营的货值金额不足二万元的，并处一万元以上十万元以下罚款；货值金额二万元以上的，并处货值金额五倍以上十倍以下罚款；情节严重的，吊销种子生产经营许可证。

因生产经营劣种子犯罪被判处有期徒刑以上刑罚的，种子企业或者其他单位的法定代表人、直接负责的主管人员自刑罚执行完毕之日起五年内不得担任种子企业的法定代表人、高级管理人员。

【以案说法】(新疆维吾尔自治区农业农村厅发布2021年自治区保护种业知识产权典型案例)新疆昌吉某亚种子有限责任公司生产劣种子案

2021年4月12日，昌吉市农业农村局根据农业农村部案件移送函，对某亚种子有限责任公司生产的新玉9号玉米种子进行了现场勘验。某亚公司1号库房内存放20吨新玉9号玉米种子，已包装5吨，未包装15吨。执法人员当场制作了询问笔录、现场勘验笔录，提取了法人身份证、新玉9号种子1袋(净含量2.5千克)等相关证据，并对现场进行了拍照取证。某亚公司对农业农村部种业管理司抽查样品田间鉴定纯度87.6%的结果无异议。

该公司违法生产质量低于国家规定标准的杂交玉米种子，违反了《中华人民共和国种子法》第四十九条第二款第一项:“禁止生产经营假、劣种子。农业、林业主管部门和有关部门依法打击生产经营假、劣种子的违法行为，保护农民合法权益，维护公平竞争的市场秩序。下列种子为劣种子:(一)质量低于国家规定标准”的规定。

鉴于案件调查过程中，该公司能够积极配合、及时改正，于4月16日将该批20吨种子全部销毁，并深刻认识到这一行为的违法性及社会影响力，而且该批种子未对外销售，未对社会造成危害，依据《中华人民共和国种子法》的规定，昌吉市农业综合执法大队作出停止生产经营该批次新玉9号玉米种子和行政罚款的处罚决定。西亚公司于5月21日上缴全部罚款。

第七十六条 违反本法第三十二条、第三十三条、第三十四条规定，有下列行为之一的，由县级以上人民政府农业农村、林业草原主管部门责令改正，没收违法所得和种子；违法生产经营的货值金额不足一万元的，并处三千元以上三万元以下罚款；货值金额一万元以上的，并处货值金额三倍以上五倍以下罚款；可以吊销种子生产经营许可证：

（一）未取得种子生产经营许可证生产经营种子的；

（二）以欺骗、贿赂等不正当手段取得种子生产经营许可证的；

（三）未按照种子生产经营许可证的规定生产经营种子的；

（四）伪造、变造、买卖、租借种子生产经营许可证的；

（五）不再具有繁殖种子的隔离和培育条件，或者不再具有无检疫性有害生物的种子生产地点或者县级以上人民政府林业草原主管部门确定的采种林，继续从事种子生产的；

（六）未执行种子检验、检疫规程生产种子的。

被吊销种子生产经营许可证的单位，其法定代表人、直接负责的主管人员自处罚决定作出之日起五年内不得担任种子企业的法定代表人、高级管理人员。

本条规定主要是针对违法生产、经营种子行为而设定的处罚。既然本法规定了种子实行生产经营许可制度，那么种子生产者、经营者就应该按法定程序办理许可手续，在取得了合法的生产、经营资格后才能从事种子生产经营活动，否则就属违法生产、违法经营，就会受到行政处罚。至于采取伪造、变造、买卖、租借等手段取得的生产、经营许可证，都是未通过农业行政主管部门许可的，同无证生产、经营是一个性质，肯定也属违法行为。

【以案说法】（疏附法院）2021 年 12 月 1 日，被告人李某在未办理农作物种子生产许可证的情况下，违反《中华人民共和国种子法》相关规定，与疏附县某乡农场农民秦某、锁某、艾某、吾某签订了预约生产收购合同，并由被告人李某提供玉米种子，非法制种 785.95 亩。2022 年 5 月 28 日，疏附县农业农村局委托某检测技术有限公司对秦某、锁某、艾某、吾某四人种植的玉米进行鉴定，鉴定出转基因成分，其后涉案种植的 785.95 亩转基因玉米被砍除，非法经营数额为 135 万余元，销毁前投入生产成本为 71.78 万元，预期收益为 63.99 万元。

裁判结果：法院审理认为，被告人李某违反国家法律禁止性规定，在没有取得种子生产、经营许可证的情况下，以牟取非法利润为目的，非法出售、生产转基因玉米种子，扰乱种子生产、经营市场秩序，情节严重，其行为已构成非法经营罪。被告人李某曾因犯非法经营罪被判处有期徒刑二年，2016 年 12 月 22 日释放，现又因非法出售、生产玉米种子犯非法经营罪，系累犯，主观恶性较深，应从严惩处。依照《中华人民共和国刑法》有关规定，判处被告人李某有期徒刑二年六个月，并处罚金人民币 20000 元，对被告人李某的 300 千克玉米种子予以没收。

第七十七条 违反本法第二十一条、第二十二条、第二十三条规定，有下列行为之一的，由县级以上人民政府农业农村、林业草原主管部门责令停止违法行为，没收违法所得和种子，并处二万元以上二十万元以下罚款：

（一）对应当审定未经审定的农作物品种进行推广、销售的；

（二）作为良种推广、销售应当审定未经审定的林木品种的；

（三）推广、销售应当停止推广、销售的农作物品种或者林木良种的；

（四）对应当登记未经登记的农作物品种进行推广，或者以登记品种的名义进行销售的；

（五）对已撤销登记的农作物品种进行推广，或者以登记品种的名义进行销售的。

违反本法第二十三条、第四十一条规定，对应当审定未经审定或者应当登记未经登记的农作物品种发布广告，或者广告中有关品种的主要性状描述的内容与审定、登记公告不一致的，依照《中华人民共和国广告法》的有关规定追究法律责任。

【以案说法】(湖南省农业农村厅公布2022年度农业行政执法典型案例)湖南郴州市农业农村局查处桂东县沙田镇农资站销售应当审定未经审定种子案

2022年4月,郴州市农业农村局组织开展农资打假联合执法行动,在桂东县检查发现沙田镇农资站(经营者郭某)销售的由四川某农业科技发展有限公司生产的“某泰1号”和“某穗601”玉米种子,审定公告公示的适宜种植区域与湖南省不属于同一生态区域,以上两个玉米品种应认定为应当审定未经审定的种子,均不能在湖南省推广、销售、种植。桂东县沙田镇农资站销售上述玉米种子的行为违反了《中华人民共和国种子法》第二十三条第一款“应当审定的农作物品种未经审定的,不得发布广告、推广、销售”的相关规定。经调查,桂东县沙田镇农资站涉案货值1120元,销售违法所得192元。

2022年7月6日,郴州市农业农村局依据《中华人民共和国种子法》第七十八条第一款第一项的规定,并参照《郴州市农业行政处罚自由裁量权基准(种子、食用菌)》的规定,对桂东县沙田镇农资站作出没收违法所得192元,并处罚款20000元的行政处罚决定。

种子安全事关粮食安全,应当审定未经审定的种子可能造成农作物减产甚至绝收,给农民群众带来重大经济损失。

【以案说法】(新疆维吾尔自治区保护种业知识产权案例)伊犁州伊宁市某丰种子门市部经营应当登记未登记农作物种子案件

2021年3月1日,伊犁州农业综合行政执法支队执法人员对农资市场执法检查时,发现伊宁市某丰种子门市部销售的“多米粒”豌豆种子包装上没有标识品种登记证书编号,该种子生产商为河北省固安县某友种业有限公司。经核实,伊宁市某丰种子门市部涉嫌经营应当登记未经登记农作物种子违法行为,伊犁州农业综合行政执法支队予以立案调查。

经调查,2020年9月10日,伊宁市某丰种子经销门市部当事人罗某从河北省固安县某友种业有限公司以每千克9.5元的价格,购进“多米粒”豌豆种子850千克,直至案发,共计销售了50千克,店内剩余800千克。2021年2月18日,销售25千克,单价为13元/千克。其余25千克以零星方式销售,单价为11元/千克,没有开具销售凭证。违法所得共计600元。

当事人的经营行为违反了《中华人民共和国种子法》(2015年修订)、农业部令《非主要农作物品种登记办法》相关规定,违法事实清楚,证据确凿,应予以行政处罚。2021年3月10日,伊犁州农业综合行政执法支队根据《中华人民共和国行政处罚法》第三十一条、第三十二条、和第四十二条的规定,告知了当事人拟作出行政处罚的事实、理由、依据及当事人可在收到本告知书之日起三日内依法享有陈述、申辩、申请听证的权利。当事人于2021年3月10日,向本机关提交了减轻处罚申请书面材料,未提出听证申请。当事人在申请中陈述其销售数量少,没有给农户造成危害后果,并不再发生类似违法行为,请求减轻处罚。

鉴于当事人销售数量少,没有造成严重危害后果,并在案件调查过程中当事人主动积极配合调查工作,表现积极。州农业综合行政执法支队作出处罚决定,责令伊宁市某丰种子经销门市部停止违法行为,没收违法所得600元,处以5600元罚款。

第七十八条 违反本法第五十七条、第五十九条、第六十条规定,有下列行为之一的,由县级以上人民政府农业农村、林业草原主管部门责令改正,没收违法所得和种子;违法生产经营的货值金额不足一万元的,并处三千元以上三万元以下罚款;货值金额一万元以上的,并处货值金额三倍以上五倍以下罚款;情节严重的,吊销种子生产经营许可证:

(一)未经许可进出口种子的;

(二)为境外制种的种子在境内销售的；

(三)从境外引进农作物或者林木种子进行引种试验的收获物作为种子在境内销售的；

(四)进出口假、劣种子或者属于国家规定不得进出口的种子的。

【以案说法】(青岛市农业农村局公布2021年假劣农资行政执法10大典型案例)大葱种子擅自使用进口审批表批准的品种名称以外的其他品种名称生产经营假种子案

2021年3月30日，平度市综合行政执法局执法人员对位于平度市南村镇西梁家村村西河西边第一家路南的平度市某农资经营部检查时，发现展厅货架上摆放着上海某种业有限公司销售给该经营部的“圣山大葱”大葱种子10罐。展厅东侧房间装垃圾的纸箱内，有上海某种业有限公司销售给该经营部的“久久红”大葱种子使用后的空罐2个。根据线索，执法人员对兰某经营的平度市某农资经营部进行了核查，现场查获上海某种业有限公司销售给平度市南村镇某农资经营部后，由经营者梁某销售给兰某的“银丰大将”大葱种子1罐。经查明：当事人上海某种业有限公司共销售给南村镇某农资经营部“圣山大葱”大葱种子100罐，每罐售价220元，违法所得22000元；“银丰大将”大葱种子600罐，每罐售价210元，违法所得126000元；“久久红”大葱种子1500罐，每罐售价210元，违法所得315000元。销售案涉三个品种种子的违法所得共计463000元，涉案总货值共计463000元。

上述三个大葱种子品种，经农业农村部种业管理司复函确认：

(1)进口品种无“圣山大葱”“银丰大将”“久久红”；

(2)“圣山大葱”大葱种子标签标注的商品号“2020061514”的《进(出)口审批表》批准的进口大葱种子品种名称分别为“金田2号”“夏黑2号”“金田晚抽”“春越晚抽”；

(3)“银丰大将”和“久久红”大葱种子标签标注的商品号“2020012054”的《进(出)口审批表》批准的大葱种子品种名称为“黄泷大葱”。

执法人员立即以当事人涉嫌生产经营假种子立案查处。

第七十九条 违反本法第三十六条、第三十八条、第三十九条、第四十条规定，有下列行为之一的，由县级以上人民政府农业农村、林业草原主管部门责令改正，处二千元以上二万元以下罚款：

(1)销售的种子应当包装而没有包装的；

(2)销售的种子没有使用说明或者标签内容不符合规定的；

(3)涂改标签的；

(4)未按规定建立、保存种子生产经营档案的；

(5)种子生产经营者在异地设立分支机构、专门经营不再分装的包装种子或者受委托生产、代销种子，未按规定备案的。

【以案说法】(2022年甘肃省农业行政执法典型案例)2022年5月25日，某市农业农村局执法人员在对种子市场进行日常执法检查时发现，某农资经营部涉嫌经营未备案的蔬菜种子。经查，该经营部于2022年3月3日购入不再分装的架豆、莜麦菜、萝卜、菠菜等种子共计160袋。该批种子货值金额共计530元，在未备案的情况下已销售139袋，违法所得412元。

处理结果：当事人经营未备案种子的行为违反了《中华人民共和国种子法》第三十八条第一款之规定，执法人员责令当事人立即停止经营未备案种子的行为，将剩余21袋种子下架，并指导当事人进行了补备案。2022年8月24日，某市农业农村局依据《中华人民共和国种子法》第七十九条第五项之规定，对当事人作出罚款 2000 元的行政处罚。

第八十条 违反本法第八条规定，侵占、破坏种质资源，私自采集或者采伐国家重点保护的天然种质资源的，由县级以上人民政府农业农村、林业草原主管部门责令停止违法行为，没收种质资源和违法所得，并处五千元以上五万元以下罚款；造成损失的，依法承担赔偿责任。

【以案说法】（九江法院环境资源审判十大典型案例）采伐国家重点保护植物被判刑

2014 年 10 月，李某旦、张某军未办理林木采伐许可手续，雇请郭某友等四人在竹湾村四组“殿上”山场采伐樟树 14 棵。经鉴定，14 棵樟树均为活体香樟系，国家二级重点保护野生植物，立木蓄积为 8.715 立方米。本案二审期间，李某旦、张某军分别与武宁县国有林场签订委托造林合同书，约定由武宁县国有林场各提供三亩林地供李某旦、张某军植树，用于恢复被破坏的生态植被，李某旦、张某军分别自愿缴纳 5580 元作为造林款。

九江市中级人民法院审理认为，鉴于李某旦、张某军的悔罪表现，且积极进行生态修复，可对李某旦、张某军从轻处罚。判决李某旦、张某军犯非法采伐国家重点保护植物罪。判处李某旦有期徒刑三年，并处罚金二万元；判处张某军有期徒刑一年九个月，并处罚金二万元，被告人张某军在缓刑考验期限内犯新罪，应当撤销缓刑，数罪并罚，决定执行有期徒刑三年十个月，并处罚金人民币四万元。

2022 年 3 月 9 日，新疆维吾尔自治区林业和草原局与农业农村厅联合印发《新疆国家重点保护野生植物名录》，《名录》共涉及 21 科 38 种属，其中国家Ⅰ级 1 种、国家Ⅱ级 37 种属。上述物种中，归属农业农村主管部门管理的有 22 种属，归属林业和草原主管部门管理的有 16 种。其中红景天、胀果甘草、额河杨、小叶白蜡、雪莲、阿尔泰雪莲等上升为国家Ⅱ级保护野生植物，由林业和草原主管部门管理；贝母属、郁金香属、锁阳、新疆野苹果、新疆野杏、新疆樱桃李、矮扁桃、新疆紫草、黑果枸杞、肉苁蓉、新疆阿魏等上升为国家Ⅱ级保护野生植物，现由农业农村主管部门管理。

第八十一条 违反本法第十一条规定，向境外提供或者从境外引进种质资源，或者与境外机构、个人开展合作研究利用种质资源的，由国务院或者省、自治区、直辖市人民政府的农业农村、林业草原主管部门没收种质资源和违法所得，并处二万元以上二十万元以下罚款。

未取得农业农村、林业草原主管部门的批准文件携带、运输种质资源出境的，海关应当将该种质资源扣留，并移送省、自治区、直辖市人民政府农业农村、林业草原主管部门处理。

《农作物种质资源管理办法》第二十七条国家对农作物种质资源享有主权，任何单位和个人向境外提供种质资源，应当经所在地省、自治区、直辖市农业行政主管部门审核，报农业部审批。

第八十二条 违反本法第三十五条规定，抢采掠青、损坏母树或者在劣质林内、劣质母树上采种的，由县级以上人民政府林业草原主管部门责令停止采种行为，没收所采种子，并处所采种子货值金额二倍以上五倍以下罚款。

2022 年陕西省林业局印发《关于严厉打击抢采掠青等破坏油松侧柏林草种质资源行为的紧急通知》，明确进一步加大宣传力度、强化采收管理、抓好市场监管，禁止抢采掠青未成熟的种子，及时查处抢采掠青、损坏母树或者在劣质林内、劣质母树上采种的案件，切实加强林草种质资源保护。

《通知》指出，陕西省油松、侧柏种子成熟一般在9月中旬前后，目前种子尚未成熟，抢采未成熟的种子会造成种子质量低下，育苗效果差，影响林农正常收益，不利于林草种质资源保护。县级林业主管部门要根据本地区油松、侧柏种子成熟情况，提前公告采种期。生产单位或个人应按照采种期科学采收种子，县级林木种苗管理机构要加强监督检查，禁止抢采掠青未成熟的种子，加强林草种质资源保护。

第八十三条 违反本法第十七条规定，种子企业有造假行为的，由省级以上人民政府农业农村、林业草原主管部门处一百万元以上五百万元以下罚款；不得再依照本法第十七条的规定申请品种审定；给种子使用者和其他种子生产经营者造成损失的，依法承担赔偿责任。

近年来，各地农业部门市场监管力度不断加大，种子质量显著提高，为粮食增产做出了积极贡献。但一些地方套牌侵权问题突出，严重扰乱市场秩序，影响种业创新的积极性。本条法律中种子企业造假行为(品种审定方面)如下。

申请者在申请品种审定过程中有欺骗、贿赂等不正当行为的，三年内不受理其申请。联合体成员单位弄虚作假的，终止联合体品种试验审定程序；弄虚作假成员单位三年内不得申请品种审定，不得再参加联合体试验；其他成员单位应当承担连带责任，三年内不得参加其他联合体试验。品种测试、试验、鉴定机构伪造试验数据或者出具虚假证明的，按照《种子法》第七十二条及有关法律行政法规的规定进行处罚。育繁推一体化种子企业自行开展品种试验和申请审定有造假行为的，由省级以上人民政府农业农村主管部门处一百万元以上五百万元以下罚款；不得再自行开展品种试验；给种子使用者和其他种子生产经营者造成损失的，依法承担赔偿责任。

第八十四条 违反本法第四十四条规定，未根据林业草原主管部门制订的计划使用林木良种的，由同级人民政府林业草原主管部门责令限期改正；逾期未改正的，处三千元以上三万元以下罚款。

“十三五”期间新疆每年工程造林200万亩，这就需要有数量充足、品种优良、质量合格、结构合理的林木种苗为林业建设做基础保障。本条法律的发布实施，为进一步做好林木种苗工作提供了法律保障，为新疆林木种苗事业发展带来了新机遇。

第八十五条 违反本法第五十三条规定，在种子生产基地进行检疫性有害生物接种试验的，由县级以上人民政府农业农村、林业草原主管部门责令停止试验，处五千元以上五万元以下罚款。

检疫性有害生物，国家按法定程序公布的，对出入境货物中禁止携带的危险性有害生物。大多数是国内尚未发生、或虽有局部发生但正在控制或扑灭中的外来有害生物，动植物检疫部门依法对其实施严格的检疫处理，以防止其扩散、定殖或传播。详见附件《植物检疫条例实施细则(农业部分)》《全国农业植物检疫性有害生物分布行政区名录》(2022年版)。

第八十六条 违反本法第四十九条规定，拒绝、阻挠农业农村、林业草原主管部门依法实施监督检查的，处二千元以上五万元以下罚款，可以责令停产停业整顿；构成违反治安管理行为的，由公安机关依法给予治安管理处罚。

种子执法人员依法执行公务时应当出示行政执法证件。农业农村、林业草原主管部门依法履行种子监督检查职责时，有权采取下列措施：

(1)进入生产经营场所进行现场检查；

(2)对种子进行取样测试、试验或者检验；

(3)查阅、复制有关合同、票据、账簿、生产经营档案及其他有关资料；

(4)查封、扣押有证据证明违法生产经营的种子，以及用于违法生产经营的工具、设备及运输工具等；

(5)查封违法从事种子生产经营活动的场所。

农业农村、林业草原主管部门依照本法规定行使职权，当事人应当协助、配合，不得拒绝、阻挠。农业农村、林业草原主管部门所属的综合执法机构或者受其委托的种子管理机构，可以开展种子执法相关工作。

第八十七条 违反本法第十三条规定，私自交易育种成果，给本单位造成经济损失的，依法承担赔偿责任。

近年来，我国提出实施创新驱动发展战略，明确要求提高科学研究水平和成果转化能力，抢占科技发展战略制高点。2015年，全国人大常委会修订了《促进科技成果转化法》，次年，国务院印发了《实施〈促进科技成果转化法〉若干规定》《促进科技成果转移转化行动方案》，形成了从修订法律条款、制定配套细则到部署具体任务的科技成果转移转化工作“三部曲”。在这样的背景下，社会各界涌现出大量科技研发人才及各类科技研发成果。科技研发与成果转化在加速科技创新与加快经济发展方式转变过程中发挥着巨大作用。

但是，目前在科技成果转化过程中也出现了非法行为，扰乱国家对知识产权在内的社会主义市场经济秩序以及廉政建设秩序等管理，由此引发的刑事案件也备受关注。国家设立的研究开发机构、高等院校所取得的职务科技成果在进行科技成果转化时，涉及国有资产的转移使用，应该严格遵循相关法律法规，否则严重者将承担刑事责任。

第八十八条 违反本法第四十三条规定，强迫种子使用者违背自己的意愿购买、使用种子，给使用者造成损失的，应当承担赔偿责任。

强迫种子使用者违背自己的意愿购买、使用种子给使用者造成损失的，应当承担赔偿责任。如购买种子时，强迫搭配其他品种种子，就属于这种情况。种子使用者因种子质量问题遭受损失的，出售种子的经营者应当予以赔偿，赔偿额包括购种价款、有关费用和可得利益损失。因使用种子发生民事纠纷的，当事人可以通过协商或者调解解决。当事人不愿通过协商、调解解决或者协商、调解不成的，可以根据当事人之间的协议向仲裁机构申请仲裁。当事人也可以直接向人民法院起诉。

第八十九条 违反本法规定，构成犯罪的，依法追究刑事责任。

《刑法》第一百四十条、第二百二十五条、第二百一十三条、第二百一十四条、第二百一十五条、第二百一十六条、第二百一十九条等，分别设定生产、销售伪劣产品罪、非法经营罪、假冒注册商标罪、销售假冒注册商标的商品罪、非法制造、销售非法制造的注册商标标识罪、假冒专利罪、侵犯商业秘密罪等多个罪名，对伪劣种子等农资制假售假犯罪以及侵犯商标权、专利权、商业秘密等知识产权犯罪行为作出规定。

第十章　附则

第九十条　本法下列用语的含义是：

（一）种质资源是指选育植物新品种的基础材料，包括各种植物的栽培种、野生种的繁殖材料以及利用上述繁殖材料人工创造的各种植物的遗传材料。

（二）品种是指经过人工选育或者发现并经过改良，形态特征和生物学特性一致，遗传性状相对稳定的植物群体。

（三）主要农作物是指稻、小麦、玉米、棉花、大豆。

（四）主要林木由国务院林业草原主管部门确定并公布；省、自治区、直辖市人民政府林业草原主管部门可以在国务院林业草原主管部门确定的主要林木之外确定其他八种以下的主要林木。

（五）林木良种是指通过审定的主要林木品种，在一定的区域内，其产量、适应性、抗性等方面明显优于当前主栽材料的繁殖材料和种植材料。

（六）新颖性是指申请植物新品种权的品种在申请日前，经申请权人自行或者同意销售、推广其种子，在中国境内未超过一年；在境外，木本或者藤本植物未超过六年，其他植物未超过四年。

本法施行后新列入国家植物品种保护名录的植物的属或者种，从名录公布之日起一年内提出植物新品种权申请的，在境内销售、推广该品种种子未超过四年的，具备新颖性。

除销售、推广行为丧失新颖性外，下列情形视为已丧失新颖性：

1. 品种经省、自治区、直辖市人民政府农业农村、林业草原主管部门依据播种面积确认已经形成事实扩散的。

2. 农作物品种已审定或者登记两年以上未申请植物新品种权的。

（七）特异性是指一个植物品种有一个以上性状明显区别于已知品种。

（八）一致性是指一个植物品种的特性除可预期的自然变异外，群体内个体间相关的特征或者特性表现一致。

（九）稳定性是指一个植物品种经过反复繁殖后或者在特定繁殖周期结束时，其主要性状保持不变。

（十）实质性派生品种是指由原始品种实质性派生，或者由该原始品种的实质性派生品种派生出来的品种，与原始品种有明显区别，并且除派生引起的性状差异外，在表达由原始品种基因型或者基因型组合产生的基本性状方面与原始品种相同。

（十一）已知品种是指已受理申请或者已通过品种审定、品种登记、新品种保护，或者已经销售、推广的植物品种。

（十二）标签是指印制、粘贴、固定或者附着在种子、种子包装物表面的特定图案及文字说明。

第九十一条　国家加强中药材种质资源保护，支持开展中药材育种科学技术研究。

草种、烟草种、中药材种、食用菌菌种的种质资源管理和选育、生产经营、管理等活动，参照本法执行。

第九十二条　本法自 2016 年 1 月 1 日起施行。

第四章
种子行政管理与行政执法

第一节　种子行政管理概述

一、行政管理的概念及特征

“行政管理”是指国家行政机关对国家事务的管理活动，它是以国家的名义，在全国和全民范围内实施，通过法律的形式，并以国家的强制力为保证的。行政管理最广义的定义是指一切社会组织、团体对有关事务的治理、管理和执行的社会活动。同时也指国家政治目标的执行，包括立法、行政、司法等。狭义的定义指国家行政机关对社会公共事务的管理，又称为公共行政。

1. 行政管理的特点

①行政管理的主体是行政机关。

②行政管理的基本依据是行政权力。

③行政管理的根本原则是依法管理。

④行政管理具有执行性、政治性、权威性。

2. 理解行政管理的概念时需注意的问题

①行政管理是随着阶级和国家的出现而出现的，是阶级和国家的产物。

②行政管理不包括国家立法机关和司法机关的管理。

③行政管理必须依照宪法、法律、行政法规、行政规章等对国家事务和社会公共事务进行管理，行政管理人员不能想怎么管就怎么管，即必须依法行政。

④行政管理既对国家事务进行管理，又对社会公共事务进行管理。

⑤行政管理是公共管理，行政管理机关及其工作人员由公共权力机关授权管理公务，必须对公众负责。

二、种子行政管理的概念及特征

种子行政管理是各级农业行政主管部门运用国家赋予的行政权力依据法律法规的规定对种质资源、品种选育、种子的生产、经营等行为进行规范、调节的活动。目的是为了保护和合理利用种质资源,规范品种选育、种子生产经营和管理行为,保护植物新品种权,维护种子生产经营者、使用者的合法权益,提高种子质量,推动种子产业化,发展现代种业,保障国家粮食安全,促进农业和林业的发展。

种子行政管理与其他活动相比,具有以下特征。

(1)从事该类活动的主导方是国家行政机关,即政府及其农业行政主管部门。它们是以自己的名义代表国家来行使职权的,具有国家的权威性,要求管理的相对方必须服从。

(2)这一管理活动的依据是国家的法律、法规、规章、政策和法令。法律、法规、规章是国家相对稳定的、比较严谨的、严格的准则;政策则是国家在一定的时期内比较灵活且易变的准则。这两类依据,都是行政管理必须执行的。

(3)实行这一管理的手段是多种多样的,它包括思想政治工作手段、行政指令手段、经济手段、法律手段。其中法律手段是强制性的,具有绝对实现的效力。

(4)实行这一管理的过程,要通过行政机关不断地进行计划、组织、指挥、协调和控制来实现,通过这些行政职能的运行,来达到推广良种、促进生产和供需平衡的目标。

种子行政管理的这四个特征,概括地表达出这一活动的特定性质和内容。其中,种子行政执法是种子行政管理的硬性管理活动,它要求执法的种子行政管理机关必须严格依照法律、法规、规章的规定;要求管理的相对方必须服从。违背者将依据法律来制裁。因此,种子行政执法是带有国家强制性的管理活动,是其他管理活动的保障性活动。是国家管理机关采取的有法律效力的行为。种子行政执法是种子管理机关采取的有法律效应的行为。通常所说的"法律效力",就是指行为具有确定力、拘束力和执行力。

确定力:指种子行政执法行为一经确定后,非依法不得变更或撤销的效力。这种确定力表现为行政相对人和种子管理机关都无权对已确定的行政执法行为进行变更。即使是种子管理机关,对已经确定的行政行为,非经法定程序也不得随意改变。

拘束力:指种子管理机关作出执法行为后具有的约束和限制效力。对行政相对人来说,必须全面、实际地履行种子管理机关作出的行政决定。另一方面,对种子管理机关来说具有拘束力,这包括种子行政执法机关,也包括该机关的上级及下级种子管理机关,在执法行为有效成立后至被依法撤销或变更前,对其都具有拘束力,也就是即使是上级机关也不能通过行政干预改变已做出的行政行为。

执行力:指依法采取一定手段,使种子行政执法的内容得以完全实现的效力。种子管理机关作出执法行为后,行政相对人应履行一定的义务,如果行政相对人不去履行时,种子管理机关有权依法采取强制措施,或向人民法院提出申请,要求强制执行。

种子行政管理是依法进行的,种子管理机关通过行使国家赋予的行政权力来调整种子生产经营等过程中发生的各种社会关系,但是,这种权力的行使过程必须依照法律法规的规定进行,种子管理部门既不能超越这种权力,也不能懈怠于行使这种权力,否则就是失职。

三、种子行政管理的内容

种子行政管理的内容包括:对种子资源的管理;对新品种选育的管理;对新品种审定的管理;对新品种权的管理;对种子生产的管理;对种子经营的管理;对种子质量的管理;对进出口种子的管理;对违法行为的处理等。

四、种子行政管理的依据

(一)法律

包括《中华人民共和国种子法》《中华人民共和国进出口动植物检疫法》《产品质量法》《消费者权益保护法》《公司法》《行政处罚法》《行政诉讼法》《行政复议法》《民法通则》等。

(二)行政法规、法规性文件

由国务院制定发布的有关条例、办法、规定、通知、批复等。如《中华人民共和国植物新品种保护条例》《农业转基因生物安全管理条例》等。

(三)行政规章

由农业部单独或与国务院有关的部、委联合发布的行政管理办法、规定等。如《植物新品种保护条例实施细则(农业部分)》《农作物种子生产经营许可证管理办法》等。

(四)地方性法规

省、自治区、直辖市和其他依照宪法有权制定地方性法规的地方人大或其常委会制定发布的有关条例、办法、规定等。

(五)地方政府规章

省、自治区、直辖市人民政府及省、自治区、直辖市人民政府所在地的市和国务院批准的较大的市的人民政府制定发布的有关规定、办法等。

(六)其他规范性文件

主要是国家有关部门根据行政法规授权所作的有关解释,也有一部分与有关部门联合就某一专项工作发布的通知、意见等。

五、种子行政管理的主体

行政主体是依法拥有职权、能够以自己的名义实施职权并对行使职权的行为产生的效果承担法律责任的国家机关或社会组织。行政主体能够以自己的名义对外行文,能够以自己的名义作出处理决定,能以自己的名义参加复议或行政诉讼,能够以自己的名义承担裁判结果。行政主体包括国家行政机关和法律法规授权的其他组织。

1. 种子主管部门

《种子法》规定,国务院农业农村、林业草原主管部门分别主管全国农作物种子和林木种子工作;县级以上地方人民政府农业农村、林业草原主管部门分别主管本行政区域内农作物种子和林木种子工作。各省(自治区、直辖市)农业农村(林业草原)厅(局)、各市、县的农业农村(林业草原)局是机关法人。农业农村、林业草原主管部门为实施《种子法》,可以进行现场检查。各级农业农村厅(局)设置的种子管理和质量检验机构,是各级农业农村主管部门内设的执行机构,不是机关法人。农作物品种审定委员会和质量检验机构的职权,属法规授权,应当以自己的名义进行活动。

2. 其他种子管理机关

《种子法》第三十一条中规定:从事种子进出口业务的种子生产经营许可证,由国务院农业农村、林业草原主管部门核发。国务院农业农村、林业草原主管部门可以委托省、自治区、直辖市人民政府农业农村、林业草原主管部门接收申请材料。从事主要农作物杂交种子及其亲本种子、林木良种繁殖材料生产经营的，以及符合国务院农业农村主管部门规定条件的实行选育生产经营相结合的农作物种子企业的种子生产经营许可证，由省、自治区、直辖市人民政府农业农村、林业草原主管部门核发。前两款规定以外的其他种子的生产经营许可证，由生产经营者所在地县级以上地方人民政府农业农村、林业草原主管部门核发。只从事非主要农作物种子和非主要林木种子生产的，不需要办理种子生产经营许可证。第六十八条规定：国务院农业农村、林业草原主管部门和异地繁育种子所在地的省、自治区、直辖市人民政府应当加强对异地繁育种子工作的管理和协调，交通运输部门应当优先保证种子的运输。

《种子法》没有授权各级种子管理站的种子管理职能，但是，国务院或各省市地方行政法规可以授权种子管理站行使种子管理的行政职能，这时被授权的种子管理站就具有种子行政管理职能，是行政主体。如果没被授权，而只是接受农业行政主管部门的委托从事种子行政管理，这时的种子管理站虽然行使种子行政管理的职权，但不是行政主体，它不能够以自己的名义从事种子行政管理工作，而是以农业行政主管部门名义开展工作，它所作出的处理决定和后果都由农业行政主管部门承担，真正的主体是农业行政主管部门。

种子管理站要接受委托，承担种子管理职能必须具备以下条件：

①依法成立的管理公共事务的事业组织。

②具有熟悉法律、法规、规章和业务的工作人员。

③有条件组织开展种子的技术检查或技术鉴定。

种子管理站被委托后，具有以下权力：

①取得履行职责所应有的权力、管理手段和工作条件。

②依法行使被委托的职权和办理被委托的事项。

③取得履行职责所需要的经费和报酬。

④请求行政机关协助排除其在履行职责中所遇到的障碍。

⑤向委托行政机关提出委托范围和改进相应领域行政管理的建议。

种子管理站被委托后，须履行的主要义务：

①在委托行政机关委托范围内行使职权。

②依法办事，不徇私舞弊、以权谋私。

③接受委托行政机关的监督、指导，向委托行政机关请示、汇报和报告工作。

④认真履行被委托的职责，热情为相对人服务，听取相对人的意见，接受相对人的监督。

3. 种子管理人员

种子管理人员主要从事检查和监督管理，其行政活动具有法律效力，但其属于行政代理，其行政活动的法律后果依法由聘请的农业行政部门承担。种子执法人员依法执行公务时，应当出示行政执法证件，向管理对象表明身份，并依法行使职权，履行职责。

农业、林业行政主管部门及其工作人员不得参与和从事种子生产、经营活动；在职人员和经营机构不得参与和从事种子行政管理工作。种子的行政主管部门与生产经营机构在人员和财务上必须分开。

为加强农业综合行政执法机构和执法人员管理，规范农业行政执法行为，根据《中华人民共和国行政处罚法》等有关法律的规定，结合农业综合行政执法工作实际，中华人民共和国农业农村部出台《农业综合行政执法管理办法》(详见附件 1.4)。

六、各级种子行政主体的职责

农业农村部主管全国的农作物种子工作。农业农村部下设的种业管理司为国家种子管理机构，其主要职能是起草农作物和畜禽种业发展政策、规划；组织实施农作物种质资源、畜禽遗传资源保护和管理；监督管理农作物种子、种苗；组织抗灾救灾和救灾备荒种子的储备、调拨；承担农业植物新品种保护工作。

县级以上地方政府农业主管部门负责本行政区域内的农作物种子工作。地方种子管理机构为隶属于当地农业行政主管部门的省、市级种子管理站，其主要工作是负责农作物品种试验，组织新品种审定、引进，审查、批准和发放种子生产许可证、种子质量合格证和种子经营许可证，开展种子市场质量抽检，种子质量案件的处理，种子标准的制订，种子检验机构的建设等工作，依法进行种子质量管理。

中国种子协会是由在我国依法进行农作物种子科研、生产、经营、管理以及与种业相关的单位和个人自愿组成的群众性、非营利性、自律性的行业组织。协会的主要职责包括：制定行规行约，协调、规范种子企业、相关企业之间的竞争行为，维护公平竞争；开展行业调研，分析行业发展趋势，研究行业的共同利益，向政府部门提出与种子产业发展相关的产业政策、经济技术政策和立法等方面的意见和建议；举办种子科研、生产、经营、管理及国内外贸易等方面的信息交流活动；组织种子繁育、生产、加工、贮藏、检验、管理等方面的技术培训；普及种子科学知识，总结、推广种子工作先进经验；收集、分析、发布行业信息；为企业发展提供咨询意见，为会员提供技术、市场信息咨询等服务；参与本行业相关的技术、产品的国家（行业）标准制（修）订工作；参加国际标准化活动；推动相关标准的贯彻实施；开展行业自律监管，加强行业自律，构建行业内诚信监督体系；接受政府授权或委托，参与制定行业发展规划，进行种子企业生产经营资格资质审核；接受委托组织科技成果鉴定和推广应用等。

七、种子行政管理的措施

（一）种子生产经营许可制度

种子是种植业的基础，种子的好坏直接决定着国家的粮食生产和粮食安全，因此国家对于农作物品种的选育和推广实行严格的管理制度。为加强种子生产经营许可管理，规范农作物种子生产经营秩序，我国采取种子生产经营许可制度。

（二）新品种保护制度

国家实行植物新品种保护制度。对国家植物品种保护名录内经过人工选育或者发现的野生植物加以改良，具备新颖性、特异性、一致性、稳定性和适当命名的植物品种，由国务院农业、林业主管部门授予植物新品种权，保护植物新品种权所有人的合法权益。取得植物新品种权的品种得到推广应用的，育种者依法获得相应的经济利益。

（三）品种审定制度

根据《种子法》《主要农作物品种审定办法》的规定，国家对主要农作物实行品种审定制度。主要农作物品种在推广前应当通过国家级或者省级审定。通过国家级审定的农作物品种由国务院农业主管部门公告，可以在全国适宜的生态区域推广；通过省级审定的农作物品种由省、自治区、直辖市人民政府农业主管部门公告，可以在本行政区域内适宜的生态区域推广；其他省、自治区、直辖市属于同一适宜生态区的地域引种农作物品种良种的，引种者应当将引种的品种和区域报所在省、自治区、直辖市人民政府农业主管部门备案。应当审定的农作物品种未经审定的，不得发布广告、推广、销售。国务院和省、自治区、直辖市人民政府的农业主管部门设立由专业人员组成的农作物品种审定委员会，负责主要农作物品种的审定工作。对于经认定的“育繁推一体化”种子企业实行“绿色通道”制度，允许其对自主研发品种自行完成试验，达到审定标准的，由审定委员会颁发审定证书，企业应对试验数据的真实性负责，并建立试验数据可追溯制度。国家对部分非主要农作物实行品种登记制度。列入非主要农作物登记目录的品种在推广前应当登记。应当登记的农作物品种未经登记的，不得发布广告、推广，不得以登记品种的名义销售。

（四）种子产业规划和政策法规的制定

《种子法》第五条规定，省级以上人民政府应当根据科教兴农方针和农业、林业发展的需要制定种业发展规划并组织实施。各级种子行政管理部门都要根据本地的实际情况和国家的大政方针，对本地区种子产业的发展做出规划，统筹安排，调查研究，为本级政府提供种子管理的政策依据。从县级到省级、到农业农村部这项任务是逐步加强的，尤以农业农村部最为重要。

（五）种子行政检查

所谓行政检查，又称行政监督检查，是指具有行政监督检查职能的行政主体，依据法定的监督检查职权，对一定范围的行政相对人是否遵守法律、法规和规章，以及是否执行有关行政决定、命令等情况，进行能够影响相对人权益的检查了解的行为。

《种子法》及相关的法律法规和部门规章以及行政决定命令对种子生产与经营行为做出了规定，但是，有了这些规定并不意味着种子管理工作就得到了全面而有效的实现，种子管理工作中的问题都得到了全部解决。种子管理部门必须及时进行检查，对种子生产和经营部门单位进行检查，对种子市场进行检查等。种子检查也是发现种子案件、执行行政处罚的重要措施之一。

种子行政主管部门在进行种子管理时，可以进行现场检查。在时间上，只要是执行本法的监督管理任务，随时都可以进行检查，不以提前通知当事人或得到当事人的允许为条件。在空间上，只要与种子生产、经营、加工、检查、仓储等有关的场所都可以进行检查，当事人必须予以配合。现场检查是种子行政管理部门单方面依职权的行为。

行政检查是依据行政检查权实施的，具有命令力、强制力和执行力，体现着国家意志并以国家名义而实施。对行政检查，行政相对人必须服从和遵守，不得拒绝和违背。否则，将带来一定的法律后果。

种子行政主管部门在检查时具有以下权力：

①进入现场权：种子行政主管部门直接深入现场进行的监督检查。它最突出的特点，就是对实物、行为、现场的直接检查了解。

②调查（讯）问权：为进一步了解相对人的有关活动或行为状况及有关的事实，有权采取询问或讯问的方式，直接向相对人进行了解，相对人必须如实回答，不得拒绝、隐瞒。

③索取必要的账册、书证和有关材料权：针对检查对象和工作需要，有权要求相对人如实提供账册、报表及有关材料，相对人不得拒绝、隐瞒。种子行政主管部门有权查阅、调阅、复制有关材料。

行政检查中应注意以下问题：

①在实施检查行为时，应当佩戴公务标志或出示有关证件。对于不具有相应公务身份要求的检查行为，相对人有权予以拒绝。

②对有关实物、场所实施检查时，应通知检查相对人到场，并实行公开检查。这既是防止和控制检查权的滥用，也是对相对人权益的保护。

③对于检查过程中需要采取强制措施的，应当事先向相对人说明理由。防止滥用权力，损害相对人的权益。没有正当而充分的理由，应当放弃所采取的强制措施。

④行政检查主体及其工作人员，在实施检查行为过程中及实施检查行为后，负有为被检查人保守秘密的义务。行政检查主体因公共利益的需要，有权对被检查人的账目、书证、技术等有关材料进行查阅、复制。但被检查人的这些材料具有不公开性，一旦泄露，将会对被检查人带来难以估量的损失。因此，行政机关在检查中了解这些情况后，负有不扩散、不让第三人知道的保守秘密的义务。

（六）行政奖励

行政奖励是指行政主体依照法定条件，对在不同岗位上为国家、人民和社会做出杰出贡献或模范地遵守法律的管理相对人，给予物质或精神鼓励的具体行政行为。其目的是表彰先进、激励后进，充分调动和激发人们的积极性和创造性。行政奖励也是国家实施行政管理的重要法律手段之一，它以正面、积极的方式引导、鼓励管理相对人，发挥其在社会活动中的主观能动性。

《种子法》第四条规定，国家扶持种质资源保护工作和选育、生产、更新、推广使用良种，鼓励品种选育和种子生产经营相结合，奖励在种质资源保护工作和良种选育、推广等工作中成绩显著的单位和个人。

第二节　种子行政许可

一、行政许可的含义

所谓行政许可是指行政机关根据行政管理相对人的申请，依据法律、法规的规定，通过颁发证书或批准、登记、认可等方式，允许其从事某项活动，行使某项权利，获得某种资格和能力的具体行政行为。

行政许可的性质表现在两个方面：一方面，从行政主体的角度看，行政许可行为表现为政府赋予管理相对人某种行为资格和能力，是行政主体的行政行为，因而使其具有赋权行为的性质；另一方面，从管理相对人的角度看，行政许可实质上是解除了某种普遍禁止，恢复了被许可人的某种行为自由，使其具备了解禁行为的性质。无论从哪个角度看，行政许可是一项具有法律效力的行政主体的行政行为，赋予管理相对人的某种权利，或解除禁止。行政许可不是赋予特权，也不是行政主体的施惠，而是管理相对人依法应享有的权利或自由。

行政机关普遍地禁止公民从事某一种活动，但又根据需要和具体环境允许某个或某些公民从事该活动的制度，成为行政许可制度。

二、行政许可权的组成

行政许可权是行政机关发放许可证的权力，它是由一系列相互衔接、综合发挥作用的权力构成的完整体系。许可权由以下几种权力结合而成。

（一）核准权

行政机关对申请人的许可申请审查斟酌之后，认为符合条件就予以批准，发放许可证。核准权是许可权的主要体现，其行使基于以下条件：①相对人符合许可标准和条件；②许可申请必须在法定范围内提出；③申请程序合法；④行政机关认为适当。只有行政机关认为适当，才可能最终发放许可证。

（二）拒绝权

行政机关对相对人的申请审查后，认为不符合许可条件或客观环境不允许，可以驳回申请，拒绝发放许可证。拒绝是一种对相对人申请的否定行为，因此必须履行某些法定程序，如审查、核实，必要时可以公开听证。而且行政机关应该向申请人说明拒绝理由。我国行政诉讼法目前已把行政机关拒绝发放许可证的行为列为被诉行政行为，行政机关行使许可权随时可能被诉，尽管很大一部分拒绝权基于许可机关的自由裁量。

（三）中止权

这项权力是保证被许可人依法从事许可活动、履行法定义务的重要手段。许可证发放后，可能出现各种情况，如果许可证机关认定被许可人活动超过权限、服务水平下降、许可数量增多引起混乱等，可以暂时停止被许可人从事的经营许可的活动，限制其行为，这就是行政机关的中止权。中止权不同于吊销权，因而不属于被诉行为。

（四）变更权

这项权力是指许可机关根据相对人请求或自身需要，对许可事项的具体内容加以更改的权力。变更的范围包括许可的条件、许可的范围、许可的具体内容、许可的期限等。

（五）吊销权

这项权力是指行政机关因相对人违反法律规定而撤销其许可证件、不允许相对人继续从事某种活动的权力。如果相对人在许可证被吊销后继续从事某种许可事项，则构成违法。吊销权既是一种处罚形式，属于行政制裁权的一种，同时也是许可权的一种表现形式，并在行政许可制度中占有极其重要的地位。相对人对行政机关吊销许可证的行为不服，有权向法院提出诉讼。行政机关吊销许可证，一般应严格依照法定程序，包括公告、听证、调查、提供救济等程序。

三、种子行政许可的内容

（一）种子生产经营许可

种子生产经营，是指种植、采收、干燥、清选、分级、包衣、包装、标识、贮藏、销售及进出口种子的活动；种子生产是指繁（制）种的种植、采收的田间活动。

种子生产经营许可是种子管理部门根据当事人申请，允许当事人生产经营农作物种子的行为。农业农村主管部门应当按照保障农业生产安全、提升农作物品种选育和种子生产经营水平、促进公平竞争、强化事中事后监管的原则，依法加强农作物种子生产经营许可管理。为加强农作物种子生产经营许可管理，规范农作物种子生产经营秩序，根据《中华人民共和国种子法》，制定了《农作物种子生产经营许可管理办法》。

种子生产经营许可通过发放《种子生产经营许可证》的形式进行。种子生产经营许可证设主证、副证。主证注明许可证编号、企业名称、统一社会信用代码、住所、法定代表人、生产经营范围、生产经营方式、有效区域、有效期至、发证机关、发证日期；副证注明生产种子的作物种类、种子类别、品种名称及审定（登记）编号、种子生产地点等内容。

种子生产经营许可证实行分级审核、核发。

从事种子进出口业务的种子生产经营许可证，由国务院农业农村、林业草原主管部门核发。国务院农业农村、林业草原主管部门可以委托省、自治区、直辖市人民政府农业农村、林业草原主管部门接收申请材料。

从事主要农作物杂交种子及其亲本种子、林木良种繁殖材料生产经营的，以及符合国务院农业农村主管部门规定条件的实行选育生产经营相结合的农作物种子企业的种子生产经营许可证，由省、自治区、直辖市人民政府农业农村、林业草原主管部门核发。

前两款规定以外的其他种子的生产经营许可证，由生产经营者所在地县级以上地方人民政府农业农村、林业草原主管部门核发。

只从事非主要农作物种子和非主要林木种子生产的，不需要办理种子生产经营许可证。另外，《种子法》还规定了 4 种不需要经过许可就可以从事种子生产经营的行为。

（1）农民个人自繁自用常规种子有剩余，在当地集贸市场上出售、串换的。

（2）在种子生产经营许可证载明的有效区域设立分支机构的。

（3）专门经营不再分装的包装种子的。

（4）受具有种子生产经营许可证的企业书面委托生产、代销其种子的。

前款第一项所称农民，是指以家庭联产承包责任制的形式签订农村土地承包合同的农民；所称当地集贸市场，是指农民所在的乡（镇）区域。农民个人出售、串换的种子数量不应超过其家庭联产承包土地的年度用种量。违反本款规定出售、串换种子的，视为无证生产经营种子。

（二）种子进出口许可

一方面从事种子的进出口业务需要经过许可；另一方面进出口每一种子都需要经过农业行政主管部门许可。种子进出口许可包括交流研究用种质资源进出口许可、生产用种子进出口许可。

交流研究用种质资源进出口许可方面，《种子法》第十一条规定：国家对种质资源享有主权。任何单位和个人向境外提供种质资源，或者与境外机构、个人开展合作研究利用种质资源的，应当报国务院农业农村、林业草原主管部门批准，并同时提交国家共享惠益的方案。国务院农业农村、林业草原主管部门可以委托省、自治区、直辖市人民政府农业农村、林业草原主管部门接收申请材料。国务院农业农村、林业草原主管部门应当将批准情况通报国务院生态环境主管部门。从境外引进种质资源的，依照国务院农业农村、林业草原主管部门的有关规定办理。

生产用种子进出口许可方面，依据《进出口农作物种子（苗）管理暂行办法》之规定，进出口生产用种子包括试验用种子、大田用商品种子和对外制种用种子。进出口大田用商品种子，应当具有与其进出口种子类别相符的种子生产、经营权及进出口权；没有进出口权的，由农业农村部指定的具有农作物种子进出口权的单位代理。

(三)品种的许可

《种子法》规定,生产经营的主要农作物品种必须经过审定,应当审定的农作物品种未经审定通过的,不得发布广告,不得经营、推广。审定过程实际上也是一种许可过程,只有通过审定的,才可以被许可进行生产经营。

品种的许可主要由品种审定委员会对通过审定的品种颁发证书,同级农业行政主管部门以公告的方式进行。根据国务院颁布实施的《农业转基因生物安全管理条例》规定,从事转基因农作物种子生产经营的,其种子生产经营许可证由农业农村部核发。也就是说,对于转基因植物品种,即使是非主要农作物,也需要办理种子生产许可证。

(四)种子检验机构许可

《种子法》第四十七条规定:农业农村、林业草原主管部门可以委托种子质量检验机构对种子质量进行检验。承担种子质量检验的机构应当具备相应的检测条件、能力,并经省级以上人民政府有关主管部门考核合格。种子质量检验机构应当配备种子检验员。种子检验员应当具有中专以上有关专业学历,具备相应的种子检验技术能力和水平。

依据《农作物种子质量检验机构考核管理办法》规定,农业农村部负责制定种子检验机构考核相关标准,监督、指导考核工作。具体工作由全国农业技术推广服务中心承担。省级人民政府农业农村主管部门负责本行政区域内种子检验机构的考核、监管、技术指导等工作。

四、种子行政许可的程序

(一)申请

申请是行政许可的前提条件。申请人对照自己是否符合条件需向有权颁发种子行政许可证的行政主体提出申请。行政主体按照公开原则,须公开许可的事项、地点、期限、审核机关、审核过程,对不同意见的处理及结果公布等事宜。

(二)受理

审核机关收到申请材料后,对申请材料进行形式审查,材料齐全,符合规定要求的,做出受理决定,并通知申请人。材料不全的,要求申请人补充,材料不符合要求的,通知申请人改正。申请人补充改正后,符合要求的,做出受理决定,不符合要求的退回,不予受理。

受理时审查只涉及形式问题,一般不涉及申请的实质内容。因此受理时,并不一定能够保证获得许可。受理与否都应及时通知申请人并说明理由。例如《主要农作物品种审定办法》规定,品种审定委员会办公室在收到申请材料 45 日内做出受理或不予受理的决定,并书面通知申请者。对于符合本办法第十二条、第十三条规定的,应当受理,并通知申请者在 30 日内提供试验种子。对于提供试验种子的,由办公室安排品种试验。逾期不提供试验种子的,视为撤回申请。对于不符合本办法第十二条、第十三条规定的,不予受理。申请者可以在接到通知后 30 日内陈述意见或者对申请材料予以修正,逾期未陈述意见或者修正的,视为撤回申请;修正后仍然不符合规定的,驳回申请。

(三)审批

行政主体在接到申请人的申请后,开始行政许可程序,依照法定权限进行审查核实。一般包括程序性审核和实质性审核两个方面。程序性审核,审查核定申请许可的事项是否符合法定程序和法定形式，是否向有权机关提出申请，申请手续是否完备等。实质性审核，审查核定申请许可的事项是否符合有关的法律规范规定的条件，核定申请人本身是否具备从事该事项的行为能力，并进行相应的实地核对查实。

行政主体在审核时，对申请及附件材料的内容无权直接变更，应向申请人提出变更的要求，由申请人自行变更，如果申请所列事项或条件与实际不符，行政主体应要求申请人采取相应的补救措施，否则，就须驳回申请。

按照行政许可效率原则，行政主体及时对受理的许可申请进行审查。例如《农作物种子生产经营许可管理办法》规定，审核机关应当对申请人提交的材料进行审查，并对申请人的办公场所和种子加工、检验、仓储等设施设备进行实地考察，查验相关申请材料原件。许可证审核机关应当自受理申请之日起二十个工作日内完成审核工作。具备本办法规定条件的，签署审核意见，上报核发机关；审核不予通过的，书面通知申请人并说明理由。许可证核发机关应当自受理申请或收到审核意见之日起二十个工作日内完成核发工作。核发机关认为有必要的，可以进行实地考察并查验原件。符合条件的，发给种子生产经营许可证并予公告；不符合条件的，书面通知申请人并说明理由。选育生产经营相结合、有效区域为全国的种子生产经营许可证，核发机关应当在核发前在中国种业信息网公示五个工作日。

第三节　种子管理法律责任

一、法律责任含义与构成

（一）法律责任的含义

法律责任是指违法者对自己实施的违法行为必须承担的责任。其特点如下。

①法律责任与违法有不可分割的联系，违法是承担法律责任的根据，不构成违法不承担处罚性的责任。

②法律责任体现了违法者和国家机关之间的关系，法律责任意味着一定的国家机关要代表国家查清违法行为的性质、特点、情节。

③法律责任也意味着国家对违法行为的否定性反应和谴责。

④法律责任是一定国家机关代表国家对违法实行法律制裁的根据。

（二）法律责任的构成

①有实际违法行为：违法行为已经发生，对受保护的社会关系造成破坏，但不一定造成损失。

②依据法律应当承担责任：只有法律明确规定应当承担责任的情形，才可以追究当事人的法律责任。有时虽然违法了，但是法律并没有规定当事人承担法律责任，就不应当追究当事人的法律责任。对于一些非强制性的法律规范，经常存在这种状况。

③责任大小和承担责任的方式由法律加以明确规定：不仅承担责任是由法律规定的，而且责任的大小以及承担责任的方式都是由法律加以明确规定的。不能够在法律规定之外增加法律责任。比如销售的种子应当包装而没有包装的，按规定应处二千元以上二万元以下罚款。当事人就不应当承担超出二万元的罚款责任，也不能因此而承担吊销种子生产经营许可证或

营业执照的责任。

④在追责时效范围内：虽然《种子法》没有规定追责时效，但是民法、产品质量法和行政处罚法都有相关时效的规定。

2021 年修订的《行政处罚法》第三十六条规定：违法行为在二年内未被发现的，不再给予行政处罚；涉及公民生命健康安全、金融安全且有危害后果的，上述期限延长至五年。法律另有规定的除外。前款规定的期限，从违法行为发生之日起计算；违法行为有持续或继续状态的，从行为终止之日起计算。即一般超过两年，不再承担行政责任。

2020 年通过的《中华人民共和国民法典》第一百八十八条规定：向人民法院请求保护民事权利的诉讼时效期间为三年。法律另有规定的，依照其规定。诉讼时效期间自权利人知道或者应当知道权利受到损害以及义务人之日起计算。法律另有规定的，依照其规定。

根据 2018 年修订的《中华人民共和国产品质量法》第四十五条规定：因产品存在缺陷造成损害要求赔偿的诉讼时效期间为二年，自当事人知道或者应当知道其权益受到损害时起计算。因产品存在缺陷造成损害要求赔偿的请求权，在造成损害的缺陷产品交付最初消费者满十年丧失；但是，尚未超过明示的安全使用期的除外。在普通规定与特别规定不一致时，优先采取特别规定。

二、种子民事法律责任

所谓民事责任，是指民事法律关系的义务主体违反法律规定的或合同约定的民事义务，侵害民事权利主体的民事行为，依法律之规定而产生的一种民事法律后果。民事责任一般包括侵权责任和违约责任。承担民事责任的方式主要有：停止侵害；排除妨碍；消除危险；返还财产；恢复原状；修理、重做、更换；赔偿损失；支付违约金；消除影响、恢复名誉；赔礼道歉；一般不具惩罚性质。

（一）种子质量民事法律责任

所谓种子质量民事法律责任，是指种子经营者因生产经营的种子存在质量问题，依法对种子使用者承担的更换、退货以及损害赔偿的法律后果。

根据产品质量的民事法律责任归责原则，无论产品的生产者、销售者是否存在主管上的故意，只要他生产或销售的产品因质量问题造成他人人身、财产、精神损失的，或者是对销售瑕疵缺陷未作明确说明或标示的，都可以追究行为人的民事赔偿责任。对因种子质量造成的民事法律责任的认定，只要能证明受到损害的原因是由种子质量问题造成的，且不具备法定的抗辩事由，其销售者就必须承担法律责任。

种子质量民事法律责任包括两种：一种是质量担保责任；二是侵权损害赔偿责任。种子使用者在要求种子经营者承担责任时，要么追究种子经营者的质量担保责任，要么追究种子经营者的侵权损害赔偿责任，但是，不能够既提出质量担保责任又同时提出侵权赔偿责任。

1. 种子质量担保责任

种子质量担保责任是指种子经营者违反了对种子使用者所做的质量承诺和保证，而应当承担的违约的法律后果。包括明示担保和默示担保。《中华人民共和国产品质量法》也规定：国家鼓励推行科学的质量管理方法，采用先进的科学技术，鼓励企业产品质量达到并且超过行业标准、国家标准和国际标准。对产品质量管理先进和产品质量达到国际先进水平、成绩显著的单位和个人，给予奖励。各级人民政府应当把提高产品质量纳入国民经济和社会发展规划，加强对产品质量工作的统筹规划和组织领导，引导、督促生产者、销售者加强产品质量管理，提高产品质量，组织各有关部门依法采取措施，制止产品生产、销售中违反本法规定的行为，保障本法的施行。

种子质量担保责任的构成如下。

①种子质量存在问题。

②种子质量问题在种子使用者购买时即已存在。

③销售者事先未向种子使用者做出说明。

④销售者是种子质量担保责任的主体。

《种子法》规定，种子使用者因种子质量问题遭受损失的，出售种子的经营者应当予以赔偿。在实践中，如果确经证明种子质量问题并非出售种子的经营者所造成，种子的经营者也必须首先向种子使用者承担赔偿责任。赔偿后，种子的经营者可以向有关责任者进行追偿。

2. 种子侵权损害赔偿责任

产品侵权损害赔偿责任是指由于产品缺陷造成消费者、使用者或者其他受害人人身、财产损失、依法应承担的损害赔偿的法律后果。种子同其他任何产品一样，也存在侵权损害赔偿责任问题。种子侵权损害赔偿责任主要包括种子存在缺陷，以及因种子缺陷而对使用者造成的实际损失。造成种子缺陷的可能是种子生产者，也可能是种子经营者，但不论是种子生产者，还是种子经营者，出售种子的经营者有先行赔偿的义务。

根据《种子法》，种子质量担保责任和种子侵权损害赔偿责任的承担方式主要是赔偿损失，赔偿额包括购种价款、有关费用和可得利益损失。在没有发生损失之前，就及时发现了问题，此时给予退货、更换也是一种承担责任的方式。

(二)种子管理者的侵权民事责任

《种子法》规定种子质量检验机构出具虚假检验证明的，与种子生产者、销售者承担连带责任；强迫种子使用者违背自己的意愿购买、使用种子给使用者造成损失的，应当承担赔偿责任。

《中华人民共和国民法典》第一千零三十九条规定："国家机关、承担行政职能的法定机构及其工作人员对于履行职责过程中知悉的自然人的隐私和个人信息，应当予以保密，不得泄露或者向他人非法提供"，侵犯公民、法人的合法权益造成损害的，应当承担民事责任。这表明种子行政管理机关和人员在工作中玩忽职守、滥用职权、徇私舞弊等给种子生产经营者等管理相对人造成损害的，也应承担损害赔偿责任。管理相对人可以在行政诉讼中一并提出损害赔偿，也可单独提损害赔偿的诉讼。

三、种子行政法律责任

种子行政法律责任是指种子的生产者、经营者以及管理者等其违反种子管理的法律、法规和规章所规定的义务，实施了扰乱国家对种子市场管理的正常秩序、但未构成刑事犯罪的行为，所应当承担的后果。

承担种子行政法律责任的方式主要有：行政处罚和行政处分。

行政处罚的种类依据《中华人民共和国行政处罚法》第九条规定如下。

①警告、通报批评。

②罚款、没收违法所得、没收非法财物。

③暂扣许可证件、降低资质等级、吊销许可证件。

④限制开展生产经营活动、责令停产停业、责令关闭、限制从业。

⑤行政拘留。

⑥法律、行政法规规定的其他行政处罚。

行政处分是行政制裁的一种形式，是国家机关、企事业单位依照有关法律和有关规章，给所工作中违法失职的公务员实行的惩处和制裁，是对国家公务员的过错行为的一种否定和惩戒，使之受到抑制和消除，对未受到惩戒的国家公务员，也有着规范和警诫作用。同时又是被处分人的行政责任的体现形式之一。

行政处分包括警告、记过、记大过、降级、撤职、开除。

行政处分属于内部行政行为，由行政主体基于行政隶属关系依法作出。它具有强烈的约束力，管理相对人不服，行政主体可以强制执行。因其不受司法审查，故如果被处分人不服行政处分，根据《行政机关公务员处分条例》第六章不服处分的申诉第四十八条受到处分的行政机关公务员对处分决定不服的，依照《中华人民共和国公务员法》和《中华人民共和国行政监察法》的有关规定，可以申请复核或者申诉。复核、申诉期间不停止处分的执行。行政机关公务员不因提出复核、申诉而被加重处分。情节严重的还有双开处罚，开除职务。

(一)种子生产经营中的行政法律责任

1. 无证和未按许可证规定生产销售种子

包括没有种子生产经营许可证而从事了商品种子生产经营行为；或者虽然具有种子生产经营许可证，但是没有按种子生产经营许可证的规定进行生产经营，比如许可证是过期的，生产、经营种子超出了许可证规定的范围，没按规定的地点、区域生产、经营种子等。其中对生产种子的行为认定要谨慎，因为田间生产还没有形成商品种子。

该行为并不要求当事人存在故意，即只要当事人从事了该行为，不论什么原因都要承担责任。

承担责任的方式：由县级以上人民政府农业农村、林业草原主管部门责令改正，没收违法所得和种子；违法生产经营的货值金额不足一万元的，并处三千元以上三万元以下罚款；货值金额一万元以上的，并处货值金额三倍以上五倍以下罚款；可以吊销种子生产经营许可证；被吊销种子生产经营许可证的单位，其法定代表人、直接负责的主管人员自处罚决定作出之日起五年内不得担任种子企业的法定代表人、高级管理人员。

2. 伪造、变造、买卖、租借种子生产经营许可证

伪造是指本来没有而制作假的；变造是指利用已有的(包括做作废的)生产经营许可证采取种种非法手段，制作与原许可证内容不同的生产经营许可证；买卖指对已有种子生产经营许可证进行交易、变更所有权的行为；租借是指在不变换种子生产经营许可证所有权的情况下，把许可证提供给他人使用，不一定必须有牟利行为。该行为一般具有主观的故意。

承担责任的方式：由县级以上人民政府农业农村、林业草原主管部门责令改正，没收违法所得和种子；违法生产经营的货值金额不足一万元的，并处三千元以上三万元以下罚款；货值金额一万元以上的，并处货值金额三倍以上五倍以下罚款；可以吊销种子生产经营许可证；被吊销种子生产经营许可证的单位，其法定代表人、直接负责的主管人员自处罚决定作出之日起五年内不得担任种子企业的法定代表人、高级管理人员。

3. 生产经营假劣种子

假劣种子的范围《种子法》有明确的规定，对于假劣种子一般要求以种子检验部门的检验

结果作为证据。根据标签标注内容明显属于假劣种子的，也可以直接认定假劣种子。对于生产的认定比较困难，对已经或正在销售的认定则相对容易一些，对于准备销售的，可以通过行为和相关资料证明。为更好地打击假冒伪劣产品，根据 2018 年 12 月 29 日修订的《中华人民共和国产品质量法》规定知道或者应当知道属于本法规定禁止生产、销售的产品而为其提供运输、保管、仓储等便利条件的，或者为以假充真的产品提供制假生产技术的，可以不依据账簿记载，而直接根据销售的和未销售的假劣产品货值金额处罚。也就是说，当事人没有销售并不是抗辩的理由。本行为不以当事人的故意为前提，当事人即使不知道自己经营的是假劣种子，也不是抗辩的理由，仍应承担责任。

承担责任的方式：《种子法》第七十四条规定，违反本法第四十八条规定，生产经营假种子的，由县级以上人民政府农业农村、林业草原主管部门责令停止生产经营，没收违法所得和种子，吊销种子生产经营许可证；违法生产经营的货值金额不足二万元的，并处二万元以上二十万元以下罚款；货值金额二万元以上的，并处货值金额十倍以上二十倍以下罚款。因生产经营假种子犯罪被判处有期徒刑以上刑罚的，种子企业或者其他单位的法定代表人、直接负责的主管人员自刑罚执行完毕之日起五年内不得担任种子企业的法定代表人、高级管理人员。

《种子法》第七十五条规定，违反本法第四十八条规定，生产经营劣种子的，由县级以上人民政府农业农村、林业草原主管部门责令停止生产经营，没收违法所得和种子；违法生产经营的货值金额不足二万元的，并处一万元以上十万元以下罚款；货值金额二万元以上的，并处货值金额五倍以上十倍以下罚款；情节严重的，吊销种子生产经营许可证。因生产经营劣种子犯罪被判处有期徒刑以上刑罚的，种子企业或者其他单位的法定代表人、直接负责的主管人员自刑罚执行完毕之日起五年内不得担任种子企业的法定代表人、高级管理人员。

4. 包装标识不符合规定；未按规定制作、保存种子生产经营档案；种子经营者在备案方面不符合规定

第一款中：中华人民共和国农业部令 2016 年第 6 号颁布实施的《农作物种子标签和使用说明管理办法》对农作物种子的加工包装和标签制作及内容作了详细规定。

第二款中：包括没有制作种子生产经营档案，制作的种子生产经营档案不符合规定、内容不完整，没有保存种子生产经营档案，以及虽然保存但不到规定年限等行为。伪造种子生产经营档案，篡改种子生产经营档案的也应当承担法律责任。档案遗失的，按没有建立档案处理。

第三款中：种子生产经营者在种子生产经营许可证载明有效区域设立的分支机构，应当在取得或变更分支机构营业执照后十五个工作日内向当地县级农业农村主管部门备案。备案时应当提交分支机构的营业执照复印件、设立企业的种子生产经营许可证复印件以及分支机构名称、住所、负责人、联系方式等材料。虽有备案但不符合规定，如虚假备案、内容不全、超过种子生产经营许可证的有效区域等也应当承担责任。由于种子管理部门的原因使得没能够按时备案或不能够备案的，不承担责任。承担责任的主体是设立分支机构的种子经营者，而不是分支机构。违反这些规定，都要承担法律责任。具体行为包括如下几点。

①销售的种子应当包装而没有包装的。

②销售的种子没有使用说明或者标签内容不符合规定的。

③涂改标签的。

④未按规定建立、保存种子生产经营档案的。

⑤种子生产经营者在异地设立分支机构、专门经营不再分装的包装种子或者受委托生产、

代销种子,未按规定备案的。

承担责任的方式:由县级以上人民政府农业农村、林业草原主管部门责令改正,处二千元以上二万元以下罚款。

5. 在种子生产基地进行病虫害接种试验

种子生产基地是指较长时期专门固定用于进行种子生产的成片土地。一般要求进行了一系列的基地设施建设,并且对外公布,使得一个智力正常的人都应当知道是种子生产基地。临时安排种子生产的不能认为是生产基地。

病虫害接种试验主要是指从外部引进病菌或者害虫,不以基地是否本身就有该病虫为前提。在种子生产基地进行病虫害接种试验,要求当事人知道或应当知道是种子生产基地。如果当事人根本不可能知道是种子生产基地,则不应当承担责任。

承担责任的方式:由县级以上人民政府农业农村、林业草原主管部门责令停止试验,处五千元以上五万元以下罚款。

(二)种质资源和品种管理方面的行政法律责任

1. 非法向境外提供或者从境外引进种质资源的;为境外制种的种子在国内销售的;从境外引进农作物种子进行引种试验的收获物在国内作商品种子销售的

《进出口农作物种子(苗)管理暂行办法》对农作物种质资源的进口和出口作了规定,进口和出口种质资源都要经过有关部门批准,未经批准而向境外提供或从境外引进种质资源的行为都要承担责任。

种质资源的种类和数量,以及当事人(部门)的主观故意或过失不是承担责任的必要条件,但是确定责任大小应当考虑的因素。

承担责任的方式:由国务院或者省、自治区、直辖市人民政府的农业农村、林业草原主管部门没收种质资源和违法所得,并处二万元以上二十万元以下罚款。

2. 未经批准私自采集或者采伐国家重点保护的天然种质资源的

承担责任的方式:由县级以上人民政府农业农村、林业草原主管部门责令停止违法行为,没收种质资源和违法所得,并处五千元以上五万元以下罚款;造成损失的,依法承担赔偿责任。

3. 未经品种权人许可,以商业目的生产或销售授权品种的繁殖材料

构成条件:

①没有获得品种权人许可,或者虽然获得了许可但是超过了许可的期限,或者超过了许可的权限范围,或者超过了区域范围。

②为商业目的生产或销售了授权品种的繁殖材料。利用授权品种进行育种及其他科研活动,或者农民自繁自用授权品种的繁殖材料不是直接利用授权品种进行牟利活动,不构成侵权。此外,为商业目的生产销售授权品种,不以是否获得利润为条件。

③侵权行为具有违法性。如果虽然没有得到品种权人的许可,但是由国家依法强制许可的,不构成侵权。

承担责任的方式:有侵犯植物新品种权行为的,由当事人协商解决,不愿协商或者协商不成的,植物新品种权所有人或者利害关系人可以请求县级以上人民政府农业农村、林业草原主管部门进行处理,也可以直接向人民法院提起诉讼。

县级以上人民政府农业农村、林业草原主管部门,根据当事人自愿的原则,对侵犯植物新品种权所造成的损害赔偿可以进行调解。调解达成协议的,当事人应当履行;当事人不履行协

议或者调解未达成协议的，植物新品种权所有人或者利害关系人可以依法向人民法院提起诉讼。

侵犯植物新品种权的赔偿数额按照权利人因被侵权所受到的实际损失确定；实际损失难以确定的，可以按照侵权人因侵权所获得的利益确定。权利人的损失或者侵权人获得的利益难以确定的，可以参照该植物新品种权许可使用费的倍数合理确定。故意侵犯植物新品种权，情节严重的，可以在按照上述方法确定数额的一倍以上五倍以下确定赔偿数额。

权利人的损失、侵权人获得的利益和植物新品种权许可使用费均难以确定的，人民法院可以根据植物新品种权的类型、侵权行为的性质和情节等因素，确定给予五百万元以下的赔偿。赔偿数额应当包括权利人为制止侵权行为所支付的合理开支。

县级以上人民政府农业农村、林业草原主管部门处理侵犯植物新品种权案件时，为了维护社会公共利益，责令侵权人停止侵权行为，没收违法所得和种子；货值金额不足五万元的，并处一万元以上二十五万元以下罚款；货值金额五万元以上的，并处货值金额五倍以上十倍以下罚款。

假冒授权品种的，由县级以上人民政府农业农村、林业草原主管部门责令停止假冒行为，没收违法所得和种子；货值金额不足五万元的，并处一万元以上二十五万元以下罚款；货值金额五万元以上的，并处货值金额五倍以上十倍以下罚款。

当事人就植物新品种的申请权和植物新品种权的权属发生争议的，可以向人民法院提起诉讼。

4. 品种审定方面行政责任

责任主体主要是品种权人本身，或者被许可的品种生产经营者。这里的经营主要是指种子的推广、销售行为，不包括种子的试验、示范和生产。《种子法》中对应当审定的品种有明确的规定。正在进行品种试验、在审定过程中、或者虽然品种审定委员会已完成审定工作，但是农业行政部门没有对外公布，都不能够认为是已通过了审定。主要包括以下几点。

①对应当审定未经审定的农作物品种进行推广、销售的。

②作为良种推广、销售应当审定未经审定的林木品种的。

③推广、销售应当停止推广、销售的农作物品种或者林木良种的。

④对应当登记未经登记的农作物品种进行推广，或者以登记品种的名义进行销售的。

⑤对已撤销登记的农作物品种进行推广，或者以登记品种的名义进行销售的。

承担责任的方式：由县级以上人民政府农业农村、林业草原主管部门责令停止违法行为，没收违法所得和种子，并处二万元以上二十万元以下罚款；对应当审定未经审定或者应当登记未经登记的农作物品种发布广告，或者广告中有关品种的主要性状描述的内容与审定、登记公告不一致的，依照《中华人民共和国广告法》的有关规定追究法律责任。

(三)种子管理机构和人员的行政法律责任

1. 品种测试、试验和种子质量检验机构伪造测试、试验、检验数据或者出具虚假证明的

种子质量检验机构主要指具有相关资质为社会提供检验结果报告的中心检验机构，不是指种子生产经营企业内部的检验机构。具体行为包括未经检验就提供证明，或者提供的证明与检验的实际结果不一样。一般情况下主要是检验不合格，而应企业的要求提供的证明是合格的，也不排除本来是检验合格的，而提供的证明是不合格的情况。但是因为不可预料的原因造成检验错误，而得出错误结论的，或者在正常误差范围内的，不应当认为是出具虚假证明。

因故意使用错误的检验方法而得出错误结论的，应当视为提供虚假证明行为。

提供虚假证明不仅损害种子检验机构的形象，而且直接损害种子使用者或者其他种子生产经营者的权益，扰乱种子市场。种子质量检验机构出具虚假检验证明的，与种子生产者、销售者承担连带责任；并依法追究种子质量检验机构及其有关责任人的行政责任。

承担责任的方式：由县级以上人民政府农业农村、林业草原主管部门责令改正，对单位处五万元以上十万元以下罚款，对直接负责的主管人员和其他直接责任人员处一万元以上五万元以下罚款；有违法所得的，并处没收违法所得；给种子使用者和其他种子生产经营者造成损失的，与种子生产经营者承担连带责任；情节严重的，由省级以上人民政府有关主管部门取消种子质量检验资格。

2. 农业农村、林业草原主管部门不依法作出行政许可决定，发现违法行为或者接到对违法行为的举报不予查处，或者有其他未依照本法规定履行职责的行为的

承担责任的方式：由本级人民政府或者上级人民政府有关部门责令改正，对负有责任的主管人员和其他直接责任人员依法给予处分。农业农村、林业草原主管部门工作人员从事种子生产经营活动的，依法给予处分。

3. 品种审定委员会委员和工作人员不依法履行职责，弄虚作假、徇私舞弊的

徇私舞弊是指品种审定委员会委员和工作人员为徇个人私情而弄虚作假，比如在亲朋好友品种审定申请中管理审核不严等。弄虚作假是品种审定委员会委员和工作人员积极主动的故意行为。不依法履行职责主要是指品种审定委员会委员和工作人员不履行或不正确履行职务，如工作马虎草率、不负责任、任意蛮干、瞎指挥、擅离职守、该管不管、该做不做等。在品种审定的过程中迫于领导的压力而实施了徇私舞弊、弄虚作假的行为，领导和直接责任人员都应当承担责任，只是根据不同情况区分责任大小。

承担责任的方式：依法给予处分；自处分决定作出之日起五年内不得从事品种审定工作。

4. 违反规定从事种子生产经营活动的

主体包括种子行政管理人员，也包括种子行政管理机构和受委托从事种子管理的机构。农业行政管理人员和行政管理机构都不得从事种子生产经营活动。

范围限于种子生产经营活动，新品种的选育、引进不在此列。从事经营包括直接从事如直接生产经营种子，也包括间接从事如在种子生产、经营企业投资参股等。

承担责任的方式：农业农村、林业草原主管部门工作人员从事种子生产经营活动的，依法给予处分。

四、种子刑事法律责任

刑事责任是依照刑事法律规定，行为人因实施了触犯国家刑法的犯罪行为，依据刑事法律的规定，而应当承担的法律责任。具体表现为犯罪分子有义务接受司法机关的审讯和刑罚处罚。中国刑法规定：故意犯罪，应当负刑事责任；过失犯罪，法律有规定的才负刑事责任。行为人实施刑事法律禁止的行为所必须承担的法律后果。负刑事责任意味着应受刑罚处罚。这是刑事责任与民事责任、行政责任和道德责任的根本区别。

刑事责任是指犯罪行为应当承担的法律责任，主刑和附加刑两刑事责任包括按照刑事法律的规定追究其法律责任。主刑职能中，主刑分为管制、拘役、有期徒刑、无期徒刑和死刑。剥夺政治权利、没收独立适用，不能附加适用。附加刑分为罚金、没收财产。对犯罪的外国人，也

可以独立或附加适用驱逐出境。

根据《中华人民共和国刑法》，与种子的生产经营和管理等有关的刑事责任主要有：

(一)【生产、销售伪劣产品罪】生产者、销售者在产品中掺杂、掺假，以假充真，以次充好或者以不合格产品冒充合格产品(《刑法》第 140 条)

该行为的构成条件：

①行为主体是产品的生产单位、销售单位，以及在生产或者销售活动中负有直接责任的人员。

②行为人主观上存在故意或过失。对于生产者而言，行为人主观上存在违法的故意；对于销售者而言，其在产品中掺杂、掺假的行为，属于主观故意的犯罪。但是，以假充真、以次充好、以不合格品冒充合格品进行销售的行为，行为人主观上可能出于故意，也可能属于应当知道而不知道的过失。但是这种过失并不能成为其免责的条件。

③行为人客观上实施了违法行为。

承担责任的方式：违法行为销售金额必须达到 5 万元以上的程度，方可追究行为人刑事责任，销售金额不足 5 万元的不认定为犯罪。销售金额五万元以上不满二十万元的，处二年以下有期徒刑或者拘役，并处或者单处销售金额百分之五十以上二倍以下罚金；销售金额二十万元以上不满五十万元的，处二年以上七年以下有期徒刑，并处销售金额百分之五十以上二倍以下罚金；销售金额五十万元以上不满二百万元的，处七年以上有期徒刑，并处销售金额百分之五十以上二倍以下罚金；销售金额二百万元以上的，处十五年有期徒刑或者无期徒刑，并处销售金额百分之五十以上二倍以下罚金或者没收财产。

(二)【生产、销售伪劣农药、兽药、化肥、种子罪】生产假农药、假兽药、假化肥，销售明知是假的或者失去使用效能的农药、兽药、化肥、种子，或者生产者、销售者以不合格的农药、兽药、化肥、种子冒充合格的农药、兽药、化肥、种子(《刑法》第 147 条)

该行为的构成条件：

①行为主体是假的或不合格的农业生产资料的生产者、销售者。

②行为人主观上存在故意或者过失。对于生产者而言则可能是故意犯罪，也可能是过失犯罪。但是，对于销售者而言，则应以其“明知”为犯罪成立条件。

③行为人客观上实施了生产、销售假的、不合格的农业生产资料的行为。这里所指的或者不合格的农业生产资料，是指假的或者失去效能的或者以不合格冒充合格的农药、兽药、化肥、种子等。

承担责任的方式：使生产遭受较大损失的，处三年以下有期徒刑或者拘役，并处或者单处销售金额百分之五十以上二倍以下罚金；使生产遭受重大损失的，处三年以上七年以下有期徒刑，并处销售金额百分之五十以上二倍以下罚金；使生产遭受特别重大损失的，处七年以上有期徒刑或者无期徒刑，并处销售金额百分之五十以上二倍以下罚金或者没收财产。

(三)【非法经营罪】违反国家规定，有下列非法经营行为之一，扰乱市场秩序(《刑法》第 225 条)

非法经营罪有以下构成要件：

①行为人在主观上有犯罪故意，即有非法经营牟利的目的。

②行为人实施了非法经营行为，如“未经许可经营法律、行政法规规定的专营、专卖物品或者其他限制买卖的物品”“买卖进出口许可证、进出口原产地证明以及其他法律、行政法规规定的经营许可证或者批准文件”“其他严重扰乱市场秩序的非法经营行为”，是指违反国家规定的传销行为等。

③非法经营行为，情节严重。“情节严重”主要是指非法经营违法所得数额较大的；造成恶劣社会影响的；等等。

承担责任的方式：情节严重的，处五年以下有期徒刑或者拘役，并处或者单处违法所得一倍以上五倍以下罚金；情节特别严重的，处五年以上有期徒刑，并处违法所得一倍以上五倍以下罚金或者没收财产。

（四）【强迫交易罪】以暴力、威胁手段，实施下列行为（《刑法》第 226 条）

强买强卖、强迫他人提供或者接受服务罪有以下构成要件：

①行为人主观上有犯罪故意，即有强迫他人按照自己的意愿进行商品交易、提供或接受服务的目的。

②行为人实施了以暴力、威胁手段强买强卖、强迫他人提供服务或者强迫他人接受服务的行为；强迫他人参与或者退出特定的经营活动的。

承担责任的方式：情节严重的，处三年以下有期徒刑或者拘役，并处或者单处罚金；情节特别严重的，处三年以上七年以下有期徒刑，并处罚金。

应当注意的是，只要使用了暴力、威胁手段强买强卖就有可能构成本罪，是否有致人轻伤或者重伤结果发生，并不影响本罪的构成。如果使用暴力手段强买强卖致人伤亡的，应以故意伤害罪或者故意杀人罪定罪处罚。

（五）侵犯他人专利权罪（《刑法》第 216 条）

构成要件：

①行为人主观上有犯罪故意，即有假冒他人专利牟取利益的目的。

②行为人实施了假冒他人专利的行为。“假冒他人专利”是指在与专利产品类似的产品或者包装上加上他人的专利标志和专利号，假冒他人的专利产品或者假冒使用他人的专利方法生产产品。

③假冒他人专利行为，情节严重。“情节严重”是指假冒他人专利经专利权人劝阻仍不改的；给专利权人或者国家的正当权益造成重大损失的；等等。

承担责任的方式：情节严重的，处三年以下有期徒刑或者拘役，并处或者单处罚金。

（六）【妨害公务罪】以暴力、威胁方法阻碍国家机关工作人员依法执行职务（《刑法》第 277 条）

构成要件：

①本罪所侵犯的客体是国家机关的管理活动。

②行为人主观上有犯罪故意。如果行为人不知是国家机关工作人员而实施了阻碍行为，则不构成本罪。

③本罪在客观方面表现为以暴力、威胁的方法，阻碍国家机关工作人员依法执行公务。“暴力”是指实施殴打、冲砸、强行留置等行为，不包括重伤害和杀人。如果在阻碍执行公务的

时候实施了杀人、重伤害的行为，则应以故意杀人罪、故意伤害罪论处。“威胁”是指公然以杀害、伤害、毁坏财产或者损坏名誉等相要挟。

承担责任的方式：处三年以下有期徒刑、拘役、管制或者罚金。

（七）【提供虚假证明文件罪；出具证明文件重大失实罪】承担资产评估、验资、验证、会计、审计、法律服务、保荐、安全评价、环境影响评价、环境监测等职责的中介组织的人员故意提供虚假证明文件（《刑法》第229条）

构成要件：

①犯罪主体是特殊主体，即承担资产评估、验资、验证、会计、审计、法律服务等职责的中介组织的人员。

②行为人主观上有犯罪故意，即明知是虚假证明文件而予以提供。

③行为人实施了提供虚假证明文件的行为。行为人故意提供虚假证明文件，情节严重。

承担责任的方式：情节严重的，处五年以下有期徒刑或者拘役，并处罚金；有下列情形之一的，处五年以上十年以下有期徒刑，并处罚金。

（八）【滥用职权罪；玩忽职守罪】国家机关工作人员滥用职权或者玩忽职守，致使公共财产、国家和人民利益遭受重大损失（《刑法》第397条）

滥用职权罪构成要件：

①犯罪主体是国家机关工作人员。

②本罪在主观方面是间接故意或者过失。

③本罪在主观方面表现为滥用职权，致使公共财产、国家和人民利益遭受重大损失的行为。“滥用职权”是指国家机关工作人员超越法律、法规赋予的职权，擅自处理其无权决定、处理的事项，或者在行使职权时，以权谋私，假公济私，不正确地履行职责，或者蛮横无理，滥施淫威，随心所欲地作出处理决定。

玩忽职守罪构成要件：

①犯罪主体是国家机关工作人员。

②主观方面出自于过失，包括疏忽大意的过失和过于自信的过失。

③本罪在客观方面表现为玩忽职守，致使公共财产、国家和人民利益遭受重大损失。“玩忽职守”包括两种形式，一是放弃职守、不履行自己应当履行的职责；二是履行职责的过程中，马虎草率，敷衍塞责，严重不负责任。

承担责任的方式：国家机关工作人员滥用职权或者玩忽职守，致使公共财产、国家和人民利益遭受重大损失的，处三年以下有期徒刑或者拘役；情节特别严重的，处三年以上七年以下有期徒刑。本法另有规定的，依照规定。国家机关工作人员徇私舞弊，犯前款罪的，处五年以下有期徒刑或者拘役；情节特别严重的，处五年以上十年以下有期徒刑。本法另有规定的，依照规定。

（九）【徇私枉法罪】在执行判决、裁定活动中，严重不负责任或者滥用职权，不依法采取诉讼保全措施、不履行法定执行职责，或者违法采取诉讼保全措施、强制执行措施，致使当事人或者其他人的利益遭受重大损失（《刑法》第399条）

徇私枉法罪构成要件：

①本罪的主体是国家机关工作人员。

②本罪在主观方面是出自故意，对结果是间接故意或者过失。动机是徇私。“徇私”是指徇私情私利，包括贪图财产，讨好上级，照顾亲友或者袒护包庇亲友。

③客观方面表现为枉法舞弊，致使公共财产、国家和人民利益遭受重大损失。“舞弊”是指在从事公务活动中，故意违背事实和法律，弄虚作假，该为而不为，不该为而为或者枉法作出处理决定。

承担责任的方式：致使当事人或者其他人的利益遭受重大损失的，处五年以下有期徒刑或者拘役；致使当事人或者其他人的利益遭受特别重大损失的，处五年以上十年以下有期徒刑。

(十)【放纵制售伪劣商品犯罪行为罪】对生产、销售伪劣商品犯罪行为负有追究责任的国家机关工作人员，徇私舞弊，不履行法律规定的追究职责(《刑法》第 414 条)

主要特征：

①犯罪主体是对生产、销售伪劣商品犯罪行为负有追究职责的国家机关工作人员。

②客观方面表现为徇私舞弊，对明知有生产、销售伪劣商品犯罪行为的企业事业单位或者个人，不履行法律规定的追究职责的行为。

③构成本罪，必须是不履行法律规定的追究生产、销售伪劣商品犯罪行为的职责的行为达到情节严重的程度。“情节严重”一般是指多次不追究生产、销售伪劣商品犯罪的企事业单位或个人；或者对多个有生产、销售伪劣商品犯罪行为的单位或者个人不予追究；或者不追究性质严重的生产、销售伪劣商品的企事业单位或个人；或者因不追究行为造成严重的后果或者恶劣的影响。

承担责任的方式：情节严重的，处五年以下有期徒刑或者拘役。

第四节　种子行政执法管理

一、种子行政检查与处罚的适用

(一)种子行政检查

1. 种子行政检查的概念

种子行政检查是指种子管理机构及其管理人员依法对有关种子活动的人、物或现场进行检查和督导，以监督并保证生产者和经营者必须具备的法定条件经常处于良好的运行状态，其必须履行的义务得到如期的履行。另一方面，从检查中发现对上述法律制度落实好的典型和违法的案件，为奖励和处罚工作做准备。

2. 种子行政检查的内容

按照检查目的不同可划分为两大类，即正常情况下的检查和违法案件的检查。正常情况的行政检查包括下列方面：种子生产、经营者的资格条件，生产经营种子的场所、设备，种子本身的数量、质量、来源、调运，各种法律证件的颁发使用行为等。

3. 种子行政检查的强制措施

行政强制措施有扣押、查封、冻结存款、强制约束等。种子检查中的行政强制措施有扣押和查封两种。扣押是指对违法或可能违法的物品，由执法机关带走并托人存放保管，并由被扣押人出具保管费的控制行为。查封是指执法机关原地查封违法或可能违法的物品，禁止他人动用、使用的控制行为。

适用程序为查明情况，记录在案（两人询问），只做查封或扣押决定书送达相对人。向相对人出具查封或扣押财产清单，通知权利人到场，并在物品清单上签字。解除或由其他执法行为代之（如充抵罚款）。

（二）种子行政处罚

对于种子违法案件的查处，必须做到事实清楚，证据确凿，定性准确，适用法律、法规、规章正确，程序合法，手续完备，处理得当。如果适用的法律不当，处罚显失公正，或查处的程序违法、行政行为的相对人将可依照行政诉讼法向人民法院提出诉讼。

1. 违法案件的来源

违法案件的来源包括：行政管理中发现的；当事人交代的；揭发检举的；其他行政机关移交的；一般检查监督中查获的。

2. 违法案件检查的职权

（1）被检查的对象　包括从事种子生产、经营、推广的单位和个人，以及在本辖区内注册登记的人和外来销售经营的人。

（2）检查的范围　生产经营的场所、仓库；在运输、销售中的种子；在田地里生长的农作物。检查有关的票据、证件。上述检查须持有效检查证件。对违法行为人的人身、住所的检查，须有公安机关的配合；对当事人账册财物的检查，应当限于有关的种子销售经营情况。

（3）检查中的行政强制措施　在种子行政检查中，根据《农业转基因生物安全管理条例》第三十八条第（五）款规定，在紧急情况下，对非法研究、试验、生产、加工，经营或者进口、出口的农业转基因生物实施封存或者扣押；根据《农作物种子生产经营许可管理办法》第二十七条，申请人故意隐瞒有关情况或者提供虚假材料申请种子生产经营许可证的，农业农村主管部门应当不予许可，并将申请人的不良行为记录在案，纳入征信系统。申请人在一年内不得再次申请种子生产经营许可证。申请人以欺骗、贿赂等不正当手段取得种子生产经营许可证的，农业农村主管部门应当撤销种子生产经营许可证，并将申请人的不良行为记录在案，纳入征信系统。申请人在三年内不得再次申请种子生产经营许可证。实施行政强制措施时，应当履行一定的内部审批手续，并对物主出示有关凭证。

3. 种子违法案件的查处程序

种子行政处罚的程序可分为简易程序和普通程序。

（1）简易程序　违法事实确凿并有法定依据，对公民处以二百元以下、对法人或者其他组织处以三千元以下罚款或者警告的行政处罚的，可以当场作出行政处罚决定。法律另有规定的，从其规定。当场作出行政处罚决定时，农业行政执法人员应当遵守下列程序：

①向当事人表明身份，出示行政执法证件。

②当场查清当事人的违法事实，收集和保存相关证据。

③在行政处罚决定作出前，应当告知当事人拟作出决定的内容及事实、理由、依据，并告知当事人有权进行陈述和申辩。

④听取当事人陈述、申辩，并记入笔录。

⑤填写预定格式、编有号码、盖有农业行政处罚机关印章的当场处罚决定书，由执法人员签名或者盖章，当场交付当事人；当事人拒绝签收的，应当在行政处罚决定书上注明。

前款规定的行政处罚决定书应当载明当事人的违法行为，行政处罚的种类和依据、罚款数额、时间、地点，申请行政复议、提起行政诉讼的途径和期限以及行政机关名称。农业行政执法人员应当在作出当场处罚决定之日起、在水上办理渔业行政违法案件的农业行政执法人员应当自抵岸之日起二日内，将案件的有关材料交至所属农业行政处罚机关归档保存。

(2)普通程序

①登记立案。实施农业行政处罚，除依法可以当场作出的行政处罚外，应当适用普通程序。农业行政处罚机关对依据监督检查职责或者通过投诉、举报、其他部门移送、上级交办等途径发现的违法行为线索，应当自发现线索或者收到相关材料之日起七日内予以核查，由农业行政处罚机关负责人决定是否立案；因特殊情况不能在规定期限内立案的，经农业行政处罚机关负责人批准，可以延长七日。法律、法规、规章另有规定的除外。

农业行政处罚机关予以立案条件包括：有涉嫌违反法律、法规和规章的行为；依法应当或者可以给予行政处罚的行为；属于本机关管辖者；违法行为发生之日起至被发现之日止未超过二年，或者违法行为有连续、继续状态，从违法行为终了之日起至被发现之日止未超过二年；涉及公民生命健康安全且有危害后果的，上述期限延长至五年。法律另有规定的除外。

对已经立案的案件，根据新的情况发现不符合立案条件的，农业行政处罚机关应当撤销立案。

②调查取证。农业行政处罚机关对立案的农业违法行为，必须全面、客观、公正地调查，收集有关证据；必要时，按照法律、法规的规定，可以进行检查。农业行政执法人员在调查或者收集证据、进行检查时，不得少于两人。当事人或者有关人员有权要求农业行政执法人员出示执法证件，执法人员不出示执法证件的，当事人或者有关人员有权拒绝接受调查或者检查。

农业行政处罚证据包括书证、物证、视听资料、电子数据、证人证言、当事人的陈述、鉴定意见、勘验笔录和现场笔录。证据必须经查证属实，方可作为农业行政处罚机关认定案件事实的根据。立案前依法取得或收集的证据材料，可以作为案件的证据使用。以非法手段取得的证据，不得作为认定案件事实的根据。详见附件 1.10 《农业行政处罚程序规定》(中华人民共和国农业农村部令 2021 年第 4 号令)。

农业部为规范农作物种子质量现场鉴定行为，特制定颁发了《农作物种子质量纠纷田间现场鉴定办法》(详见附件 1.11)。

③提取陈述和辩解。这是种子行政案件处理的一个必要程序。为了澄清事实真相，应当认真听取当事人的陈述和辩解。所谓陈述，主要是指原告就他所了解的案情事实，向种子管理机关所做的陈述。被告人供述和辩解，是指被告人就案情事实所作的口头和书面陈述。对当事人双方所作的陈述和辩解，应当认真分析，去伪存真，与调查取证的材料相互验证，最后认定事实真相，作出正确处理决定。当事人可当场向农业行政执法人员进行陈述和申辩。当事人当场书面放弃陈述和申辩的，视为放弃权利。

④审批和决定。农业行政执法人员在调查结束后，应当根据不同情形提出如下处理建议，并制作案件处理意见书，报请农业行政处罚机关负责人审查。在农业行政处罚机关负责人作出农业行政处罚决定前，应当由从事农业行政处罚决定法制审核的人员进行法制审核；未经法制审核或者审核未通过的，农业行政处罚机关不得作出决定。农业行政处罚法制审核工作由农业行政处罚机关法制机构负责；未设置法制机构的，由农业行政处罚机关确定的承担法制审核工作的其他机构或者专门人员负责。案件查办人员不得同时作为该案件的法制审核人员。农业行政处罚机关中初次从事法制审核的人员，应当通过国家统一法律职业资格考试取得法

律职业资格。

法制审核机构或者法制审核人员应当自接到审核材料之日起五日内完成审核。特殊情况下，经农业行政处罚机关负责人批准，可以延长十五日。法律、法规、规章另有规定的除外。农业行政处罚机关负责人应当对调查结果、当事人陈述申辩或者听证情况、案件处理意见和法制审核意见等进行全面审查，并区别不同情况分别作出处理决定。

农业行政处罚机关决定给予行政处罚的，应当制作行政处罚决定书。

行政处罚决定书应当载明以下内容：a. 当事人的姓名或者名称、地址；b. 违反法律、法规、规章的事实和证据；c. 行政处罚的种类和依据；d. 行政处罚的履行方式和期限；e. 申请行政复议、提起行政诉讼的途径和期限；f. 作出行政处罚决定的农业行政处罚机关名称和作出决定的日期。

农业行政处罚决定书应当加盖作出行政处罚决定的行政机关的印章。农业行政处罚案件应当自立案之日起九十日内作出处理决定；因案情复杂、调查取证困难等需要延长的，经本农业行政处罚机关负责人批准，可以延长三十日。案情特别复杂或者有其他特殊情况，延期后仍不能作出处理决定的，应当报经上一级农业行政处罚机关决定是否继续延期；决定继续延期的，应当同时确定延长的合理期限。案件办理过程中，中止、听证、公告、检验、检测、鉴定等时间不计入案件办理期限。

⑤听证程序。种子管理机构受农业行政主管部门的委托处理违法案件时，依照《中华人民共和国行政处罚法》第六十三条的规定，在作出较大数额罚款、没收较大数额违法所得、没收较大价值非法财物、降低资质等级、吊销种子生产经营许可证件、责令停产停业、责令关闭、限制从业等较重农业行政处罚决定前，应当告知当事人有要求举行听证的权利。当事人要求听证的，农业行政处罚机关应当组织听证。

这里所指的"较大数额、较大价值"，县级以上地方人民政府农业农村主管部门按所在省、自治区、直辖市人民代表大会及其常委会或者人民政府规定的标准执行。农业农村部规定的较大数额、较大价值，对个人是指超过一万元，对法人或者其他组织是指超过十万元。

当事人要求听证的，应当在收到行政处罚事先告知书之日起五日内向听证机关提出，听证由拟作出行政处罚的农业行政处罚机关组织。听证机关应当在举行听证会的七日前送达行政处罚听证会通知书，告知当事人及有关人员举行听证的时间、地点、听证人员名单及当事人可以申请回避和可以委托代理人等事项。

当事人可以亲自参加听证，也可以委托一至二人代理(需提交授权委托书)。当事人及其代理人应当按期参加听证，无正当理由拒不出席听证或者未经许可中途退出听证的，视为放弃听证权利，行政机关终止听证。

听证参加人由听证主持人、听证员、书记员、案件调查人员、当事人及其委托代理人等组成。听证主持人、听证员、书记员应当由听证机关负责人指定的法制工作机构工作人员或者其他相应工作人员等非本案调查人员担任。除涉及国家秘密、商业秘密或者个人隐私依法予以保密等情形外，听证应当公开举行。

当事人在听证中的权利和义务：a. 有权对案件的事实认定、法律适用及有关情况进行陈述和申辩；b. 有权对案件调查人员提出的证据质证并提出新的证据；c. 如实回答主持人的提问；d. 遵守听证会场纪律，服从听证主持人指挥。

听证程序：a. 听证书记员宣布听证会场纪律、当事人的权利和义务，听证主持人宣布案由、核实听证参加人名单、宣布听证开始；b. 案件调查人员提出当事人的违法事实、出示证据，说明拟作出的农业行政处罚的内容及法律依据；c. 当事人或者其委托代理人对案件的事实、证据、适用的法律等进行陈述、申辩和质证，可以当场向听证会提交新的证据，也可以在听证会后三日内向听证机关补交证据；d. 听证主持人就案件的有关问题向当事人、案件调查人员、证人询问；e. 案件调查人员、当事人或者其委托代理人相互辩论；f. 当事人或者其委托代理人作最后陈述；g. 听证主持人宣布听证结束。听证笔录交当事人和案件调查人员审核无误后签字或者盖章。当事人或者其代理人拒绝签字或者盖章的，由听证主持人在笔录中注明。

听证结束后，听证主持人应当依据听证情况，制作行政处罚听证会报告书，连同听证笔录，报农业行政处罚机关负责人审查。农业行政处罚机关应当根据听证笔录，按照本规定第五十四条的规定，作出决定。听证机关组织听证，不得向当事人收取费用。

二、种子行政处罚的形式

(一)种子行政处罚的形式

1. 人身罚

人身罚也称自由罚，是限制和剥夺公民人身自由的行政处罚，主要有拘留和劳教两种形式，这在种子违法处罚中没有予以规定。

2. 行为罚

行为罚也叫能力罚，是限制或剥夺违法行为人特定的行为能力的一种处罚。它是仅次于人身罚的一种较为严厉的行政处罚，主要是停止生产经营活动、扣留或者吊销许可证、限制从业等形式，这在种子违法处罚中都有规定。

3. 财产罚

财产罚指特定的行政机关或法定的其他组织强迫违法者缴纳一定数额的货币或实物，或损害、剥夺其某些财产权的一种处罚。种子违法处罚中有规定。财产罚主要有罚款、没收和责令赔偿三种。

4. 申诫罚

申诫罚指特定的行政机关或组织对违法者的谴责、训诫，以及影响其名誉的处罚。通常有警告和通报批评两种。

(二)适用处罚注意事项

上述行政处罚的适用中，对于法条规定为“可以”处罚的，为执行机构选择适用，没有“可以”规定的，为必须适用；对于法条规定为“可并处罚款”的，实施罚款时必须与前项处罚同时并用，不能单独适用，但为选择并用方式；规定为“并处以罚款”为必须并用方式，不能不用，也不能单独适用。

上述职权、机关法规、规章不一致时，应当优先适用国家条例。在适用实施细则的罚款时，应当将国家条例中有关管理条款、授权条款并用。在适用省条例的罚则时，应当将国家条例和实施细则的管理条款并用。

三、种子行政处罚的执行

对种子行政违法行为依法作出“行政处罚决定书”，应当在宣告后当场交付当事人；当事人不在场的，应当在七日内依照《中华人民共和国民事诉讼法》的有关规定将行政处罚决定书送达当事人。当事人同意并签订确认书的，农业行政处罚机关可以采用传真、电子邮件等方式，将行政处罚决定书等送达当事人。

农业行政处罚机关送达行政执法文书，应当使用送达回证，由受送达人在送达回证上记明收到日期，签名或者盖章。受送达人或者他的同住成年家属拒绝接收行政执法文书的，送达人可以邀请有关基层组织或者其所在单位的代表到场，说明情况，在送达回证上记明拒收事由和日期，由送达人、见证人签名或者盖章，把行政执法文书留在受送达人的住所；也可以把行政执法文书留在受送达人的住所，并采用拍照、录像等方式记录送达过程，即视为送达。

当事人应当在行政处罚决定书确定的期限内，履行处罚决定。农业行政处罚决定依法作出后，当事人对行政处罚决定不服，申请行政复议或者提起行政诉讼的，除法律另有规定外，行政处罚决定不停止执行。

除依照《农业行政处罚程序规定》规定当场收缴罚款外，农业行政处罚机关及其执法人员不得自行收缴罚款。决定罚款的农业行政处罚机关应当书面告知当事人在收到行政处罚决定书之日起十五日内，到指定的银行或者通过电子支付系统缴纳罚款。

对生效的农业行政处罚决定，当事人拒不履行的，作出农业行政处罚决定的农业行政处罚机关依法可以采取下列措施：

①到期不缴纳罚款的，每日按罚款数额的百分之三加处罚款，加处罚款的数额不得超出罚款的数额。

②根据法律规定，将查封、扣押的财物拍卖、依法处理或者将冻结的存款、汇款划拨抵缴罚款。

③依照《中华人民共和国行政强制法》的规定申请人民法院强制执行。

当事人确有经济困难，需要延期或者分期缴纳罚款的，应当在行政处罚决定书确定的缴纳期限届满前，向作出行政处罚决定的农业行政处罚机关提出延期或者分期缴纳罚款的书面申请。农业行政处罚机关负责人批准当事人延期或者分期缴纳罚款后，应当制作同意延期（分期）缴纳罚款通知书，并送达当事人和收缴罚款的机构。农业行政处罚机关批准延期、分期缴纳罚款的，申请人民法院强制执行的期限，自暂缓或者分期缴纳罚款期限结束之日起计算。

四、种子行政复议

行政复议，是指公民、法人或者其他组织认为行政机关的具体行政行为侵犯了其合法权益，依法向行政机关提出申请复议，由复议机关对案件重新进行审理的行为。行政复议适用的行政法规是第十二届全国人民代表大会常务委员会 2017 年修订的《中华人民共和国行政复议法》，其目的是为了维护和监督行政机关依法行使职权，防止和纠正违法或者不当的具体行政行为，保护公民、法人和其他组织的合法权益。对种子行政管理部门作出的处罚决定、强制措施等不服的，当事人可以依法向作出该决定的上一级种子管理部门申请复议。

1. 复议的参加人

（1）申请人　即认为行政机关的具体行政行为侵犯了自己的合法权益，并向行政机关提出申请复议的公民、法人或其他组织。

（2）第三人　有权申请行政复议的公民死亡的，其近亲属可以申请行政复议。有权申请行政复议的公民为无民事行为能力人或者限制民事行为能力人的，其法定代理人可以代为申请行政复议。有权申请行政复议的法人或者其他组织终止的，承受其权利的法人或者其他组织可以申请行政复议。同申请行政复议的具体行政行为有利害关系的其他公民、法人或者其他组织，可以作为第三人参加行政复议。

申请人、第三人可以委托代理人代为参加行政复议。

(3)被申请人　公民、法人或者其他组织对行政机关的具体行政行为不服申请复议的，该行政机关是被申请人。行政机关委托的组织作出具体行政行为的，委托的行政机关是被申请人。

2. 复议的程序

(1)复议申请　公民、法人或者其他组织认为具体行政行为侵犯其合法权益的，可以自知道该具体行政行为之日起六十日内提出行政复议申请；但是法律规定的申请期限超过六十日的除外。因不可抗力或者其他正当理由耽误法定申请期限的，申请期限自障碍消除之日起继续计算。

申请人申请行政复议，可以书面申请，也可以口头申请；口头申请的，行政复议机关应当当场记录申请人的基本情况、行政复议请求、申请行政复议的主要事实、理由和时间。

对县级以上地方各级人民政府工作部门的具体行政行为不服的，由申请人选择，可以向该部门的本级人民政府申请行政复议，也可以向上一级主管部门申请行政复议。

(2)受理　行政复议机关收到行政复议申请后，应当在五日内进行审查，对不符合本法规定的行政复议申请，决定不予受理，并书面告知申请人；对符合本法规定，但是不属于本机关受理的行政复议申请，应当告知申请人向有关行政复议机关提出。除此之外，行政复议申请自行政复议机关负责法制工作的机构收到之日起即为受理。

公民、法人或者其他组织依法提出行政复议申请，行政复议机关无正当理由不予受理的，上级行政机关应当责令其受理；必要时，上级行政机关也可以直接受理。

(3)审理　审理复议案件有书面审理、开庭审理两种方式。行政复议原则上采取书面审查的办法，但是申请人提出要求或者行政复议机关负责法制工作的机构认为有必要时，可以向有关组织和人员调查情况，听取申请人、被申请人和第三人的意见。

审理的程序：行政复议机关负责法制工作的机构应当自行政复议申请受理之日起七日内，将行政复议申请书副本或者行政复议申请笔录复印件发送被申请人。被申请人应当自收到申请书副本或者申请笔录复印件之日起十日内，提出书面答复，并提交当初作出具体行政行为的证据、依据和其他有关材料。

申请人、第三人可以查阅被申请人提出的书面答复、作出具体行政行为的证据、依据和其他有关材料，除涉及国家秘密、商业秘密或者个人隐私外，行政复议机关不得拒绝。在行政复议过程中，被申请人不得自行向申请人和其他有关组织或者个人收集证据。

行政复议机关在对被申请人作出的具体行政行为进行审查时，认为其依据不合法，本机关有权处理的，应当在三十日内依法处理；无权处理的，应当在七日内按照法定程序转送有权处理的国家机关依法处理。处理期间，中止对具体行政行为的审查。行政复议决定作出前，申请人要求撤回行政复议申请的，经说明理由，可以撤回；撤回行政复议申请的，行政复议终止。

(4)复议决定　复议决定是行政复议机关在查明事实的基础上，根据复议审理的依据和法定条件，对有争议的具体行政行为作出的实体方面的决定。

行政复议机关负责法制工作的机构应当对被申请人作出的具体行政行为进行审查，提出意见，经行政复议机关的负责人同意或者集体讨论通过后，按照规定作出行政复议决定。

行政复议机关应当自受理申请之日起六十日内作出行政复议决定；但是法律规定的行政复议期限少于六十日的除外。情况复杂，不能在规定期限内作出行政复议决定的，经行政复议机关的负责人批准，可以适当延长，并告知申请人和被申请人；但是延长期限最多不超过三十日。

行政复议机关作出行政复议决定，应当制作行政复议决定书，并加盖印章。行政复议决定书一经送达，即发生法律效力。

申请人逾期不起诉又不履行行政复议决定的，或者不履行最终裁决的行政复议决定的，维持具体行政行为的行政复议决定，由作出具体行政行为的行政机关依法强制执行，或者申请人民法院强制执行；变更具体行政行为的行政复议决定，由行政复议机关依法强制执行，或者申请人民法院强制执行。

五、种子行政诉讼

行政诉讼是审查行政行为是否合法的制度，实质上是国家通过法院对行政机关的行政行为进行的监督。行政诉讼的被告是作出一定行政行为的行政机关。

根据 2017 年修订的《中华人民共和国民事诉讼法》规定，公民、法人或者其他组织认为行政机关和行政机关工作人员的行政行为侵犯其合法权益，有权依法向人民法院提起诉讼。

种子行政诉讼案件大多适用一般地域管辖，即按照当事人的所在地确定案件管辖法院。一般由基层法院审理第一审，当事人对第一审裁决不服的，可向中级人民法院上诉，由中级法院作出二审也是终审判决。

种子行政诉讼的程序包括以下几点。

(一)起诉的条件和方式

起诉是指公民、法人或者其他组织认为行政机关工作人员的具体行政行为侵犯了其合法权益，向人民法院提出诉讼请求，要求人民法院行使国家审判权，予以保护的诉讼行为。

1. 起诉的条件

(1)原告是认为具体行政行为侵犯了其合法权益的公民、法人或者其他组织。

(2)必须有明确的原告。种子行政诉讼的被告只能是作出具体行政行为的种子管理机关。

(3)有具体的诉讼请求和事实根据。

(4)属于人民法院受案范围和受诉人民法院管辖。

(5)必须在法定期限内起诉。

2. 起诉的方法

原告提起诉讼一般采取书面形式，向基层人民法院提交起诉状及其副本，还要提交能够证明案情的有关证据、行政机关的处理决定书以及法院要求提供的有关材料。

作为被告的行政机关接到人民法院的应诉通知后，应认真对待应诉，按法院的要求提供证据及有关材料，在规定期限内进行答辩，提交答辩状，按时参加审理活动。行政机关应诉人可为机关法人代表，或者是固定机关工作人员、聘请律师为委托代理人出庭应诉。

(二)审查与受理

《行政诉讼法》第四十五条规定：公民、法人或者其他组织不服复议决定的，可以在收到复议决定书之日起十五日内向人民法院提起诉讼。复议机关逾期不作决定的，申请人可以在复议期满之日起十五日内向人民法院提起诉讼。法律另有规定的除外。

人民法院在接到起诉状时对符合本法规定的起诉条件的，应当登记立案。对当场不能判定是否符合本法规定的起诉条件的，应当接收起诉状，出具注明收到日期的书面凭证，并在七日内决定是否立案。不符合起诉条件的，作出不予立案的裁定。裁定书应当载明不予立案的理由。原告对裁定不服的，可以提起上诉。起诉状内容欠缺或者有其他错误的，应当给予指导和释明，并一次性告知当事人需要补正的内容。不得未经指导和释明即以起诉不符合条件为由不接收起诉状。对于不接收起诉状、接收起诉状后不出具书面凭证，以及不一次性告知当事人需要补正的起诉状内容的，当事人可以向上级人民法院投诉，上级人民法院应当责令改正，并对直接负责的主管人员和其他直接责任人员依法给予处分。

（三）审理和判决

人民法院受理行政案件的目的就是为了及时、合理地解决纠纷，而采取的主要手段就是通过审理，作出正确的判决。人民法院公开审理行政案件，但涉及国家秘密、个人隐私和法律另有规定的除外。涉及商业秘密的案件，当事人申请不公开审理的，可以不公开审理。

行政诉讼实施两审终审制。种子行政案件多属于经济行政案件，即地方各级人民法院对一审案件的判决的裁定，在未发生法律效力以前，如果当事人认为该判决的裁定是错误的，有权向上一级人民法院上诉。上一级人民法院的第二审判决的裁定，是终审判决或者裁定，当事人不得再提起上诉。

（四）执行

《种子法》对种子行政执行部门对已经生效的裁决申请执行问题作了明文规定，这属于法院强制执行行政机关的决定。

（五）行政赔偿

行政诉讼法第六十八条规定：行政机关或者行政机关工作人员作出的具体行政行为侵犯公民、法人或者其他组织的合法权益造成损害的，由该行政机关或者该行政机关工作人员所在的行政机关负责赔偿。

六、结案和立卷归档

（一）结案

农业行政处罚机关可以结案情形包括：行政处罚决定由当事人履行完毕的；农业行政处罚机关依法申请人民法院强制执行行政处罚决定，人民法院依法受理的；不予行政处罚等无须执行的；行政处罚决定被依法撤销的。农业行政执法人员应当填写行政处罚结案报告，经农业行政处罚机关负责人批准后结案。

（二）立卷归档

农业行政处罚机关应当按要求及时将案件材料立卷归档，案件立卷归档后，任何单位和个人不得修改、增加或者抽取案卷材料，不得修改案卷内容。案卷保管及查阅，按档案管理有关规定执行。农业行政处罚机关应当建立行政处罚工作报告制度，并于每年 1 月 31 日前向上级农业行政处罚机关报送本行政区域上一年度农业行政处罚工作情况。

七、行政执法文书

为规范农业行政执法行为，提高农业行政执法文书制作水平，根据《农业行政处罚程序规定》，结合农业行政执法工作实际，2020 年农业农村部修订《农业行政执法文书制作规范》和农业行政执法基本文书格式。农业行政执法文书的内容应当符合有关法律、法规和规章的规定，做到格式统一、内容完整、表述清楚、逻辑严密、用语规范。农业行政执法文书分为内部文书和外部文书。

内部文书是指农业行政执法机关内部使用，记录内部工作流程，规范执法工作运转程序的文书。

外部文书是指农业行政执法机关对外使用，对农业行政执法机关和行政相对人均具有法律效力的文书。详见附件 1.12 《农业行政执法文书制作规范》和附件 1.13 《农业行政执法基本文书格式》。

主要文书如下：

(1)指定管辖通知书

(2)案件交办通知书

(3)协助调查函

(4)协助调查结果告知函

(5)案件移送函

(6)涉嫌犯罪案件移送书

(7)当场行政处罚决定书

(8)行政处罚立案/不予立案审批表

(9)撤销立案审批表

(10)责令改正通知书

(11)询问笔录

(12)现场检查(勘验)笔录

(13)抽样取证凭证

(14)抽样检测结果告知书

(15)产品确认通知书

(16)证据先行登记保存通知书

(17)先行登记保存物品处理通知书

(18)查封(扣押)决定书

(19)查封(扣押)现场笔录

(20)解除查封(扣押)决定书

(21)查封(扣押)/解除查封(扣押)财物清单

(22)案件中止调查决定书

(23)恢复案件调查决定书

(24)案件处理意见书

(25)行政处罚事先告知书(适用非听证案件)

(26)行政处罚事先告知书(适用听证案件)

(27)不予行政处罚决定书
(28)行政处罚决定审批表
(29)行政处罚决定书
(30)行政处罚听证会通知书
(31)听证笔录
(32)行政处罚听证会报告书
(33)送达回证
(34)履行行政处罚决定催告书
(35)强制执行申请书
(36)延期(分期)缴纳罚款通知书
(37)罚没物品处理记录
(38)行政处罚结案报告

附件 1

种子相关法规

附件 1.1 《农业转基因生物安全管理条例》

（2001 年 5 月 23 日中华人民共和国国务院令第 304 号公布；根据 2011 年 1 月 8 日《国务院关于废止和修改部分行政法规的规定》第一次修订；根据 2017 年 10 月 7 日《国务院关于修改部分行政法规的决定》第二次修订）

第一章　总则

第一条　为了加强农业转基因生物安全管理，保障人体健康和动植物、微生物安全，保护生态环境，促进农业转基因生物技术研究，制定本条例。

第二条　在中华人民共和国境内从事农业转基因生物的研究、试验、生产、加工、经营和进口、出口活动，必须遵守本条例。

第三条　本条例所称农业转基因生物，是指利用基因工程技术改变基因组构成，用于农业生产或者农产品加工的动植物、微生物及其产品，主要包括：

（一）转基因动植物（含种子、种畜禽、水产苗种）和微生物；

（二）转基因动植物、微生物产品；

（三）转基因农产品的直接加工品；

（四）含有转基因动植物、微生物或者其产品成分的种子、种畜禽、水产苗种、农药、兽药、肥料和添加剂等产品。

本条例所称农业转基因生物安全，是指防范农业转基因生物对人类、动植物、微生物和生态环境构成的危险或者潜在风险。

第四条　国务院农业行政主管部门负责全国农业转基因生物安全的监督管理工作。

县级以上地方各级人民政府农业行政主管部门负责本行政区域内的农业转基因生物安全的监督管理工作。

县级以上各级人民政府有关部门依照《中华人民共和国食品安全法》的有关规定，负责转基因食品安全的监督管理工作。

第五条　国务院建立农业转基因生物安全管理部际联席会议制度。

农业转基因生物安全管理部际联席会议由农业、科技、环境保护、卫生、外经贸、检验检疫等有关部门的负责人组成，负责研究、协调农业转基因生物安全管理工作中的重大问题。

第六条 国家对农业转基因生物安全实行分级管理评价制度。

农业转基因生物按照其对人类、动植物、微生物和生态环境的危险程度，分为Ⅰ、Ⅱ、Ⅲ、Ⅳ四个等级。具体划分标准由国务院农业行政主管部门制定。

第七条 国家建立农业转基因生物安全评价制度。

农业转基因生物安全评价的标准和技术规范，由国务院农业行政主管部门制定。

第八条 国家对农业转基因生物实行标识制度。

实施标识管理的农业转基因生物目录，由国务院农业行政主管部门商国务院有关部门制定、调整并公布。

第二章 研究与试验

第九条 国务院农业行政主管部门应当加强农业转基因生物研究与试验的安全评价管理工作，并设立农业转基因生物安全委员会，负责农业转基因生物的安全评价工作。

农业转基因生物安全委员会由从事农业转基因生物研究、生产、加工、检验检疫以及卫生、环境保护等方面的专家组成。

第十条 国务院农业行政主管部门根据农业转基因生物安全评价工作的需要，可以委托具备检测条件和能力的技术检测机构对农业转基因生物进行检测。

第十一条 从事农业转基因生物研究与试验的单位，应当具备与安全等级相适应的安全设施和措施，确保农业转基因生物研究与试验的安全，并成立农业转基因生物安全小组，负责本单位农业转基因生物研究与试验的安全工作。

第十二条 从事Ⅲ、Ⅳ级农业转基因生物研究的，应当在研究开始前向国务院农业行政主管部门报告。

第十三条 农业转基因生物试验，一般应当经过中间试验、环境释放和生产性试验三个阶段。中间试验，是指在控制系统内或者控制条件下进行的小规模试验。环境释放，是指在自然条件下采取相应安全措施所进行的中规模的试验。生产性试验，是指在生产和应用前进行的较大规模的试验。

第十四条 农业转基因生物在实验室研究结束后，需要转入中间试验的，试验单位应当向国务院农业行政主管部门报告。

第十五条 农业转基因生物试验需要从上一试验阶段转入下一试验阶段的，试验单位应当向国务院农业行政主管部门提出申请；经农业转基因生物安全委员会进行安全评价合格的，由国务院农业行政主管部门批准转入下一试验阶段。

试验单位提出前款申请，应当提供下列材料：

(一)农业转基因生物的安全等级和确定安全等级的依据；

(二)农业转基因生物技术检测机构出具的检测报告；

(三)相应的安全管理、防范措施；

(四)上一试验阶段的试验报告。

第十六条 从事农业转基因生物试验的单位在生产性试验结束后，可以向国务院农业行政主管部门申请领取农业转基因生物安全证书。

试验单位提出前款申请，应当提供下列材料：

(一)农业转基因生物的安全等级和确定安全等级的依据；

(二)生产性试验的总结报告；

(三)国务院农业行政主管部门规定的试验材料、检测方法等其他材料。

国务院农业行政主管部门收到申请后，应当委托具备检测条件和能力的技术检测机构进行检测，并组织农业转基因生物安全委员会进行安全评价；安全评价合格的，方可颁发农业转基因生物安全证书。

第十七条　转基因植物种子、种畜禽、水产苗种，利用农业转基因生物生产的或者含有农业转基因生物成分的种子、种畜禽、水产苗种、农药、兽药、肥料和添加剂等，在依照有关法律、行政法规的规定进行审定、登记或者评价、审批前，应当依照本条例第十六条的规定取得农业转基因生物安全证书。

第十八条　中外合作、合资或者外方独资在中华人民共和国境内从事农业转基因生物研究与试验的，应当经国务院农业行政主管部门批准。

第三章　生产与加工

第十九条　生产转基因植物种子、种畜禽、水产苗种，应当取得国务院农业行政主管部门颁发的种子、种畜禽、水产苗种生产许可证。

生产单位和个人申请转基因植物种子、种畜禽、水产苗种生产许可证，除应当符合有关法律、行政法规规定的条件外，还应当符合下列条件：

(一)取得农业转基因生物安全证书并通过品种审定；

(二)在指定的区域种植或者养殖；

(三)有相应的安全管理、防范措施；

(四)国务院农业行政主管部门规定的其他条件。

第二十条　生产转基因植物种子、种畜禽、水产苗种的单位和个人，应当建立生产档案，载明生产地点、基因及其来源、转基因的方法以及种子、种畜禽、水产苗种流向等内容。

第二十一条　单位和个人从事农业转基因生物生产、加工的，应当由国务院农业行政主管部门或者省、自治区、直辖市人民政府农业行政主管部门批准。具体办法由国务院农业行政主管部门制定。

第二十二条　从事农业转基因生物生产、加工的单位和个人，应当按照批准的品种、范围、安全管理要求和相应的技术标准组织生产、加工，并定期向所在地县级人民政府农业行政主管部门提供生产、加工、安全管理情况和产品流向的报告。

第二十三条　农业转基因生物在生产、加工过程中发生基因安全事故时，生产、加工单位和个人应当立即采取安全补救措施，并向所在地县级人民政府农业行政主管部门报告。

第二十四条　从事农业转基因生物运输、贮存的单位和个人，应当采取与农业转基因生物安全等级相适应的安全控制措施，确保农业转基因生物运输、贮存的安全。

第四章　经营

第二十五条　经营转基因植物种子、种畜禽、水产苗种的单位和个人，应当取得国务院农业行政主管部门颁发的种子、种畜禽、水产苗种经营许可证。

经营单位和个人申请转基因植物种子、种畜禽、水产苗种经营许可证，除应当符合有关法律、行政法规规定的条件外，还应当符合下列条件：

（一）有专门的管理人员和经营档案；

（二）有相应的安全管理、防范措施；

（三）国务院农业行政主管部门规定的其他条件。

第二十六条 经营转基因植物种子、种畜禽、水产苗种的单位和个人，应当建立经营档案，载明种子、种畜禽、水产苗种的来源、贮存，运输和销售去向等内容。

第二十七条 在中华人民共和国境内销售列入农业转基因生物目录的农业转基因生物，应当有明显的标识。

列入农业转基因生物目录的农业转基因生物，由生产、分装单位和个人负责标识；未标识的，不得销售。经营单位和个人在进货时，应当对货物和标识进行核对。经营单位和个人拆开原包装进行销售的，应当重新标识。

第二十八条 农业转基因生物标识应当载明产品中含有转基因成分的主要原料名称；有特殊销售范围要求的，还应当载明销售范围，并在指定范围内销售。

第二十九条 农业转基因生物的广告，应当经国务院农业行政主管部门审查批准后，方可刊登、播放、设置和张贴。

第五章 进口与出口

第三十条 从中华人民共和国境外引进农业转基因生物用于研究、试验的，引进单位应当向国务院农业行政主管部门提出申请；符合下列条件的，国务院农业行政主管部门方可批准：

（一）具有国务院农业行政主管部门规定的申请资格；

（二）引进的农业转基因生物在国（境）外已经进行了相应的研究、试验；

（三）有相应的安全管理、防范措施。

第三十一条 境外公司向中华人民共和国出口转基因植物种子、种畜禽、水产苗种和利用农业转基因生物生产的或者含有农业转基因生物成分的植物种子、种畜禽、水产苗种、农药、兽药、肥料和添加剂的，应当向国务院农业行政主管部门提出申请；符合下列条件的，国务院农业行政主管部门方可批准试验材料入境并依照本条例的规定进行中间试验、环境释放和生产性试验：

（一）输出国家或者地区已经允许作为相应用途并投放市场；

（二）输出国家或者地区经过科学试验证明对人类、动植物、微生物和生态环境无害；

（三）有相应的安全管理、防范措施。

生产性试验结束后，经安全评价合格，并取得农业转基因生物安全证书后，方可依照有关法律、行政法规的规定办理审定、登记或者评价、审批手续。

第三十二条 境外公司向中华人民共和国出口农业转基因生物用作加工原料的，应当向国务院农业行政主管部门提出申请，提交国务院农业行政主管部门要求的试验材料、检测方法等材料；符合下列条件，经国务院农业行政主管部门委托的、具备检测条件和能力的技术检测机构检测确认对人类、动植物、微生物和生态环境不存在危险，并经安全评价合格的，由国务院农业行政主管部门颁发农业转基因生物安全证书：

（一）输出国家或者地区已经允许作为相应用途并投放市场；

（二）输出国家或者地区经过科学试验证明对人类、动植物、微生物和生态环境无害；

(三)有相应的安全管理、防范措施。

第三十三条　从中华人民共和国境外引进农业转基因生物的,或者向中华人民共和国出口农业转基因生物的,引进单位或者境外公司应当凭国务院农业行政主管部门颁发的农业转基因生物安全证书和相关批准文件,向口岸出入境检验检疫机构报检;经检疫合格后,方可向海关申请办理有关手续。

第三十四条　农业转基因生物在中华人民共和国过境转移的,应当遵守中华人民共和国有关法律、行政法规的规定。

第三十五条　国务院农业行政主管部门应当自收到申请人申请之日起 270 日内作出批准或者不批准的决定,并通知申请人。

第三十六条　向中华人民共和国境外出口农产品,外方要求提供非转基因农产品证明的,由口岸出入境检验检疫机构根据国务院农业行政主管部门发布的转基因农产品信息,进行检测并出具非转基因农产品证明。

第三十七条　进口农业转基因生物,没有国务院农业行政主管部门颁发的农业转基因生物安全证书和相关批准文件的,或者与证书、批准文件不符的,作退货或者销毁处理。进口农业转基因生物不按照规定标识的,重新标识后方可入境。

第六章　监督检查

第三十八条　农业行政主管部门履行监督检查职责时,有权采取下列措施:

(一)询问被检查的研究、试验、生产、加工、经营或者进口、出口的单位和个人、利害关系人、证明人,并要求其提供与农业转基因生物安全有关的证明材料或者其他资料;

(二)查阅或者复制农业转基因生物研究、试验、生产、加工、经营或者进口、出口的有关档案、账册和资料等;

(三)要求有关单位和个人就有关农业转基因生物安全的问题作出说明;

(四)责令违反农业转基因生物安全管理的单位和个人停止违法行为;

(五)在紧急情况下,对非法研究、试验、生产、加工,经营或者进口、出口的农业转基因生物实施封存或者扣押。

第三十九条　农业行政主管部门工作人员在监督检查时,应当出示执法证件。

第四十条　有关单位和个人对农业行政主管部门的监督检查,应当予以支持、配合,不得拒绝、阻碍监督检查人员依法执行职务。

第四十一条　发现农业转基因生物对人类、动植物和生态环境存在危险时,国务院农业行政主管部门有权宣布禁止生产、加工、经营和进口,收回农业转基因生物安全证书,销毁有关存在危险的农业转基因生物。

第七章　罚　则

第四十二条　违反本条例规定,从事Ⅲ、Ⅳ级农业转基因生物研究或者进行中间试验,未向国务院农业行政主管部门报告的,由国务院农业行政主管部门责令暂停研究或者中间试验,限期改正。

第四十三条　违反本条例规定,未经批准擅自从事环境释放、生产性试验的,已获批准但未按照规定采取安全管理、防范措施的,或者超过批准范围进行试验的,由国务院农业行政主管部门管部门或者省、自治区、直辖市人民政府农业行政主管部门依据职权，责令停止试验，并处 1 万元以上 5 万元以下的罚款。

第四十四条 违反本条例规定，在生产性试验结束后，未取得农业转基因生物安全证书，擅自将农业转基因生物投入生产和应用的，由国务院农业行政主管部门责令停止生产和应用，并处 2 万元以上 10 万元以下的罚款。

第四十五条 违反本条例第十八条规定，未经国务院农业行政主管部门批准，从事农业转基因生物研究与试验的，由国务院农业行政主管部门责令立即停止研究与试验，限期补办审批手续。

第四十六条 违反本条例规定，未经批准生产、加工农业转基因生物或者未按照批准的品种、范围、安全管理要求和技术标准生产、加工的，由国务院农业行政主管部门或者省、自治区、直辖市人民政府农业行政主管部门依据职权，责令停止生产或者加工，没收违法生产或者加工的产品及违法所得；违法所得 10 万元以上的，并处违法所得 1 倍以上 5 倍以下的罚款；没有违法所得或者违法所得不足 10 万元的，并处 10 万元以上 20 万元以下的罚款。

第四十七条 违反本条例规定，转基因植物种子、种畜禽、水产苗种的生产、经营单位和个人，未按照规定制作、保存生产、经营档案的，由县级以上人民政府农业行政主管部门依据职权，责令改正，处 1000 元以上 1 万元以下的罚款。

第四十八条 违反本条例规定，未经国务院农业行政主管部门批准，擅自进口农业转基因生物的，由国务院农业行政主管部门责令停止进口，没收已进口的产品和违法所得；违法所得 10 万元以上的，并处违法所得 1 倍以上 5 倍以下的罚款；没有违法所得或者违法所得不足 10 万元的，并处 10 万元以上 20 万元以下的罚款。

第四十九条 违反本条例规定，进口、携带、邮寄农业转基因生物未向口岸出入境检验检疫机构报检的，由口岸出入境检验检疫机构比照进出境动植物检疫法的有关规定处罚。

第五十条 违反本条例关于农业转基因生物标识管理规定的，由县级以上人民政府农业行政主管部门依据职权，责令限期改正，可以没收非法销售的产品和违法所得，并可以处 1 万元以上 5 万元以下的罚款。

第五十一条 假冒、伪造、转让或者买卖农业转基因生物有关证明文书的，由县级以上人民政府农业行政主管部门依据职权，收缴相应的证明文书，并处 2 万元以上 10 万元以下的罚款；构成犯罪的，依法追究刑事责任。

第五十二条 违反本条例规定，在研究、试验、生产、加工、贮存、运输、销售或者进口、出口农业转基因生物过程中发生基因安全事故，造成损害的，依法承担赔偿责任。

第五十三条 国务院农业行政主管部门或者省、自治区、直辖市人民政府农业行政主管部门违反本条例规定核发许可证、农业转基因生物安全证书以及其他批准文件的，或者核发许可证、农业转基因生物安全证书以及其他批准文件后不履行监督管理职责的，对直接负责的主管人员和其他直接责任人员依法给予行政处分；构成犯罪的，依法追究刑事责任。

第八章 附则

第五十四条 本条例自公布之日起施行。

附件 1.2　《主要农作物品种审定办法》

(2016 年 7 月 8 日农业部令 2016 年第 4 号公布,2019 年 4 月 25 日农业农村部令 2019 年第 2 号、2022 年 1 月 21 日农业农村部令 2022 年第 2 号修订)

第一章　总则

第一条　为科学、公正、及时地审定主要农作物品种,根据《中华人民共和国种子法》(以下简称《种子法》),制定本办法。

第二条　在中华人民共和国境内的主要农作物品种审定,适用本办法。

第三条　本办法所称主要农作物,是指稻、小麦、玉米、棉花、大豆。

第四条　省级以上人民政府农业农村主管部门应当采取措施,加强品种审定工作监督管理。省级人民政府农业农村主管部门应当完善品种选育、审定工作的区域协作机制,促进优良品种的选育和推广。

第二章　品种审定委员会

第五条　农业农村部设立国家农作物品种审定委员会,负责国家级农作物品种审定工作。省级人民政府农业农村主管部门设立省级农作物品种审定委员会,负责省级农作物品种审定工作。

农作物品种审定委员会建立包括申请文件、品种审定试验数据、种子样品、审定意见和审定结论等内容的审定档案,保证可追溯。

第六条　品种审定委员会由科研、教学、生产、推广、管理、使用等方面的专业人员组成。委员应当具有高级专业技术职称或处级以上职务,年龄一般在 55 岁以下。每届任期 5 年,连任不得超过两届。

品种审定委员会设主任 1 名,副主任 2—5 名。

第七条　品种审定委员会设立办公室,负责品种审定委员会的日常工作,设主任 1 名,副主任 1～2 名。

第八条　品种审定委员会按作物种类设立专业委员会,各专业委员会由 9～23 人的单数组成,设主任 1 名,副主任 1～2 名。

省级品种审定委员会对本辖区种植面积小的主要农作物,可以合并设立专业委员会。

第九条　品种审定委员会设立主任委员会,由品种审定委员会主任和副主任、各专业委员会主任、办公室主任组成。

第三章　申请和受理

第十条　申请品种审定的单位、个人(以下简称申请者),可以直接向国家农作物品种审定委员会或省级农作物品种审定委员会提出申请。

申请转基因主要农作物(不含棉花)品种审定的,应当直接向国家农作物品种审定委员会提出申请。

第十一条　申请者可以单独申请国家级审定或省级审定,也可以同时申请国家级审定和省级审定，还可以同时向几个省、自治区、直辖市申请审定。

第十二条 申请审定的品种应当具备下列条件：

（一）人工选育或发现并经过改良；

（二）与现有品种（已审定通过或本级品种审定委员会已受理的其他品种）有明显区别；

（三）形态特征和生物学特性一致；

（四）遗传性状稳定；

（五）具有符合《农业植物品种命名规定》的名称；

（六）已完成同一生态类型区 2 个生产周期以上、多点的品种比较试验。其中，申请国家级品种审定的，稻、小麦、玉米品种比较试验每年不少于 20 个点，棉花、大豆品种比较试验每年不少于 10 个点，或具备省级品种审定试验结果报告；申请省级品种审定的，品种比较试验每年不少于 5 个点。

第十三条 申请品种审定的，应当向品种审定委员会办公室提交以下材料：

（一）申请表，包括作物种类和品种名称，申请者名称、地址、邮政编码、联系人、电话号码、传真、国籍，品种选育的单位或者个人（以下简称育种者）等内容；

（二）品种选育报告，包括亲本组合以及杂交种的亲本血缘关系、选育方法、世代和特性描述；品种（含杂交种亲本）特征特性描述、标准图片，建议的试验区域和栽培要点；品种主要缺陷及应当注意的问题；

（三）品种比较试验报告，包括试验品种、承担单位、抗性表现、品质、产量结果及各试验点数据、汇总结果等；

（四）转基因检测报告；

（五）品种和申请材料真实性承诺书。

转基因主要农作物品种，除应当提交前款规定的材料外，还应当提供以下材料：

（一）转化体相关信息，包括目的基因、转化体特异性检测方法；

（二）转化体所有者许可协议；

（三）依照《农业转基因生物安全管理条例》第十六条规定取得的农业转基因生物安全证书；

（四）有检测条件和能力的技术检测机构出具的转基因目标性状与转化体特征特性一致性检测报告；

（五）非受体品种育种者申请品种审定的，还应当提供受体品种权人许可或者合作协议。

第十四条 品种审定委员会办公室在收到申请材料 45 日内作出受理或不予受理的决定，并书面通知申请者。

对于符合本办法第十二条、第十三条规定的，应当受理，并通知申请者在 30 日内提供试验种子。对于提供试验种子的，由办公室安排品种试验。逾期不提供试验种子的，视为撤回申请。

对于不符合本办法第十二条、第十三条规定的，不予受理。申请者可以在接到通知后 30 日内陈述意见或者对申请材料予以修正，逾期未陈述意见或者修正的，视为撤回申请；修正后仍然不符合规定的，驳回申请。

第十五条 品种审定委员会办公室应当在申请者提供的试验种子中留取标准样品，交农业农村部指定的植物品种标准样品库保存。

第四章　品种试验

第十六条　品种试验包括以下内容：

（一）区域试验；

（二）生产试验；

（三）品种特异性、一致性和稳定性测试（以下简称“DUS 测试”）。

第十七条　国家级品种区域试验、生产试验由全国农业技术推广服务中心组织实施，省级品种区域试验、生产试验由省级种子管理机构组织实施。

品种试验组织实施单位应当充分听取品种审定申请人和专家意见，合理设置试验组别，优化试验点布局，建立健全管理制度，科学制定试验实施方案，并向社会公布。

第十八条　区域试验应当对品种丰产性、稳产性、适应性、抗逆性等进行鉴定，并进行品质分析、DNA 指纹检测等。对非转基因品种进行转基因成分检测；对转基因品种进行转化体真实性检测，并对转基因目标性状与转化体特征特性一致性检测报告进行验证。

每一个品种的区域试验，试验时间不少于两个生产周期，田间试验设计采用随机区组或间比法排列。同一生态类型区试验点，国家级不少于 10 个，省级不少于 5 个。

第十九条　生产试验在区域试验完成后，在同一生态类型区，按照当地主要生产方式，在接近大田生产条件下对品种的丰产性、稳产性、适应性、抗逆性等进一步验证。

每一个品种的生产试验点数量不少于区域试验点，每一个品种在一个试验点的种植面积不少于 300 平方米，不大于 3000 平方米，试验时间不少于一个生产周期。

第一个生产周期综合性状突出的品种，生产试验可与第二个生产周期的区域试验同步进行。

第二十条　区域试验、生产试验对照品种应当是同一生态类型区同期生产上推广应用的已审定品种，具备良好的代表性。

对照品种由品种试验组织实施单位提出，品种审定委员会相关专业委员会确认，并根据农业生产发展的需要适时更换。

省级农作物品种审定委员会应当将省级区域试验、生产试验对照品种报国家农作物品种审定委员会备案。

第二十一条　区域试验、生产试验、DUS 测试承担单位应当具备独立法人资格，具有稳定的试验用地、仪器设备、技术人员。

品种试验技术人员应当具有相关专业大专以上学历或中级以上专业技术职称、品种试验相关工作经历，并定期接受相关技术培训。

抗逆性鉴定由品种审定委员会指定的鉴定机构承担，品质检测、DNA 指纹检测、转基因检测由具有资质的检测机构承担。

品种试验、测试、鉴定承担单位与个人应当对数据的真实性负责。

转基因品种试验承担单位应当依照《农业转基因生物安全管理条例》及相关法律、行政法规和部门规章等的规定，采取相应的安全管理、防范措施。

第二十二条　品种试验组织实施单位应当会同品种审定委员会办公室，定期组织开展品种试验考察，检查试验质量、鉴评试验品种表现，并形成考察报告，对田间表现出严重缺陷的品种保留现场图片资料。

第二十三条 品种试验组织实施单位应当在每个生产周期结束后45日内召开品种试验总结会议。品种审定委员会专业委员会根据试验汇总结果、试验考察情况，确定品种是否终止试验、继续试验、提交审定，由品种审定委员会办公室将品种处理结果及时通知申请者。

第二十四条 申请者具备试验能力并且试验品种是自有品种的，可以按照下列要求自行开展品种试验：

（一）在国家级或省级品种区域试验基础上，自行开展生产试验；

（二）自有品种属于特殊用途品种的，自行开展区域试验、生产试验，生产试验可与第二个生产周期区域试验合并进行。特殊用途品种的范围、试验要求由同级品种审定委员会确定；

（三）申请者属于企业联合体、科企联合体和科研单位联合体的，组织开展相应区组的品种试验。联合体成员数量应当不少于5家，并且签订相关合作协议，按照同权同责原则，明确责任义务。一个法人单位在同一试验区组内只能参加一个试验联合体。前款规定自行开展品种试验的实施方案应当在播种前30日内报国家级或省级品种试验组织实施单位，符合条件的纳入国家级或省级品种试验统一管理。

第二十五条 申请审定的转基因品种，除目标性状外，其他特征特性与受体品种无变化，受体品种已通过审定且未撤销审定，按以下两种情形进行品种试验：

（一）申请审定的适宜种植区域在受体品种适宜种植区域范围内，可简化试验程序，只需开展一年的生产试验；

（二）申请审定的适宜种植区域不在受体品种适宜种植区域范围内的，应当开展两年区域试验、一年生产试验。

对于转育的新品种，应当开展两年区域试验、一年生产试验和DUS测试。

第二十六条 DUS测试由申请者自主或委托农业农村部授权的测试机构开展，接受农业农村部科技发展中心指导。

申请者自主测试的，应当在播种前30日内按照审定级别将测试方案报农业农村部科技发展中心或省级种子管理机构。农业农村部科技发展中心、省级种子管理机构分别对国家级审定、省级审定DUS测试过程进行监督检查，对样品和测试报告的真实性进行抽查验证。

DUS测试所选择近似品种应当为特征特性最为相似的品种，DUS测试依据相应主要农作物DUS测试指南进行。测试报告应当由法人代表或法人代表授权签字。

第二十七条 符合农业农村部规定条件、获得选育生产经营相结合许可证的种子企业（以下简称“育繁推一体化种子企业”），对其自主研发的主要农作物非转基因品种可以在相应生态区自行开展品种试验，完成试验程序后提交申请材料。试验实施方案应当在播种前30日内报国家级或省级品种试验组织实施单位备案。育繁推一体化种子企业应当建立包括品种选育过程、试验实施方案、试验原始数据等相关信息的档案，并对试验数据的真实性负责，保证可追溯。

第五章 审定与公告

第二十八条 对于完成试验程序的品种，申请者、品种试验组织实施单位、育繁推一体化种子企业应当在2月底和9月底前分别将稻、玉米、棉花、大豆品种和小麦品种各试验点数据、汇总结果、DNA指纹检测报告、DUS测试报告、转化体真实性检测报告等提交品种审定委员会办公室。

品种审定委员会办公室在30日内提交品种审定委员会相关专业委员会初审，专业委员会应当在30日内完成初审。

第二十九条　初审品种时，各专业委员会应当召开全体会议，到会委员达到该专业委员会委员总数三分之二以上的，会议有效。对品种的初审，根据审定标准，采用无记名投票表决，赞成票数达到该专业委员会委员总数二分之一以上的品种，通过初审。

专业委员会对育繁推一体化种子企业提交的品种试验数据等材料进行审核，达到审定标准的，通过初审。

第三十条　初审实行回避制度。专业委员会主任的回避，由品种审定委员会办公室决定；其他委员的回避，由专业委员会主任决定。

第三十一条　初审通过的品种，由品种审定委员会办公室在30日内将初审意见及各试点试验数据、汇总结果，在同级农业农村主管部门官方网站公示，公示期不少于30日。

第三十二条　公示期满后，品种审定委员会办公室应当将初审意见、公示结果，提交品种审定委员会主任委员会审核。主任委员会应当在30日内完成审核。审核同意的，通过审定。

育繁推一体化种子企业自行开展自主研发品种试验，品种通过初审后，应当在公示期内将品种标准样品提交至农业农村部指定的植物品种标准样品库保存。

第三十三条　审定通过的品种，由品种审定委员会编号、颁发证书，同级农业农村主管部门公告。

省级审定的农作物品种在公告前，应当由省级人民政府农业农村主管部门将品种名称等信息报农业农村部公示，公示期为15个工作日。

第三十四条　审定编号为审定委员会简称、作物种类简称、年号、序号，其中序号为四位数。

第三十五条　审定公告内容包括：审定编号、品种名称、申请者、育种者、品种来源、形态特征、生育期（组）、产量、品质、抗逆性、栽培技术要点、适宜种植区域及注意事项等。

转基因品种还应当包括转化体所有者、转化体名称、农业转基因生物安全证书编号、转基因目标性状等。

省级品种审定公告，应当在发布后30日内报国家农作物品种审定委员会备案。

审定公告公布的品种名称为该品种的通用名称。禁止在生产、经营、推广过程中擅自更改该品种的通用名称。

第三十六条　审定证书内容包括：审定编号、品种名称、申请者、育种者、品种来源、审定意见、公告号、证书编号。

转基因品种还应当包括转化体所有者、转化体名称、农业转基因生物安全证书编号。

第三十七条　审定未通过的品种，由品种审定委员会办公室在30日内书面通知申请者。申请者对审定结果有异议的，可以自接到通知之日起30日内向原品种审定委员会或者国家级品种审定委员会申请复审。品种审定委员会应当在下一次审定会议期间对复审理由、原审定文件和原审定程序进行复审。对病虫害鉴定结果提出异议的，品种审定委员会认为有必要的，安排其他单位再次鉴定。

品种审定委员会办公室应当在复审后30日内将复审结果书面通知申请者。

第三十八条　品种审定标准，由同级农作物品种审定委员会制定。审定标准应当有利于产量、品质、抗性等的提高与协调，有利于适应市场和生活消费需要的品种的推广。

省级品种审定标准，应当在发布后30日内报国家农作物品种审定委员会备案。

制定品种审定标准，应当公开征求意见。

第六章　引种备案

第三十九条　省级人民政府农业农村主管部门应当建立同一适宜生态区省际品种试验数据共享互认机制，开展引种备案。

第四十条　通过省级审定的品种，其他省、自治区、直辖市属于同一适宜生态区的地域引种的，引种者应当报所在省、自治区、直辖市人民政府农业农村主管部门备案。

备案时，引种者应当填写引种备案表，包括作物种类、品种名称、引种者名称、联系方式、审定品种适宜种植区域、拟引种区域等信息。

第四十一条　引种者应当在拟引种区域开展不少于1年的适应性、抗病性试验，对品种的真实性、安全性和适应性负责。具有植物新品种权的品种，还应当经过品种权人的同意。

第四十二条　省、自治区、直辖市人民政府农业农村主管部门及时发布引种备案公告，公告内容包括品种名称、引种者、育种者、审定编号、引种适宜种植区域等内容。公告号格式为：(×)引种〔×〕第×号，其中，第一个“×”为省、自治区、直辖市简称，第二个“×”为年号，第三个“×”为序号。

第四十三条　国家审定品种同一适宜生态区，由国家农作物品种审定委员会确定。省级审定品种同一适宜生态区，由省级农作物品种审定委员会依据国家农作物品种审定委员会确定的同一适宜生态区具体确定。

第七章　撤销审定

第四十四条　审定通过的品种，有下列情形之一的，应当撤销审定：

(一)在使用过程中出现不可克服严重缺陷的；

(二)种性严重退化或失去生产利用价值的；

(三)未按要求提供品种标准样品或者标准样品不真实的；

(四)以欺骗、伪造试验数据等不正当方式通过审定的；

(五)农业转基因生物安全证书已过期的。

第四十五条　拟撤销审定的品种，由品种审定委员会办公室在书面征求品种审定申请者意见后提出建议，经专业委员会初审后，在同级农业农村主管部门官方网站公示，公示期不少于30日。

公示期满后，品种审定委员会办公室应当将初审意见、公示结果，提交品种审定委员会主任委员会审核，主任委员会应当在30日内完成审核。审核同意撤销审定的，由同级农业农村主管部门予以公告。

第四十六条　公告撤销审定的品种，自撤销审定公告发布之日起停止生产、广告，自撤销审定公告发布一个生产周期后停止推广、销售。品种审定委员会认为有必要的，可以决定自撤销审定公告发布之日起停止推广、销售。

省级品种撤销审定公告，应当在发布后30日内报国家农作物品种审定委员会备案。

第八章　监督管理

第四十七条　农业农村部建立全国农作物品种审定数据信息系统，实现国家和省两级品种试验与审定网上申请、受理、审核、发布，品种试验数据、审定通过品种、撤销审定品种、引种备案品种、标准样品、转化体等信息互联共享，审定证书网上统一打印。审定证书格式由国家农作物品种审定委员会统一制定。

省级以上人民政府农业农村主管部门应当在统一的政府信息发布平台上发布品种审定、撤销审定、引种备案、监督管理等信息，接受监督。

第四十八条 品种试验、审定单位及工作人员，对在试验、审定过程中获知的申请者的商业秘密负有保密义务，不得对外提供申请品种审定的种子或者谋取非法利益。

第四十九条 品种审定委员会委员和工作人员应当忠于职守，公正廉洁。品种审定委员会委员、工作人员不依法履行职责，弄虚作假、徇私舞弊的，依法给予处分；自处分决定作出之日起五年内不得从事品种审定工作。

第五十条 申请者在申请品种审定过程中有欺骗、贿赂等不正当行为的，三年内不受理其申请。

联合体成员单位弄虚作假的，终止联合体品种试验审定程序；弄虚作假成员单位三年内不得申请品种审定，不得再参加联合体试验；其他成员单位应当承担连带责任，三年内不得参加其他联合体试验。

第五十一条 品种测试、试验、鉴定机构伪造试验数据或者出具虚假证明的，按照《种子法》第七十二条及有关法律行政法规的规定进行处罚。

第五十二条 育繁推一体化种子企业自行开展品种试验和申请审定有造假行为的，由省级以上人民政府农业农村主管部门处一百万元以上五百万元以下罚款；不得再自行开展品种试验；给种子使用者和其他种子生产经营者造成损失的，依法承担赔偿责任。

第五十三条 农业农村部对省级人民政府农业农村主管部门的品种审定工作进行监督检查，未依法开展品种审定、引种备案、撤销审定的，责令限期改正，依法给予处分。

第五十四条 违反本办法规定，构成犯罪的，依法追究刑事责任。

第九章 附则

第五十五条 农作物品种审定所需工作经费和品种试验经费，列入同级农业农村主管部门财政专项经费预算。

第五十六条 育繁推一体化企业自行开展试验的品种和联合体组织开展试验的品种，不再参加国家级和省级试验组织实施单位组织的相应区组品种试验。

第五十七条 本办法自2016年8月15日起施行，农业部2001年2月26日发布、2007年11月8日和2014年2月1日修订的《主要农作物品种审定办法》，以及2001年2月26日发布的《主要农作物范围规定》同时废止。

附件1.3 《农作物种子生产经营许可管理办法》

（2016年7月8日农业部令2016年第5号公布，2017年11月30日农业部令2017年第8号、2019年4月25日农业农村部令2019年第2号、2020年7月8日农业农村部令第5号、2022年1月7日农业农村部令2022年第1号、2022年1月21日农业农村部令2022年第2号修订）

第一章　总则

第一条　为加强农作物种子生产经营许可管理，规范农作物种子生产经营秩序，根据《中华人民共和国种子法》，制定本办法。

第二条　农作物种子生产经营许可证的申请、审核、核发和监管，适用本办法。

第三条　县级以上人民政府农业农村主管部门按照职责分工，负责农作物种子生产经营许可证的受理、审核、核发和监管工作。

第四条　负责审核、核发农作物种子生产经营许可证的农业农村主管部门，应当将农作物种子生产经营许可证的办理条件、程序等在办公场所公开。

第五条　农业农村主管部门应当按照保障农业生产安全、提升农作物品种选育和种子生产经营水平、促进公平竞争、强化事中事后监管的原则，依法加强农作物种子生产经营许可管理。

第二章　申请条件

第六条　申请领取种子生产经营许可证的企业，应当具有与种子生产经营相适应的设施、设备、品种及人员，符合本办法规定的条件。

第七条　申请领取主要农作物常规种子或非主要农作物种子生产经营许可证的企业，应当具备以下条件：

（一）基本设施。生产经营主要农作物常规种子的，具有办公场所150平方米以上、检验室100平方米以上、加工厂房500平方米以上、仓库500平方米以上；生产经营非主要农作物种子的，具有办公场所100平方米以上、检验室50平方米以上、加工厂房100平方米以上、仓库100平方米以上。

（二）检验仪器。具有净度分析台、电子秤、样品粉碎机、烘箱、生物显微镜、电子天平、扦样器、分样器、发芽箱等检验仪器，满足种子质量常规检测需要。

（三）加工设备。具有与其规模相适应的种子加工、包装等设备。其中，生产经营主要农作物常规种子的，应当具有种子加工成套设备，生产经营常规小麦种子的，成套设备总加工能力10吨/小时以上；生产经营常规稻种子的，成套设备总加工能力5吨/小时以上；生产经营常规大豆种子的，成套设备总加工能力3吨/小时以上；生产经营常规棉花种子的，成套设备总加工能力1吨/小时以上。

（四）人员。具有种子生产、加工贮藏和检验专业技术人员各2名以上。

（五）品种。生产经营主要农作物常规种子的，生产经营的品种应当通过审定，并具有1个以上与申请作物类别相应的审定品种；生产经营登记作物种子的，应当具有1个以上的登记品种。生产经营授权品种种子的，应当征得品种权人的书面同意。

（六）生产环境。生产地点无检疫性有害生物，并具有种子生产的隔离和培育条件。

（七）农业农村部规定的其他条件。

第八条　申请领取主要农作物杂交种子及其亲本种子生产经营许可证的企业，应当具备以下条件：

（一）基本设施。具有办公场所200平方米以上、检验室150平方米以上、加工厂房500平方米以上、仓库500平方米以上。

（二）检验仪器。除具备本办法第七条第二项规定的条件外，还应当具有 PCR 扩增仪及产物检测配套设备、酸度计、高压灭菌锅、磁力搅拌器、恒温水浴锅、高速冷冻离心机、成套移液器等仪器设备，能够开展种子水分、净度、纯度、发芽率四项指标检测及品种分子鉴定。

（三）加工设备。具有种子加工成套设备，生产经营杂交玉米种子的，成套设备总加工能力 10 吨/小时以上；生产经营杂交稻种子的，成套设备总加工能力 5 吨/小时以上；生产经营其他主要农作物杂交种子的，成套设备总加工能力 1 吨/小时以上。

（四）人员。具有种子生产、加工贮藏和检验专业技术人员各 5 名以上。

（五）品种。生产经营的品种应当通过审定，并具有自育品种或作为第一选育人的审定品种 1 个以上，或者合作选育的审定品种 2 个以上，或者受让品种权的品种 3 个以上。生产经营授权品种种子的，应当征得品种权人的书面同意。

（六）具有本办法第七条第六项规定的条件。

（七）农业农村部规定的其他条件。

第九条　申请领取实行选育生产经营相结合、有效区域为全国的种子生产经营许可证的企业，应当具备以下条件：

（一）基本设施。具有办公场所 500 平方米以上，冷藏库 200 平方米以上。生产经营主要农作物种子或马铃薯种薯的，具有检验室 300 平方米以上；生产经营其他农作物种子的，具有检验室 200 平方米以上。生产经营杂交玉米、杂交稻、小麦种子或马铃薯种薯的，具有加工厂房 1000 平方米以上、仓库 2000 平方米以上；生产经营棉花、大豆种子的，具有加工厂房 500 平方米以上、仓库 500 平方米以上；生产经营其他农作物种子的，具有加工厂房 200 平方米以上、仓库 500 平方米以上。

（二）育种机构及测试网络。具有专门的育种机构和相应的育种材料，建有完整的科研育种档案。生产经营杂交玉米、杂交稻种子的，在全国不同生态区有测试点 30 个以上和相应的播种、收获、考种设施设备；生产经营其他农作物种子的，在全国不同生态区有测试点 10 个以上和相应的播种、收获、考种设施设备。

（三）育种基地。具有自有或租用（租期不少于 5 年）的科研育种基地。生产经营杂交玉米、杂交稻种子的，具有分布在不同生态区的育种基地 5 处以上、总面积 200 亩以上；生产经营其他农作物种子的，具有分布在不同生态区的育种基地 3 处以上、总面积 100 亩以上。

（四）品种。生产经营主要农作物种子的，生产经营的品种应当通过审定，并具有相应作物的作为第一育种者的国家级审定品种 3 个以上，或者省级审定品种 6 个以上（至少包含 3 个省份审定通过），或者国家级审定品种 2 个和省级审定品种 3 个以上，或者国家级审定品种 1 个和省级审定品种 5 个以上。生产经营杂交稻种子同时生产经营常规稻种子的，除具有杂交稻要求的品种条件外，还应当具有常规稻的作为第一育种者的国家级审定品种 1 个以上或者省级审定品种 3 个以上。生产经营非主要农作物种子的，应当具有相应作物的以本企业名义单独申请获得植物新品种权的品种 5 个以上。生产经营授权品种种子的，应当征得品种权人的书面同意。

（五）生产规模。生产经营杂交玉米种子的，近 3 年年均种子生产面积 2 万亩以上；生产经营杂交稻种子的，近 3 年年均种子生产面积 1 万亩以上；生产经营其他农作物种子的，近 3 年年均种子生产的数量不低于该类作物 100 万亩的大田用种量。

（六）种子经营。具有健全的销售网络和售后服务体系。生产经营杂交玉米种子的，在申请之日前3年内至少有1年，杂交玉米种子销售额2亿元以上或占该类种子全国市场份额的1%以上；生产经营杂交稻种子的，在申请之日前3年内至少有1年，杂交稻种子销售额1.2亿元以上或占该类种子全国市场份额的1%以上；生产经营蔬菜种子的，在申请之日前3年内至少有1年，蔬菜种子销售额8000万元以上或占该类种子全国市场份额的1%以上；生产经营其他农作物种子的，在申请之日前3年内至少有1年，其种子销售额占该类种子全国市场份额的1%以上。

（七）种子加工。具有种子加工成套设备，生产经营杂交玉米、小麦种子的，总加工能力20吨/小时以上；生产经营杂交稻种子的，总加工能力10吨/小时以上（含窝眼清选设备）；生产经营大豆种子的，总加工能力5吨/小时以上；生产经营其他农作物种子的，总加工能力1吨/小时以上。生产经营杂交玉米、杂交稻、小麦种子的，还应当具有相应的干燥设备。

（八）人员。生产经营杂交玉米、杂交稻种子的，具有本科以上学历或中级以上职称的专业育种人员10人以上；生产经营其他农作物种子的，具有本科以上学历或中级以上职称的专业育种人员6人以上。生产经营主要农作物种子的，具有专职的种子生产、加工贮藏和检验专业技术人员各5名以上；生产经营非主要农作物种子的，具有专职的种子生产、加工贮藏和检验专业技术人员各3名以上。

（九）具有本办法第七条第六项、第八条第二项规定的条件。

（十）农业农村部规定的其他条件。

第十条 申请领取转基因农作物种子生产经营许可证的企业，应当具备下列条件：

（一）农业转基因生物安全管理人员2名以上；

（二）种子生产地点、经营区域在农业转基因生物安全证书批准的区域内；

（三）有符合要求的隔离和生产条件；

（四）有相应的农业转基因生物安全管理、防范措施；

（五）农业农村部规定的其他条件。

从事种子进出口业务、转基因农作物种子生产经营的企业和外商投资企业申请领取种子生产经营许可证，除具备本办法规定的相应农作物种子生产经营许可证核发的条件外，还应当符合有关法律、行政法规规定的其他条件。

第十一条 申请领取种子生产经营许可证，应当提交以下材料：

（一）种子生产经营许可证申请表（式样见附件1）；

（二）单位性质、股权结构等基本情况，公司章程、营业执照复印件，设立分支机构、委托生产种子、委托代销种子以及以购销方式销售种子等情况说明；

（三）种子生产、加工贮藏、检验专业技术人员和农业转基因生物安全管理人员的基本情况，企业法定代表人和高级管理人员名单及其种业从业简历；

（四）种子检验室、加工厂房、仓库和其他设施的自有产权或自有资产的证明材料；办公场所自有产权证明复印件或租赁合同；种子检验、加工等设备清单和购置发票复印件；相关设施设备的情况说明及实景照片；

（五）品种审定证书复印件；生产经营转基因农作物种子的，提交农业转基因生物安全证书复印件；生产经营授权品种种子的，提交植物新品种权证书复印件及品种权人的书面同意证明；

（六）委托种子生产合同复印件或自行组织种子生产的情况说明和证明材料；

（七）种子生产地点检疫证明；

（八）农业转基因生物安全管理、防范措施和隔离、生产条件的说明；

（九）农业农村部规定的其他材料。

第十二条 申请领取选育生产经营相结合、有效区域为全国的种子生产经营许可证，除提交本办法第十一条所规定的材料外，还应当提交以下材料：

（一）自有科研育种基地证明或租用科研育种基地的合同复印件；

（二）品种试验测试网络和测试点情况说明，以及相应的播种、收获、烘干等设备设施的自有产权证明复印件及实景照片；

（三）育种机构、科研投入及育种材料、科研活动等情况说明和证明材料，育种人员基本情况及其企业缴纳的社保证明复印件；

（四）近三年种子生产地点、面积和基地联系人等情况说明和证明材料；

（五）种子经营量、经营额及其市场份额的情况说明和证明材料；

（六）销售网络和售后服务体系的建设情况。

第三章 受理、审核与核发

第十三条 种子生产经营许可证实行分级审核、核发。

（一）从事主要农作物常规种子生产经营及非主要农作物种子经营的，其种子生产经营许可证由企业所在地县级以上地方农业农村主管部门核发；

（二）从事主要农作物杂交种子及其亲本种子生产经营以及实行选育生产经营相结合、有效区域为全国的种子企业，其种子生产经营许可证由企业所在地县级农业农村主管部门审核，省、自治区、直辖市农业农村主管部门核发；

（三）从事农作物种子进出口业务以及转基因农作物种子生产经营的，其种子生产经营许可证由农业农村部核发。

第十四条 农业农村主管部门对申请人提出的种子生产经营许可申请，应当根据下列情况分别作出处理：

（一）不需要取得种子生产经营许可的，应当即时告知申请人不受理；

（二）不属于本部门职权范围的，应当即时作出不予受理的决定，并告知申请人向有关部门申请；

（三）申请材料存在可以当场更正的错误的，应当允许申请人当场更正；

（四）申请材料不齐全或者不符合法定形式的，应当当场或者在五个工作日内一次告知申请人需要补正的全部内容，逾期不告知的，自收到申请材料之日起即为受理；

（五）申请材料齐全、符合法定形式，或者申请人按照要求提交全部补正申请材料的，应当予以受理。

第十五条 审核机关应当对申请人提交的材料进行审查，并对申请人的办公场所和种子加工、检验、仓储等设施设备进行实地考察，查验相关申请材料原件。

审核机关应当自受理申请之日起二十个工作日内完成审核工作。具备本办法规定条件的，签署审核意见，上报核发机关；审核不予通过的，书面通知申请人并说明理由。

第十六条 核发机关应当自受理申请或收到审核意见之日起二十个工作日内完成核发工作。核发机关认为有必要的，可以进行实地考察并查验原件。符合条件的，发给种子生产经营许可证并予以公告;不符合条件的,书面通知申请人并说明理由。

选育生产经营相结合、有效区域为全国的种子生产经营许可证,核发机关应当在核发前在中国种业信息网公示五个工作日。

第四章 许可证管理

第十七条 种子生产经营许可证设主证、副证(式样见附件 2)。主证注明许可证编号、企业名称、统一社会信用代码、住所、法定代表人、生产经营范围、生产经营方式、有效区域、有效期至、发证机关、发证日期;副证注明生产种子的作物种类、种子类别、品种名称及审定(登记)编号、种子生产地点等内容。

(一)许可证编号为"__(××××)农种许字(××××)第××××号"。"__"上标注生产经营类型,A 为实行选育生产经营相结合,B 为主要农作物杂交种子及其亲本种子,C 为其他主要农作物种子,D 为非主要农作物种子,E 为种子进出口,F 为外商投资企业,G 为转基因农作物种子;第一个括号内为发证机关所在地简称,格式为"省地县";第二个括号内为首次发证时的年号;"第××××号"为四位顺序号。

(二)生产经营范围按生产经营种子的作物名称填写,蔬菜、花卉、麻类按作物类别填写。

(三)生产经营方式按生产、加工、包装、批发、零售或进出口填写。

(四)有效区域。实行选育生产经营相结合的种子生产经营许可证的有效区域为全国。其他种子生产经营许可证的有效区域由发证机关在其管辖范围内确定。

(五)生产地点为种子生产所在地,主要农作物杂交种子标注至县级行政区域,其他作物标注至省级行政区域。

种子生产经营许可证加注许可信息代码。许可信息代码应当包括种子生产经营许可相关内容,由发证机关打印许可证书时自动生成。

第十八条 种子生产经营许可证载明的有效区域是指企业设立分支机构的区域。

种子生产地点不受种子生产经营许可证载明的有效区域限制,由发证机关根据申请人提交的种子生产合同复印件及无检疫性有害生物证明确定。

种子销售活动不受种子生产经营许可证载明的有效区域限制,但种子的终端销售地应当在品种审定、品种登记或标签标注的适宜区域内。

第十九条 种子生产经营许可证有效期为五年。转基因农作物种子生产经营许可证有效期不得超出农业转基因生物安全证书规定的有效期限。

在有效期内变更主证载明事项的,应当向原发证机关申请变更并提交相应材料,原发证机关应当依法进行审查,办理变更手续。

在有效期内变更副证载明的生产种子的品种、地点等事项的,应当在播种三十日前向原发证机关申请变更并提交相应材料,申请材料齐全且符合法定形式的,原发证机关应当当场予以变更登记。

种子生产经营许可证期满后继续从事种子生产经营的,企业应当在期满六个月前重新提出申请。

第二十条 在种子生产经营许可证有效期内,有下列情形之一的,发证机关应当注销许可证,并予以公告:

(一)企业停止生产经营活动一年以上的;

(二)企业不再具备本办法规定的许可条件,经限期整改仍达不到要求的。

第五章　监督检查

第二十一条　有下列情形之一的,不需要办理种子生产经营许可证:

(一)农民个人自繁自用常规种子有剩余,在当地集贸市场上出售、串换的;

(二)在种子生产经营许可证载明的有效区域设立分支机构的;

(三)专门经营不再分装的包装种子的;

(四)受具有种子生产经营许可证的企业书面委托生产、代销其种子的。

前款第一项所称农民,是指以家庭联产承包责任制的形式签订农村土地承包合同的农民;所称当地集贸市场,是指农民所在的乡(镇)区域。农民个人出售、串换的种子数量不应超过其家庭联产承包土地的年度用种量。违反本款规定出售、串换种子的,视为无证生产经营种子。

第二十二条　种子生产经营者在种子生产经营许可证载明有效区域设立的分支机构,应当在取得或变更分支机构营业执照后十五个工作日内向当地县级农业农村主管部门备案。备案时应当提交分支机构的营业执照复印件、设立企业的种子生产经营许可证复印件以及分支机构名称、住所、负责人、联系方式等材料(式样见附件3)。

第二十三条　专门经营不再分装的包装种子或者受具有种子生产经营许可证的企业书面委托代销其种子的,应当在种子销售前向当地县级农业农村主管部门备案,并建立种子销售台账。备案时应当提交种子销售者的营业执照复印件、种子购销凭证或委托代销合同复印件,以及种子销售者名称、住所、经营方式、负责人、联系方式、销售地点、品种名称、种子数量等材料(式样见附件4)。种子销售台账应当如实记录销售种子的品种名称、种子数量、种子来源和种子去向。

第二十四条　受具有种子生产经营许可证的企业书面委托生产其种子的,应当在种子播种前向当地县级农业农村主管部门备案。受委托生产转基因农作物种子的,应当有专门的管理人员和经营档案,有相应的安全管理、防范措施及国务院农业农村主管部门规定的其他条件。备案时应当提交委托企业的种子生产经营许可证复印件、委托生产合同,以及种子生产者名称、住所、负责人、联系方式、品种名称、生产地点、生产面积等材料(式样见附件5)。受托生产杂交玉米、杂交稻种子的,还应当提交与生产所在地农户、农民合作组织或村委会的生产协议。受委托生产转基因种子的,还应当提交转基因生物安全证书复印件。

第二十五条　种子生产经营者应当建立包括种子田间生产、加工包装、销售流通等环节形成的原始记载或凭证的种子生产经营档案,具体内容如下:

(一)田间生产方面:技术负责人,作物类别、品种名称、亲本(原种)名称、亲本(原种)来源,生产地点、生产面积、播种日期、隔离措施、产地检疫、收获日期、种子产量等。委托种子生产的,还应当包括种子委托生产合同。

(二)加工包装方面:技术负责人,品种名称、生产地点,加工时间、加工地点、包装规格、种子批次、标签标注,入库时间、种子数量、质量检验报告等。

(三)流通销售方面:经办人,种子销售对象姓名及地址、品种名称、包装规格、销售数量、销售时间、销售票据。批量购销的,还应包括种子购销合同。

种子生产经营者应当至少保存种子生产经营档案五年,确保档案记载信息连续、完整、真实,保证可追溯。档案材料含有复印件的,应当注明复印时间并经相关责任人签章。

第二十六条 种子生产经营者应当按批次保存所生产经营的种子样品，样品至少保存该类作物两个生产周期。

第二十七条 申请人故意隐瞒有关情况或者提供虚假材料申请种子生产经营许可证的，农业农村主管部门应当不予许可，并将申请人的不良行为记录在案，纳入征信系统。申请人在一年内不得再次申请种子生产经营许可证。

申请人以欺骗、贿赂等不正当手段取得种子生产经营许可证的，农业农村主管部门应当撤销种子生产经营许可证，并将申请人的不良行为记录在案，纳入征信系统。申请人在三年内不得再次申请种子生产经营许可证。

第二十八条 农业农村主管部门应当对种子生产经营行为进行监督检查，发现不符合本办法的违法行为，按照《中华人民共和国种子法》有关规定进行处理。

核发、撤销、吊销、注销种子生产经营许可证的有关信息，农业农村主管部门应当依法予以公布，并在中国种业信息网上及时更新信息。

对管理过程中获知的种子生产经营者的商业秘密，农业农村主管部门及其工作人员应当依法保密。

第二十九条 上级农业农村主管部门应当对下级农业农村主管部门的种子生产经营许可行为进行监督检查。有下列情形的，责令改正，对直接负责的主管人员和其他直接责任人依法给予行政处分；涉嫌犯罪的，及时将案件移送司法机关，依法追究刑事责任：

（一）未按核发权限发放种子生产经营许可证的；

（二）擅自降低核发标准发放种子生产经营许可证的；

（三）其他未依法核发种子生产经营许可证的。

第六章 附则

第三十条 本办法所称种子生产经营，是指种植、采收、干燥、清选、分级、包衣、包装、标识、贮藏、销售及进出口种子的活动；种子生产是指繁（制）种的种植、采收的田间活动。

第三十一条 本办法所称种子加工成套设备，是指主机和配套系统相互匹配并固定安装在加工厂房内，实现种子精选、包衣、计量和包装基本功能的加工系统。主机主要包括风筛清选机（风选部分应具有前后吸风道，双沉降室；筛选部分应具有三层以上筛片）、比重式清选机和电脑计量包装设备；配套系统主要包括输送系统、储存系统、除尘系统、除杂系统和电控系统。

第三十二条 本办法规定的科研育种、生产、加工、检验、贮藏等设施设备，应为申请企业自有产权或自有资产，或者为其绝对控股子公司的自有产权或自有资产。办公场所应在种子生产经营许可证核发机关所辖行政区域，可以租赁。对申请企业绝对控股子公司的自有品种可以视为申请企业的自有品种。申请企业的绝对控股子公司不可重复利用上述办证条件申请办理种子生产经营许可证。

第三十三条 本办法所称不再分装的包装种子，是指按有关规定和标准包装的、不再分拆的最小包装种子。分装种子的，应当取得种子生产经营许可证，保证种子包装的完整性，并对其所分装种子负责。

有性繁殖作物的籽粒、果实，包括颖果、荚果、蒴果、核果等以及马铃薯微型脱毒种薯应当包装。无性繁殖的器官和组织、种苗以及不宜包装的非籽粒种子可以不包装。

种子包装应当符合有关国家标准或者行业标准。

第三十四条　申请领取鲜食、爆裂玉米的种子生产经营许可证的，按非主要农作物种子的许可条件办理。

第三十五条　生产经营无性繁殖的器官和组织、种苗、种薯以及不宜包装的非籽粒种子的，应当具有相适应的设施、设备、品种及人员，具体办法由省级农业农村主管部门制定，报农业农村部备案。

第三十六条　没有设立农业农村主管部门的行政区域，种子生产经营许可证由上级行政区域农业农村主管部门审核、核发。

第三十七条　种子生产经营许可证由农业农村部统一印制，相关表格格式由农业农村部统一制定。种子生产经营许可证的申请、受理、审核、核发和打印，以及种子生产经营备案管理，在中国种业信息网统一进行。

第三十八条　本办法自2016年8月15日起施行。农业部2011年8月22日公布、2015年4月29日修订的《农作物种子生产经营许可管理办法》（农业部令2011年第3号）和2001年2月26日公布的《农作物商品种子加工包装规定》（农业部令第50号）同时废止。

本办法施行之日前已取得的农作物种子生产、经营许可证有效期不变，有效期在本办法发布之日至2016年8月15日届满的企业，其原有种子生产、经营许可证的有效期自动延展至2016年12月31日。

本办法施行之日前已取得农作物种子生产、经营许可证且在有效期内，申请变更许可证载明事项的，按本办法第十三条规定程序办理。

附件：

1. 农作物种子生产经营许可证申请表（式样）
2. 农作物种子生产经营许可证（式样）
3. 农作物种子生产经营备案表（分支机构）（式样）
4. 农作物种子生产经营备案表（经营代销种子/经营不分装种子）（式样）
5. 农作物种子生产经营备案表（种子生产者）（式样）

附件 1：

农作物种子生产经营许可证申请表(式样)

( )农种申字( )第 号

申请单位名称			
统一社会信用代码			
注册地址			
通信地址			
法定代表人		法定代表人身份证号	
联系人		联系电话	
邮政编码		电子邮箱	

基本情况	种子生产人员	名	加工贮藏人员	名
	种子检验人员	名	科研育种人员	名
	检验仪器	台	检验室面积	平方米
	加工成套设备	吨/小时	加工厂房面积	平方米
	仓库面积	平方米	办公场所面积	平方米
	科研室面积	平方米	生产基地面积	亩

申请事项	生产经营范围						
	生产经营方式						
	生产经营区域						
	作物种类	品种名称	品种审定(登记)编号	转基因安全证书编号	植物新品种权号	生产地点	加工包装地点

申请单位： 负责人(签章) 年 月 日	审核机关： 负责人(签章) 年 月 日

注：申请生产经营种子的作物种类和品种较多的，可另附页。

本表一式三份，申请单位一份、受理机关二份。

附件 2：

（许可信息代码标注位置）

农作物种子生产经营许可证（主证式样）

许可证编号：____（　　）农种许字（　　）第　号

企业名称：

住所：

法定代表人：

生产经营范围：

生产经营方式：

有效区域：

有效期至：

统一社会信用代码：

发证机关（盖章）

年　月　日

（许可信息代码标注位置）

农作物种子生产经营许可证（副证式样）

企业名称：　许可证编号：　（　）农种许字（　）第　号

发证日期：　　　　有效期至：

作物种类	种子类别	品种名称	品种审定（登记）编号	转基因种子		种子生产地点	备注
				转基因安全证书编号	品种有效期至		

经办人（签章）：　　　打印日期：______年____月____日

附件 3：

农作物种子生产经营备案表（式样）

（类型：分支机构）

分支机构名称：______________　统一社会信用代码：________

住　　　所：________________种子生产经营区域：________

负　责　人：（签章）　　　联系方式：______________

设立企业的种子生产经营许可证编号：____________________

备案日期：______年____月____日

备案机关：________________农业农村主管部门（盖章）

本表一式三份，分支机构一份、备案机关二份。

附件 4：

农作物种子生产经营备案表(式样)

(类型:经营代销种子/经营不分装种子)

备案者名称：__________ 统一社会信用代码：

住　　所：__________ 种子销售地点：

负　责　人：　(签章)　联系电话：

备案日期：____年____月____日

备案机关：______________农业农村主管部门(盖章)

序号	作物种类	种子类别	品种名称	种子数量(千克)	备注

本表一式三份,种子经营者一份、备案机关二份。

附件 5：

农作物种子生产经营备案表(式样)

(类型:种子生产者)

生产者名称：______________ 类　　别：　企业/农户　

身份证号码：______________ 住　　所：______________

负　责　人：　　(签章)　　联系电话：______________

备案日期：____年____月____日

备案机关：______________农业农村主管部门(盖章)

序号	作物种类	种子类别	品种名称	生产地点	生产面积(亩)	委托企业			备注
						单位名称	种子生产经营许可证号码	统一社会信用代码	

本表一式三份,种子生产者一份、备案机关二份。

附件 1.4 《农业综合行政执法管理办法》

(中华人民共和国农业农村部令 2022 年第 9 号,自 2023 年 1 月 1 日起施行)

第一章　总则

第一条　为加强农业综合行政执法机构和执法人员管理,规范农业行政执法行为,根据《中华人民共和国行政处罚法》等有关法律的规定,结合农业综合行政执法工作实际,制定本办法。

第二条　县级以上人民政府农业农村主管部门及农业综合行政执法机构开展农业综合行政执法工作及相关活动,适用本办法。

第三条 农业综合行政执法工作应当遵循合法行政、合理行政、诚实信用、程序正当、高效便民、权责统一的原则。

第四条 农业农村部负责指导和监督全国农业综合行政执法工作。

县级以上地方人民政府农业农村主管部门负责本辖区内农业综合行政执法工作。

第五条 县级以上地方人民政府农业农村主管部门应当明确农业综合行政执法机构与行业管理、技术支撑机构的职责分工，健全完善线索处置、信息共享、监督抽查、检打联动等协作配合机制，形成执法合力。

第六条 县级以上地方人民政府农业农村主管部门应当建立健全跨区域农业行政执法联动机制，加强与其他行政执法部门、司法机关的交流协作。

第七条 县级以上人民政府农业农村主管部门对农业行政执法工作中表现突出、有显著成绩和贡献或者有其他突出事迹的执法机构、执法人员，按照国家和地方人民政府有关规定给予表彰和奖励。

第八条 县级以上地方人民政府农业农村主管部门及其农业综合行政执法机构应当加强基层党组织和党员队伍建设，建立健全党风廉政建设责任制。

第二章 执法机构和人员管理

第九条 县级以上地方人民政府农业农村主管部门依法设立的农业综合行政执法机构承担并集中行使农业行政处罚以及与行政处罚相关的行政检查、行政强制职能，以农业农村部门名义统一执法。

第十条 省级农业综合行政执法机构承担并集中行使法律、法规、规章明确由省级人民政府农业农村主管部门及其所属单位承担的农业行政执法职责，负责查处具有重大影响的跨区域复杂违法案件，监督指导、组织协调辖区内农业行政执法工作。

市级农业综合行政执法机构承担并集中行使法律、法规、规章规定明确由市级人民政府农业农村主管部门及其所属单位承担的农业行政执法职责，负责查处具有较大影响的跨区域复杂违法案件及其直接管辖的市辖区内一般农业违法案件，监督指导、组织协调辖区内农业行政执法工作。

县级农业综合行政执法机构负责统一实施辖区内日常执法检查和一般农业违法案件查处工作。

第十一条 农业农村部建立健全执法办案指导机制，分领域遴选执法办案能手，组建全国农业行政执法专家库。

市级以上地方人民政府农业农村主管部门应当选调辖区内农业行政执法骨干组建执法办案指导小组，加强对基层农业行政执法工作的指导。

第十二条 县级以上地方人民政府农业农村主管部门应当建立与乡镇人民政府、街道办事处执法协作机制，引导和支持乡镇人民政府、街道办事处执法机构协助农业综合行政执法机构开展日常巡查、投诉举报受理以及调查取证等工作。

县级农业行政处罚权依法交由乡镇人民政府、街道办事处行使的，县级人民政府农业农村主管部门应当加强对乡镇人民政府、街道办事处综合行政执法机构的业务指导和监督，提供专业技术、业务培训等方面的支持保障。

第十三条 上级农业农村主管部门及其农业综合行政执法机构可以根据工作需要，经下级农业农村主管部门同意后，按程序调用下级农业综合行政执法机构人员开展调查、取证等执法工作。

持有行政执法证件的农业综合行政执法人员，可以根据执法协同工作需要，参加跨部门、跨区域、跨层级的行政执法活动。

第十四条 农业综合行政执法人员应当经过岗位培训，考试合格并取得行政执法证件后，方可从事行政执法工作。

农业综合行政执法机构应当鼓励和支持农业综合行政执法人员参加国家统一法律职业资格考试，取得法律职业资格。

第十五条 农业农村部负责制定全国农业综合行政执法人员培训大纲，编撰统编执法培训教材，组织开展地方执法骨干和师资培训。

县级以上地方人民政府农业农村主管部门应当制定培训计划，组织开展本辖区内执法人员培训。鼓励有条件的地方建设农业综合行政执法实训基地、现场教学基地。

农业综合行政执法人员每年应当接受不少于60学时的公共法律知识、业务法律知识和执法技能培训。

第十六条 县级以上人民政府农业农村主管部门应当定期开展执法练兵比武活动，选拔和培养业务水平高、综合素质强的执法办案能手。

第十七条 农业综合行政执法机构应当建立和实施执法人员定期轮岗制度，培养通专结合、一专多能的执法人才。

第十八条 县级以上人民政府农业农村主管部门可以根据工作需要，按照规定程序和权限为农业综合行政执法机构配置行政执法辅助人员。

行政执法辅助人员应当在农业综合行政执法机构及执法人员的指导和监督下开展行政执法辅助性工作。禁止辅助人员独立执法。

第三章 执法行为规范

第十九条 县级以上人民政府农业农村主管部门实施行政处罚及相关执法活动，应当做到事实清楚，证据充分，程序合法，定性准确，适用法律正确，裁量合理，文书规范。

农业综合行政执法人员应当依照法定权限履行行政执法职责，做到严格规范公正文明执法，不得玩忽职守、超越职权、滥用职权。

第二十条 县级以上人民政府农业农村主管部门应当通过本部门或者本级政府官方网站、公示栏、执法服务窗口等平台，向社会公开行政执法人员、职责、依据、范围、权限、程序等农业行政执法基本信息，并及时根据法律法规及机构职能、执法人员等变化情况进行动态调整。

县级以上人民政府农业农村主管部门作出涉及农产品质量安全、农资质量、耕地质量、动植物疫情防控、农机、农业资源生态环境保护、植物新品种权保护等具有一定社会影响的行政处罚决定，应当依法向社会公开。

第二十一条 县级以上人民政府农业农村主管部门应当通过文字、音像等形式，对农业行政执法的启动、调查取证、审核决定、送达执行等全过程进行记录，全面系统归档保存，做到执法全过程留痕和可回溯管理。

查封扣押财产、收缴销毁违法物品产品等直接涉及重大财产权益的现场执法活动，以及调查取证、举行听证、留置送达和公告送达等容易引发争议的行政执法过程，应当全程音像记录。

农业行政执法制作的法律文书、音像等记录资料，应当按照有关法律法规和档案管理规定归档保存。

第二十二条　县级以上地方人民政府农业农村主管部门作出涉及重大公共利益，可能造成重大社会影响或引发社会风险，案件情况疑难复杂、涉及多个法律关系等重大执法决定前，应当依法履行法制审核程序。未经法制审核或者审核未通过的，不得作出决定。

县级以上地方人民政府农业农村主管部门应当结合本部门行政执法行为类别、执法层级、所属领域、涉案金额等，制定本部门重大执法决定法制审核目录清单。

第二十三条　农业综合行政执法机构制作农业行政执法文书，应当遵照农业农村部制定的农业行政执法文书制作规范和农业行政执法基本文书格式。

农业行政执法文书的内容应当符合有关法律、法规和规章的规定，做到格式统一、内容完整、表述清楚、逻辑严密、用语规范。

第二十四条　农业农村部可以根据统一和规范全国农业行政执法裁量尺度的需要，针对特定的农业行政处罚事项制定自由裁量权基准。

县级以上地方人民政府农业农村主管部门应当根据法律、法规、规章以及农业农村部规定，制定本辖区农业行政处罚自由裁量权基准，明确裁量标准和适用条件，并向社会公开。

县级以上人民政府农业农村主管部门行使农业行政处罚自由裁量权，应当根据违法行为的事实、性质、情节、社会危害程度等，准确适用行政处罚种类和处罚幅度。

第二十五条　农业综合行政执法人员开展执法检查、调查取证、采取强制措施和强制执行、送达执法文书等执法时，应当主动出示执法证件，向当事人和相关人员表明身份，并按照规定要求统一着执法服装、佩戴农业执法标志。

第二十六条　农业农村部定期发布农业行政执法指导性案例，规范和统一全国农业综合行政执法法律适用。

县级以上人民政府农业农村主管部门应当及时发布辖区内农业行政执法典型案例，发挥警示和震慑作用。

第二十七条　农业综合行政执法机构应当坚持处罚与教育相结合，按照"谁执法谁普法"的要求，将法治宣传教育融入执法工作全过程。

县级农业综合行政执法人员应当采取包区包片等方式，与农村学法用法示范户建立联系机制。

第二十八条　农业综合行政执法人员依法履行法定职责受法律保护，非因法定事由、非经法定程序，不受处分。任何组织和个人不得阻挠、妨碍农业综合行政执法人员依法执行公务。

农业综合行政执法人员因故意或者重大过失，不履行或者违法履行行政执法职责，造成危害后果或者不良影响的，应当依法承担行政责任。

第二十九条　农业综合行政执法机构及其执法人员应当严格依照法律、法规、规章的要求进行执法，严格遵守下列规定：

（一）不准徇私枉法、庇护违法者；

（二）不准越权执法、违反程序办案；

（三）不准干扰市场主体正常经营活动；

（四）不准利用职务之便为自己和亲友牟利；

（五）不准执法随意、畸轻畸重、以罚代管；

（六）不准作风粗暴。

第四章 执法条件保障

第三十条 县级以上地方人民政府农业农村主管部门应当落实执法经费财政保障制度，将农业行政执法运行经费、执法装备建设经费、执法抽检经费、罚没物品保管处置经费等纳入部门预算，确保满足执法工作需要。

第三十一条 县级以上人民政府农业农村主管部门应当依托大数据、云计算、人工智能等信息技术手段，加强农业行政执法信息化建设，推进执法数据归集整合、互联互通。

农业综合行政执法机构应当充分利用已有执法信息系统和信息共享平台，全面推行掌上执法、移动执法，实现执法程序网上流转、执法活动网上监督、执法信息网上查询。

第三十二条 县级以上地方人民政府农业农村主管部门应当根据执法工作需要，为农业综合行政执法机构配置执法办公用房和问询室、调解室、听证室、物证室、罚没收缴扣押物品仓库等执法辅助用房。

第三十三条 县级以上地方人民政府农业农村主管部门应当按照党政机关公务用车管理办法、党政机关执法执勤用车配备使用管理办法等有关规定，结合本辖区农业行政执法实际，为农业综合行政执法机构合理配备农业行政执法执勤用车。

县级以上地方人民政府农业农村主管部门应当按照有关执法装备配备标准为农业综合行政执法机构配备依法履职所需的基础装备、取证设备、应急设备和个人防护设备等执法装备。

第三十四条 县级以上地方人民政府农业农村主管部门内设或所属的农业综合行政执法机构中在编在职执法人员，统一配发农业综合行政执法制式服装和标志。

县级以上地方人民政府农业农村主管部门应当按照综合行政执法制式服装和标志管理办法及有关技术规范配发制式服装和标志，不得自行扩大着装范围和提高发放标准，不得改变制式服装和标志样式。

农业综合行政执法人员应当妥善保管制式服装和标志，辞职、调离或者被辞退、开除的，应当交回所有制式服装和帽徽、臂章、肩章等标志；退休的，应当交回帽徽、臂章、肩章等所有标志。

第三十五条 农业农村部制定、发布全国统一的农业综合行政执法标识。

县级以上地方人民政府农业农村主管部门应当按照农业农村部有关要求，规范使用执法标识，不得随意改变标识的内容、颜色、内部结构及比例。

农业综合行政执法标识所有权归农业农村部所有。未经许可，任何单位和个人不得擅自使用，不得将相同或者近似标识作为商标注册。

第五章 执法监督

第三十六条 上级农业农村部门应当对下级农业农村部门及其农业综合行政执法机构的行政执法工作情况进行监督，及时纠正违法或明显不当的行为。

第三十七条 属于社会影响重大、案情复杂或者可能涉及犯罪的重大违法案件，上级农业农村部门可以采取发函督办、挂牌督办、现场督办等方式，督促下级农业农村部门及其农业综合行政执法机构调查处理。接办案件的农业农村部门及其农业综合行政执法机构应当及时调查处置，并按要求反馈查处进展情况和结果。

第三十八条　县级以上人民政府农业农村主管部门应当建立健全行政执法文书和案卷评查制度，定期开展评查，发布评查结果。

第三十九条　县级以上地方人民政府农业农村主管部门应当定期对本单位农业综合行政执法工作情况进行考核评议。考核评议结果作为农业行政执法人员职级晋升、评优评先的重要依据。

第四十条　农业综合行政执法机构应当建立行政执法情况统计报送制度，按照农业农村部有关要求，于每年6月30日和12月31日前向本级农业农村主管部门和上一级农业综合行政执法机构报送半年、全年执法统计情况。

第四十一条　县级以上地方人民政府农业农村主管部门应当健全群众监督、舆论监督等社会监督机制，对人民群众举报投诉、新闻媒体曝光、有关部门移送的涉农违法案件及时回应，妥善处置。

第四十二条　鼓励县级以上地方人民政府农业农村主管部门会同财政、司法行政等有关部门建立重大违法行为举报奖励机制，结合本地实际对举报奖励范围、标准等予以具体规定，规范发放程序，做好全程监督。

第四十三条　县级以上人民政府农业农村主管部门应当建立领导干部干预执法活动、插手具体案件责任追究制度。

第四十四条　县级以上人民政府农业农村主管部门应当建立健全突发问题预警研判和应急处置机制，及时回应社会关切，提高风险防范及应对能力。

第六章　附则

第四十五条　本办法自2023年1月1日起施行。

文书格式 1

指定管辖通知书

__农__〔 〕__号

__________：

关于______________一案，依据《中华人民共和国行政处罚法》第二十一条、《农业行政处罚程序规定》第十八条的规定，现指定该案由______________管辖。请你们接到此通知后及时办理案件相关材料的移交手续。

农业行政执法机关（印章）

年 月 日

文书格式 2

案件交办通知书

__农__〔 〕__号

__________：

依据《农业行政处罚程序规定》第十八条第一款的规定，现将______________________一案交由你机关管辖。请依法调查处理，并将处理结果及时报送本机关。

附件：（相关材料）

联系人：________ 联系电话：________

农业行政执法机关（印章）

年 月 日

文书格式 3

农业行政执法机关全称
协助调查函

__农__〔 〕__号

__________：

我单位在办理__________一案中，因______________，依据《农业行政处罚程序规定》第十九条的规定，请你单位协助调查以下事项：________________________________

请你单位及时将调查结果加盖公章，连同相关证据材料送我单位。

联系人：________ 联系电话：________

农业行政执法机关（印章）

年 月 日

文书格式4

农业行政执法机关全称
协助调查结果告知函

___农___〔 〕___号

__________：

你单位在办理______一案中，因____
______________，请我单位协助调查，现已调查终结。依据《农业行政处罚程序规定》第十九条的规定，将协助调查结果告知如下：____

附件：(相关材料)

联系人：________ 联系电话：________

农业行政执法机关(印章)

年 月 日

文书格式5

农业行政执法机关全称
案件移送函

___农___〔 〕___号

__________：

______________________________________一案/违法线索，经调查核实，依法不属于本机关管辖。依据《农业行政处罚程序规定》第二十一条第一款的规定，现将此案移送你单位处理。

附件：(相关材料)

农业行政执法机关(印章)

年 月 日

文书格式6

农业行政执法机关全称
涉嫌犯罪案件移送书

___农___〔 〕___号

______公安局：

____________________一案，经调查，当事人的行为涉嫌构成犯罪。依据《中华人民共和国行政处罚法》第二十二条、《行政执法机关移送涉嫌犯罪案件的规定》第三条规定，现将该案移送你单位。

附件：(相关材料)

联系人：________　联系电话：________

农业行政执法机关（印章）

年　月　日

抄送：__________人民检察院。

文书格式7

农业行政执法机关全称
当场行政处罚决定书

__简罚〔　〕__号

<table>
<tr><td rowspan="9">当事人</td><td rowspan="6">个人或个体工商户</td><td>姓名</td><td></td><td>性别</td><td></td><td>民族</td><td></td><td>出生日期</td><td></td></tr>
<tr><td colspan="2">身份证（其他有效证件）号码</td><td colspan="2"></td><td colspan="2">工作单位和职务</td><td colspan="2"></td></tr>
<tr><td colspan="2">住所</td><td colspan="2"></td><td colspan="2">联系电话</td><td colspan="2"></td></tr>
<tr><td colspan="2" rowspan="3">字号名称</td><td colspan="2" rowspan="3"></td><td colspan="2" rowspan="3">统一社会信用代码（注册号）</td><td colspan="2" rowspan="3"></td></tr>
<tr></tr>
<tr></tr>
<tr><td rowspan="3">单位</td><td colspan="2">名称</td><td colspan="2"></td><td colspan="2">统一社会信用代码</td><td colspan="2"></td></tr>
<tr><td colspan="2">法定代表人（负责人）</td><td colspan="2"></td><td colspan="2">联系电话</td><td colspan="2"></td></tr>
<tr><td colspan="2">住所</td><td colspan="6"></td></tr>
<tr><td colspan="2">违法事实</td><td colspan="8"></td></tr>
<tr><td colspan="2">处罚依据及内容</td><td colspan="8"></td></tr>
<tr><td colspan="2">告知事项</td><td colspan="8">1. 当事人应当对违法行为立即或者在____日内予以纠正；
2. 当事人必须在收到处罚决定书之日起15日内持本决定书到__________________缴纳罚款。逾期不缴纳的，每日按罚款数额的3%加处罚款；
3. 对本处罚决定不服的，可以在收到本处罚决定书之日起60日内向__________人民政府或者________申请行政复议；或者六个月内向______________人民法院提起行政诉讼。</td></tr>
<tr><td colspan="2" rowspan="2">执法人员基本情况</td><td colspan="2">姓名</td><td></td><td colspan="2"></td><td></td><td colspan="2" rowspan="2">执法机关
（印章）
年　月　日</td></tr>
<tr><td colspan="2">执法证件号</td><td></td><td colspan="2"></td><td></td></tr>
<tr><td colspan="4">当事人签收</td><td colspan="2"></td><td colspan="2">是否当场执行</td><td colspan="2"></td></tr>
</table>

文书格式 8

行政处罚立案/不予立案审批表

＿立〔　〕＿号

<table>
<tr><td colspan="2">案件名称</td><td colspan="2"></td><td colspan="2">受案时间</td><td colspan="4"></td></tr>
<tr><td rowspan="7">当事人</td><td rowspan="4">个人或个体工商户</td><td>姓名</td><td></td><td>性别</td><td></td><td>民族</td><td></td><td>出生日期</td><td></td></tr>
<tr><td colspan="2">身份证号码(其他有效证件)号码</td><td colspan="2"></td><td colspan="2">工作单位和职务</td><td colspan="2"></td></tr>
<tr><td colspan="2">住所</td><td colspan="2"></td><td colspan="2">联系电话</td><td colspan="2"></td></tr>
<tr><td colspan="2">字号名称</td><td colspan="2"></td><td colspan="2">统一社会信用代码(注册码)</td><td colspan="2"></td></tr>
<tr><td rowspan="3">单位</td><td colspan="2">名称</td><td colspan="2"></td><td colspan="2">统一社会信用代码</td><td colspan="2"></td></tr>
<tr><td colspan="2">法定代表人(负责人)</td><td colspan="2"></td><td colspan="2">联系电话</td><td colspan="2"></td></tr>
<tr><td colspan="2">住所</td><td colspan="2"></td><td colspan="2"></td><td colspan="2"></td></tr>
<tr><td colspan="2">简要案情及立案(不予立案)理由</td><td colspan="8">经办人：
年　　月　　日</td></tr>
<tr><td colspan="2">执法机构负责人意见</td><td colspan="8">执法机构负责人：
年　　月　　日</td></tr>
<tr><td colspan="2">执法机关负责人意见</td><td colspan="8">执法机关负责人：
年　　月　　日</td></tr>
<tr><td colspan="2">备　注</td><td colspan="8"></td></tr>
</table>

文书格式 9

撤销立案审批表

__撤（立）__〔 〕__号

案件名称				受案时间					
当事人	个人或个体工商户	姓名		性别		民族		出生日期	
		身份证（其他有效证件）号码				工作单位和职务			
		住所				联系电话			
		字号名称				统一社会信用代码（注册码）			
	单位	名称				统一社会信用代码			
		法定代表人（负责人）				联系电话			
		住所							
简要案情及撤案理由	经办人： 年 月 日								
执法机构负责人意见	执法机构负责人： 年 月 日								
执法机关负责人意见	执法机关负责人： 年 月 日								
备注									

文书格式 10

农业行政执法机关全称
责令改正通知书

＿农＿＿〔　〕＿＿号

＿＿＿＿＿：

经查，你（单位）＿＿＿＿＿＿＿＿＿＿的行为，违反＿＿＿＿＿＿＿＿＿＿＿＿＿＿＿＿＿＿＿＿。依据＿＿＿＿＿＿＿＿＿＿的规定，现责令你（单位）（□立即/□于＿＿＿年＿＿月＿＿日之前）按下列要求改正违法行为：＿＿＿＿＿＿＿＿＿＿＿＿＿＿＿＿＿＿＿＿＿＿＿＿＿＿＿＿。

（责令改正依法前置时适用：拒不改正的，本机关将依据＿＿＿＿＿＿＿＿＿＿＿＿＿＿＿＿的规定，＿＿＿＿＿＿＿＿＿＿。）

联系人：＿＿＿＿　联系电话：＿＿＿＿

农业行政执法机关（印章）

年　月　日

文书格式 11

询问笔录

询问时间：＿＿年＿＿月＿＿日＿＿时＿＿分至＿＿时＿＿分

询问地点：＿＿＿＿＿＿＿＿＿＿＿＿＿＿＿＿＿＿＿＿＿＿

询问机关：＿＿＿＿＿＿＿＿＿＿＿＿＿＿＿＿＿＿＿＿＿＿

询问人：＿＿＿＿＿＿＿＿执法证件号：＿＿＿＿＿＿＿＿＿＿

＿＿＿＿＿＿＿＿执法证件号：＿＿＿＿＿＿＿＿＿＿

记录人：＿＿＿＿＿＿＿＿＿＿＿＿＿＿＿＿＿＿＿＿＿＿

被询问人：姓名＿＿＿＿＿性别＿＿身份证号＿＿＿＿＿＿＿＿

联系电话＿＿＿＿＿＿工作单位＿＿＿＿＿＿＿＿＿＿

职务＿＿＿＿＿＿＿＿＿住所＿＿＿＿＿＿＿＿＿＿

询问人：我们是＿＿＿＿执法人员（出示执法证件），已向你出示了我们的执法证件。你是否看清楚？

被询问人：＿＿＿＿＿＿＿＿＿＿＿＿＿＿＿＿＿＿＿＿＿＿

询问人：我们依法就＿＿＿＿有关问题进行调查，请予以配合。依照法律规定，你有权进行陈述和申辩。如果你认为调查人员与本案有直接利害关系的，依法有申请回避的权利，你是否申请调查人员回避？

被询问人：＿＿＿＿＿＿＿＿＿＿＿＿＿＿＿＿＿＿＿＿＿＿

被询问人签名或盖章：　　　　执法人员签名：

（第 1 页　共　页）

询问人：你应当如实回答询问，并协助调查，不得阻挠。你是否明白？
被询问人：________________

____

____

____

被询问人签名或盖章：
执法人员签名：

（第　页　共　页）

文书格式 12

现场检查(勘验)笔录

时间：____年____月____日____时____分至____时____分
检查(勘验)地点：________________
当事人：________________
检查(勘验)机关：________________
检查(勘验)人员：________ 执法证件号：________
检查(勘验)人员：________ 执法证件号：________
记录人：________________
现场检查(勘验)情况：________________

____

当事人签名或盖章：　　　　（见证人签名：　　　）
执法人员签名：

（第　页　共　页）

文书格式 13

抽样取证凭证

当事人：________________
抽样时间：________________
抽样地点：________________

因你(单位)涉嫌________________，本机关依法对你(单位)下列物品抽样取证。

物品名称			
商　　标			
生产单位			
产品许可号			
单位许可号			
生产日期(批号)			
样品规格			
抽样数量			
样本基数			

执法人员：________________执法证件号：________________

________________　　________________

农业行政执法机关(印章)

年　月　日

当事人签名或盖章：　　　　　　(见证人签名：　　)

文书格式14

农业行政执法机关全称
抽样检测结果告知书

______农__〔　〕__号

__________：

本机关依法对你(单位)的下列物品进行抽样检测。

1. ________________
2. ________________
3. ________________

检测结果如下：____。(依据相关法律、法规、规章的规定,当事人享有申请复检权利时适用：你(单位)如对该检测结果有异议,可自接到本告知书之日起__________日内,依法向__________书面申请复检或者复验。)

附件：检测结果报告书____份(报告书编号：__________)

联系人：________　联系电话：________

农业行政执法机关(印章)

年　月　日

文书格式 15

农业行政执法机关全称
产品确认通知书

________：

本机关______年____月____日在____________发现标称为你单位生产的产品，基本情况如下：

产品名称			
商　　标			
标称生产单位			
产品许可号			
单位许可号			
生产日期（批号）			
规　　格			

请你单位于______年____月____日前确认上述产品是否为你单位生产。若非你单位生产，请书面说明理由并提供相关证明材料。逾期未回复的，视上述产品为你单位生产。

联系人：________联系电话：________

农业行政执法机关（印章）

年　月　日

文书格式 16

农业行政执法机关全称
证据先行登记保存通知书

_____农_____〔　〕_____号

当事人：____

时　间：____

地　点：____

因你（单位）涉嫌______________________________，本机关依照《中华人民共和国行政处罚法》第三十七条第二款之规定对你（单位）在____________________的下列物品：

☐就地保存，登记保存期间，你（单位）不得使用、销售、转移、损毁、隐匿；

☐异地保存于______________________________。

序号	物品名称	规格	生产日期(批号)	标称生产单位	数量

当事人签名或盖章：　　　　　　　　(见证人签名或盖章：　　　　　)

执法人员：________执法证件号：________

________执法证件号：________

农业行政执法机关(印章)

年　月　日

文书格式17

农业行政执法机关全称
先行登记保存物品处理通知书

__农__〔 〕__号

______：

本机关于______年____月____日作出《证据先行登记保存通知书》(____农____〔____〕____号)，现对先行登记保存你(单位)的物品作出如下处理决定：

____

联系人：________　　联系电话：________

农业行政执法机关(印章)

年　月　日

文书格式18

农业行政执法机关全称
查封(扣押)决定书

__封(扣)〔 〕__号

______：

经查，因你(单位)涉嫌________，现依据________的规定，本机关决定对你(单位)有关财物【详见查封(扣押)财物清单】予以查封(扣押)______日。在查封(扣押)期间，你(单位)不得使用、销售、转移、损毁、隐匿。

如对本决定不服，可以在收到本决定书之日起六十日内向________人民政府或者________申请行政复议；也可以六个月内向________人民法院提起行政诉讼。行政复议和行政诉讼期间，本决定不停止执行。

附件：查封（扣押）财物清单

农业行政执法机关（印章）

年　月　日

文书格式 19

查封（扣押）现场笔录

时间：______年____月____日____时____分至____时____分
地点：______________________________
当事人：______________________________
执法机关：______________________________
执法人员：______________ 执法证件号：______________
______________ 执法证件号：______________
记录人：______________________________
现场情况：______________________________
____
当事人签名或盖章：　　　　　　　（见证人签名：　　）
执法人员签名：

文书格式 20

农业行政执法机关全称
解除查封（扣押）决定书

__解封（扣）〔　〕__号

当事人：______________［个人写明姓名、性别、民族、出生日期、身份证（其他有效证件）号码、工作单位和职务、住所，法人或者其他组织写明名称、法定代表人（负责人）、统一社会信用代码（注册号）、住所等］

本机关于______年____月____日作出查封（扣押）决定书（　　封（扣）〔　〕　号），对你（单位）有关财物采取查封（扣押）的强制措施。

依据______________的规定，本机关决定自______年____月____日对全部/部分财物【详见解除查封（扣押）财物清单】解除查封（扣押）的强制措施。

附件：解除查封（扣押）财物清单

农业行政执法机关（印章）

年　月　日

文书格式21

查封(扣押)/解除查封(扣押)财物清单

序号	财物名称	规格	生产日期(批号)	生产经营单位	数量

当事人签名或盖章：__________(见证人签名：)

执法人员签名：__________

文书格式22

农业行政执法机关全称
案件中止调查决定书

__农__〔 〕__号

________：

你(单位)因涉嫌__________________________，本机关于______年____月____日予以立案调查。因__________________(简述中止调查事实理由)根据《农业行政处罚程序规定》第四十八条的规定，现决定自______年____月____日起，对你(单位)中止案件调查。

联系人：________ 联系电话：________

农业行政执法机关(印章)

年 月 日

文书格式23

农业行政执法机关全称
恢复案件调查决定书

__农__〔 〕__号

________：

你(单位)因涉嫌__________________________，本机关于______年____月____日予以立案调查，并于______年____月____日，对你(单位)中止案件调查。

因＿＿＿＿＿＿＿＿（简述恢复调查事实理由），根据《农业行政处罚程序规定》第四十八条的规定，现决定自＿＿＿年＿＿月＿＿日起，对你（单位）恢复案件调查。

联系人：＿＿＿＿　　联系电话：＿＿＿＿

农业行政执法机关（印章）

年　月　日

文书格式24

案件处理意见书

<table>
<tr><td colspan="2">案件名称</td><td colspan="8"></td></tr>
<tr><td rowspan="7">当事人</td><td rowspan="4">个人或个体工商户</td><td>姓名</td><td></td><td>性别</td><td></td><td>民族</td><td></td><td>出生日期</td><td></td></tr>
<tr><td colspan="2">身份证（其他有效证件）号码</td><td colspan="2"></td><td colspan="2">工作单位和职务</td><td colspan="2"></td></tr>
<tr><td colspan="2">住所</td><td colspan="2"></td><td colspan="2">联系电话</td><td colspan="2"></td></tr>
<tr><td colspan="2">字号名称</td><td colspan="2"></td><td colspan="2">统一社会信用代码（注册码）</td><td colspan="2"></td></tr>
<tr><td rowspan="3">单位</td><td colspan="2">名称</td><td colspan="2"></td><td colspan="2">统一社会信用代码</td><td colspan="2"></td></tr>
<tr><td colspan="2">法定代表人（负责人）</td><td colspan="2"></td><td colspan="2">联系电话</td><td colspan="2"></td></tr>
<tr><td colspan="2">住所</td><td colspan="2"></td><td colspan="2"></td><td colspan="2"></td></tr>
<tr><td colspan="2">案件调查过程</td><td colspan="8"></td></tr>
<tr><td colspan="2">涉嫌违法事实及证据材料</td><td colspan="8"></td></tr>
<tr><td colspan="2">调查结论及处理意见</td><td colspan="8">执法人员：
年　月　日</td></tr>
<tr><td colspan="2">执法机构意见</td><td colspan="8">执法机构负责人：
年　月　日</td></tr>
<tr><td colspan="2">法制机构意见</td><td colspan="8">法制机构负责人：
年　月　日</td></tr>
<tr><td colspan="2">执法机关负责人意见</td><td colspan="8">执法机关负责人：
年　月　日</td></tr>
</table>

文书格式25

农业行政执法机关全称
行政处罚事先告知书

（适用非听证案件）

___告〔 〕___号

________：

经调查，你（单位）________________________________

你（单位）违反了________________________________依据________________________________，本机关拟作出如下处罚决定：________________________________

根据《中华人民共和国行政处罚法》第三十一条、第三十二条之规定，你（单位）可在收到本告知书之日起三日内向本机关进行陈述申辩，逾期不陈述申辩的，视为你（单位）放弃上述权利。

农业行政执法机关（印章）

年 月 日

农业行政执法机关地址：________________________________

联系人：________电话：________

文书格式26

农业行政执法机关全称
行政处罚事先告知书

（适用听证案件）

___告〔 〕___号

________：

经调查，你（单位）________________________________

你（单位）违反了________________________________，依据________________________________，本机关拟作出如下处罚决定：________________________________

根据《中华人民共和国行政处罚法》第三十一条、三十二条和第四十二条之规定，你（单位）

可在收到本告知书之日起三日内向本机关进行陈述申辩、申请听证，逾期不陈述申辩、申请听证的，视为你（单位）放弃上述权利。

农业行政执法机关（印章）

年　月　日

农业行政执法机关地址：____

联系人：________　电话：________

文书格式 27

农业行政执法机关全称
不予行政处罚决定书

__农__〔　〕__号

当事人____________________［个人写明姓名、性别、民族、出生日期、民族、身份证（其他有效证件）号码、工作单位和职务、住所，法人或者其他组织写明名称、法定代表人（负责人）、统一社会信用代码（注册号）、住所等］

［案件来源、调查经过及采取查封（扣押）的情况］____（违反法律、法规或者规章的事实）____上述事实，主要有以下证据证明：____（当事人陈述、申辩情况，当事人陈述、申辩的采纳情况及理由；行政处罚告知、行政处罚听证告知情况，以及听证过程及意见）__________________________（案件性质、不予行政处罚的决定和理由）____

如对本决定不服，可以在收到本决定书之日起六十日内向________________人民政府或者________________申请行政复议；也可以六个月内向______________人民法院提起行政诉讼。

农业行政执法机关（印章）

年　月　日

文书格式28

行政处罚决定审批表

<table>
<tr><td colspan="2">案件名称</td><td colspan="8"></td></tr>
<tr><td rowspan="7">当事人</td><td rowspan="4">个人或个体工商户</td><td>姓名</td><td></td><td>性别</td><td></td><td>民族</td><td></td><td>出生日期</td><td></td></tr>
<tr><td colspan="2">身份证(其他有效证件)号码</td><td colspan="2"></td><td colspan="2">工作单位和职务</td><td colspan="2"></td></tr>
<tr><td colspan="2">住所</td><td colspan="2"></td><td colspan="2">联系电话</td><td colspan="2"></td></tr>
<tr><td colspan="2">字号名称</td><td colspan="2"></td><td colspan="2">统一社会信用代码(注册码)</td><td colspan="2"></td></tr>
<tr><td rowspan="3">单位</td><td colspan="2">名称</td><td colspan="2"></td><td colspan="2">统一社会信用代码</td><td colspan="2"></td></tr>
<tr><td colspan="2">法定代表人(负责人)</td><td colspan="2"></td><td colspan="2">联系电话</td><td colspan="2"></td></tr>
<tr><td colspan="2">住所</td><td colspan="2"></td><td colspan="2"></td><td colspan="2"></td></tr>
<tr><td colspan="2">陈述申辩或听证情况</td><td colspan="8"></td></tr>
<tr><td colspan="2">处理意见</td><td colspan="8">执法人员：
年　月　日</td></tr>
<tr><td colspan="2">执法机构意见</td><td colspan="8">执法机构负责人：
年　月　日</td></tr>
<tr><td colspan="2">法制审核意见</td><td colspan="8">法制审核人员：
年　月　日</td></tr>
<tr><td colspan="2">集体讨论情况(集体讨论决定案件适用)</td><td colspan="8"></td></tr>
<tr><td colspan="2">执法机关意见</td><td colspan="8">执法机关负责人：
年　月　日</td></tr>
</table>

文书格式 29

农业行政执法机关全称
行政处罚决定书

__农__〔 〕__号

当事人____________[个人写明姓名、性别、民族、出生日期、民族、身份证(其他有效证件)号码、工作单位和职务、住所,法人或者其他组织写明名称、法定代表人(负责人)、统一社会信用代码(注册号)、住所等]

当事人____________一案,经本机关依法调查,现查明:____________________________(案件来源;调查经过;采取查封(扣押)的情况)。

(违反法律、法规或者规章的事实)____________________

上述事实,主要有以下证据证明:____________________。

(当事人陈述、申辩情况,当事人陈述、申辩的采纳情况及理由;行政处罚告知、行政处罚听证告知情况,以及复核、听证过程及意见)____________________________

(案件性质、事实、自由裁量的依据和理由)____________________________

本机关认为:____________________________(案件处罚内容、理由与依据)。

依照____________(法条原文)之规定,本机关(责令________,并)作出如下处罚决定:____________________________.

当事人必须在收到本处罚决定书之日起15日内持本决定书到__________缴纳罚(没)款。逾期不按规定缴纳罚款的,每日按罚款数额的3%加处罚款。

当事人对本处罚决定不服的,可以在收到本处罚决定书之日起六十日内向______人民政府或者______申请行政复议;或者六个月内向______人民法院提起行政诉讼。行政复议和行政诉讼期间,本处罚决定不停止执行。

当事人逾期不申请行政复议或者提起行政诉讼,也不履行本行政处罚决定的,本机关将依法申请人民法院强制执行。

农业行政执法机关(印章)

年 月 日

文书格式 30

农业行政执法机关全称
行政处罚听证会通知书

________：

根据你(单位)提出的听证要求，本机关决定于______年____月____日____时____分在__________________举行听证会。本次听证会由________担任主持人，________担任书记员。

请你(单位)法定代表人或者委托代理人准时出席。不按时出席听证的，且事先未说明理由，又无特殊原因的，视同放弃听证权利。

委托代理听证的，应提交身份证明及当事人签署的授权委托书。授权委托书应当写明委托代理人的姓名、性别、年龄以及委托的具体权限，并经你(单位)签名或者盖章。

根据《中华人民共和国行政处罚法》第四十二条之规定，你(单位)有权申请听证主持人回避。如申请回避的，请于____________前向本机关提出书面申请。

特此通知。

农业行政执法机关(印章)

年 月 日

执法机关地址：____

联系人：________ 电话：________

文书格式 31

听证笔录

听证时间：______年____月____日____时____分至____时____分

听证地点：____

申请人：______________ 法定代表人(负责人)：______________________________

证件种类：____________ 证件号码：____

联系方式：____________ 通信地址：____

委托代理人：________________________

证件种类：____________ 证件号码：____

联系方式：____________ 通信地址：____

主持人：______________ 工作单位及职务：____________________________________

案件承办人：__________ 执法证号：____

案件承办人：__________ 执法证号：____

记录人：______________ 其他参加人：____

听证记录：______________________________

____

____

当事人或委托代理人签名：________　　年　月　日
案件调查人员签名：________　　年　月　日
（第　页　共　页）

文书格式 32

行政处罚听证会报告书

案件名称：______________________________

执法人员：________ 执法证号：________________

执法人员：________ 执法证号：________________

主持听证机关：________________

听证主持人：________ 工作单位及职务：________________

听证记录人：________ 工作单位及职务：________________

听证时间：____年____月____日____时____分至____时____分

听证地点：______________________________

申请人：________ 法定代表人(负责人)：________________

委托代理人：________________

报告事项：

(听证会基本情况，双方意见、理由和依据，处理意见和建议等)

____

____

文书格式33

农业行政执法机关全称
送达回证

送达文书名称	
送达文书文号	
案件名称	
受送达人姓名或名称	
送达时间	年　月　日　时　分
送达地点	
送达方式	
收件人	(注明收件人与受送达人的关系) 收件人(签字或盖章): 年　月　日
送达单位	
送达人	送达人(签字): 年　月　日
备注	

文书格式34

农业行政执法机关全称
履行行政处罚决定催告书

____催告字〔　〕第____号

________:

本机关于______年____月____日向你(单位)送达了(××)农业×罚〔年份〕×号《行政处罚决定书》,于______年____月____日对你(单位)进行如下行政处罚:________________________。要求你(单位)于______年____月____日前到________________银行缴纳罚没款。

由于你(单位)至今未(全部)履行处罚决定,根据《中华人民共和国行政处罚法》第五十一条第一项的规定,本机关决定自______年____月____日起每日按罚款额3%加处罚款。

请接到本催告书后10个工作日内到_____________银行缴清应缴罚没款及加处罚款________________。逾期本机关将根据《中华人民共和国行政强制法》第五十三条、五十四条的规定,依法向人民法院申请强制执行。

农业行政执法机关(印章)

年　月　日

文书格式35

农业行政执法机关全称
强制执行申请书
__农__〔　〕__号

申请人:(执法机关名称、法定代表人、地址、联系电话)

被申请人:(当事人基本情况:姓名、性别、住所、联系电话或者单位名称、法定代表人、住所、联系电话)

申请人于______年____月____日对被申请人________案依法作出行政处罚决定(农____〔　〕____号),并已于______年____月____日送达被申请人,被申请人在法定期限内未履行行政处罚决定,也未申请行政复议或者提起行政诉讼。经本机关书面催告,被申请人仍未履行义务。根据《中华人民共和国行政强制法》第五十三条之规定,特申请强制执行。

申请执行内容:

此致

(执法机关所在地)人民法院

附件:1. 行政处罚决定书及送达回证

2. 催告书等其他有关材料

农业行政执法机关(印章)

年　月　日

文书格式 36

农业行政执法机关全称
延期(分期)缴纳罚款通知书

__农__〔　〕__号

________：

本机关于______年____月____日对你(单位)作出《农业行政处罚决定书》(农____〔　〕____号)中所处以的罚款(大写)__________(￥______)。你(单位)于______年____月____日向本机关提出延期/分期缴纳罚款的申请。

根据《中华人民共和国行政处罚法》第五十二条、《农业行政处罚程序规定》第八十一条的规定，本机关决定：(以下内容区分延期或者分期缴纳的情形选择性填写)

暂缓缴纳的罚款，限你(单位)于______年____月____日前缴清。

分期缴纳的罚款，限你(单位)于______年____月____日前分______期缴清。

于______年____月____日前缴纳第一期(大写)______________(￥______)；

于______年____月____日前缴纳(大写)______________(￥______)。

如到期不缴纳罚款，依据《中华人民共和国行政处罚法》第五十一条的规定，本机关将按照每日按罚款数额的百分之三加处罚款，并依法申请人民法院强制执行。

农业行政执法机关(印章)

年　月　日

文书格式 37

罚没物品处理记录

处理物品：____

____

物品来源：____

____

处理时间：______________________________

处理地点：______________________________

执行人：________________________________

记录人：________________________________

处理情况：____

____

____

执法人员签名：　　　　　　年　　月　　日

执法机构负责人签名：　　　　　　年　　月　　日

农业行政执法机关(印章)

年　月　日

文书格式 38

行政处罚结案报告

案件名称			
立案时间		案件承办人员	
处理决定文书		处理决定日期	
结案情况	□行政处罚决定由当事人履行完毕 □行政处罚决定由人民法院裁定终结执行 □不予行政处罚 □行政处罚决定被依法撤销 □移送其他行政管理部门 □移送司法机关 □其他：		
不予行政处罚			
撤销处罚决定			
行政处罚内容			
行政处罚执行方式	□主动履行 □强制执行 □其他：	罚没财物处置情况	
案件承办人员意见	承办人员： 年　月　日		
执法机构意见	执法机构负责人： 年　月　日		
法制机构意见	法制机构负责人： 年　月　日		
执法机关意见	执法机关负责人： 年　月　日		
备注			

附件 1.5
《中华人民共和国植物新品种保护条例》

附件 1.6
《农业植物品种命名规定》

附件 1.7
《植物检疫条例实施细则》（农业部分）

附件 1.8
《农作物种子标签和使用说明管理办法》

附件 1.9
《进出口农作物种子（苗）管理暂行办法》

附件 1.10
《农业行政处罚程序规定》

附件 1.11
《农作物种子质量纠纷田间现场鉴定办法》

附件 1.12
《农业行政执法文书制作规范》

附件 1.13
《农业行政执法基本文书格式》

附件 2

以案说法

附件 2.1　人民法院种业知识产权司法保护典型案例

2021 年 9 月 7 日上午，最高人民法院在全媒体新闻发布厅发布人民法院种业知识产权司法保护典型案例。

一、河南某博士种业股份有限公司诉北京某农种业有限公司、河南省农业科学院侵害植物新品种权纠纷案

二、江苏省某地种业科技有限公司诉江苏某耕田农业产业发展有限公司侵害植物新品种权纠纷案

三、江苏某天种业科技股份有限公司诉响水某满仓种业有限公司侵害植物新品种权纠纷案

四、四川某丹至诚种业有限公司诉泸州某丰种业有限公司侵害植物新品种权纠纷案

五、厦门某泰五谷种苗有限公司诉酒泉某保种业有限责任公司、甘肃省酒泉市肃州区金佛寺镇某山口村村民委员会侵害植物新品种权纠纷案

六、江苏省某科种业科技有限公司诉秦某某侵害植物新品种权纠纷案

七、中国农业科学院郑州果树研究所诉郑州市二七区某领水果种植园侵害植物新品种权纠纷案

八、黑龙江某光种业有限公司诉植物新品种复审委员会植物新品种申请驳回复审行政纠纷案

九、酒泉某豫农业科技有限公司、王某某生产、销售伪劣产品案

十、赛某某假冒注册商标案

一、河南某博士种业股份有限公司诉北京某农种业有限公司、河南省农业科学院侵害植物新品种权纠纷案

【基本案情】母本“郑 58”与已属于公有领域的父本“昌 7-2”杂交而成“郑单 958”玉米品种。“郑 58”和“郑单 958”的植物新品种权人分别为河南某博士种业股份有限公司（以下简称某博士公司）和河南省农业科学院（以下简称农科院）。农科院与北京某农种业有限公司（以下简称某农公司）签订《玉米杂交种“郑单 958”许可合同》及补充协议，许可某农公司在一定期限内销

售“郑单958”玉米杂交种，某农公司为履行合同而进行制种，生产过程中涉及第三方权益的由某农公司负责。某农公司依据授权，在取得《农作物种子经营许可证》后，在甘肃省开始大量生产、销售“郑单958”玉米杂交种。某博士公司认为某农公司在授权期限截止后，未经许可使用“郑58”生产、繁育“郑单958”玉米杂交种的行为，构成侵权，故诉请某农公司停止侵权、赔偿某博士公司经济损失及合理开支4952万元，并要求农科院承担连带责任。

【裁判结果】河南省郑州市中级人民法院一审认为，某农公司在合同终止后继续使用“郑58”必须重新取得品种权人许可。某农公司未取得某博士公司授权，在某博士公司发函后仍继续使用“郑58”生产“郑单958”，构成侵权。考虑到加强植物新品种权保护有助于推动国家“三农”政策，某农公司已经取得“郑单958”品种权人的授权许可，并已支付相应的使用费，为生产“郑单958”杂交种花费了大量的人力、物力，若禁止某农公司使用母本“郑58”自交种生产“郑单958”玉米杂交种，将造成巨大的经济损失，可采取支付一定的赔偿费的方式弥补某博士公司的损失，故判决某农公司赔偿损失及合理开支4952万元，农科院在300万元内承担责任，驳回某博士公司的其他诉讼请求。某农公司和农科院均提起上诉。河南省高级人民法院二审认为，农科院和某博士公司实行相互授权模式，某农公司生产过程中涉及第三方权益时应由某农公司负责，与农科院无关，故判决维持一审法院关于赔偿损失和合理支出的判项，撤销一审法院关于农科院承担连带责任的判项。某农公司不服二审判决，向最高人民法院申请再审，最高人民法院驳回了某农公司的再审申请。

【典型意义】本案对杂交种生产中涉及杂交种及其亲本关系的植物新品种侵权纠纷具有指导意义。法律并不禁止利用授权品种进行育种及其他科研活动，但在新品种获得授权及通过品种审定后，该新品种的权利人及其被许可人面向市场推广该新品种，将他人已授权品种的繁殖材料重复用于生产该新品种的繁殖材料时，仍需经过作为父母本的已授权品种的权利人同意或许可。本案中，考虑到被许可人已经为杂交种繁育推广花费了大量的人力、物力，可以通过支付赔偿费用对亲本权利人的损失予以补偿。因此，在侵权损害赔偿确定时，综合侵权人的主观过错、获利情况、不停止使用亲本生产直至保护期满可以继续获利等因素，对权利人请求的4952万元的赔偿数额和合理支出予以了全额支持。本案判决在依法维护品种权人合法权益的同时，对鼓励培育及推广良种也起到了积极的促进作用。

二、江苏省某地种业科技有限公司诉江苏某耕田农业产业发展有限公司侵害植物新品种权纠纷案

【基本案情】江苏省某地种业科技有限公司（以下简称某地公司）为水稻新品种“金粳818”的独占实施被许可人，江苏某耕田农业产业发展有限公司（以下简称某耕田公司）未经许可，以线下门店推广以及在微信群内发布“农业产业链信息匹配”线上宣传等方式，寻找潜在的交易者，并对成为某耕田公司会员的主体提供具体的侵权种子交易信息，在与买家商定交易价格、数量、交货时间后安排送货收款，对外销售白皮袋包装的“金粳818”稻种。某地公司认为某耕田公司的行为构成侵权，故诉请判令某耕田公司停止侵权并赔偿经济损失300万元。某耕田公司辩称其仅是向作为农民的种子供需双方提供自留种子信息，由供需双方自行交易，并未销售被诉侵权“金粳818”稻种。

【裁判结果】江苏省南京市中级人民法院一审认为，某耕田公司为涉案种子交易的达成提供了积极有效的帮助。某耕田公司帮助销售种子的过程中，在销售主体、销售地域及销售数量

上均不符合农民在当地集贸市场上合法交易个人自繁自用剩余常规种子的情形，构成侵权。综合考虑某耕田公司侵权行为的情节，适用惩罚性赔偿确定损害赔偿数额，判决某耕田公司停止侵权并赔偿经济损失及合理开支300万元。某耕田公司不服，提起上诉。最高人民法院二审认为，某耕田公司发布侵权种子销售具体信息，与购买者协商确定种子买卖的包装方式、价款和数量、履行期限等交易要素，销售合同已经依法成立，销售行为已经实施，应认定某耕田公司构成销售侵权，对一审法院认定的帮助侵权予以纠正。某耕田公司没有获得种子生产经营许可证，违法销售“白皮袋”种子的行为，侵权行为严重，一审法院按照赔偿基数的二倍适用惩罚性赔偿正确，故判令驳回上诉，维持原判。

【典型意义】本案对于被诉侵权人以通过信息网络途径组织买卖各方，以“农民”“种粮大户”等经营主体名义为掩护实施的侵权行为进行了准确定性。某耕田公司发布侵权种子销售具体信息，与购买方协商确定种子买卖的包装方式、价款和数量、履行期限等交易要素，销售合同已经依法成立，某耕田公司系被诉侵权种子的交易组织者、决策者，实施了销售行为，构成侵权。某耕田公司并非农民，其发布和组织交易的种子销售信息所涉种子数量达数万斤，远远超出了农民个人自繁自用的数量和规模。在赔偿数额上，某耕田公司表示自己不留存有关交易记录，无法提供相关账簿，故人民法院参考某耕田公司宣传交易额过亿的资料，综合考虑侵权情节，推定其侵权获利超出100万元，并以100万元作为计算本案赔偿基数。某耕田公司组织销售不标注任何产品信息的白皮袋侵权种子、未取得种子生产经营许可证但生产经营种子，违反《种子法》相关规定，属于侵权行为情节严重，依法适用惩罚性赔偿制度，在计算基数的二倍以上从高确定惩罚性赔偿数额，实际赔偿总额为补偿性赔偿数额的三倍，最终全额支持权利人的诉讼请求，判令某耕田公司停止侵权并赔偿经济损失及合理开支300万元。

三、江苏某天种业科技股份有限公司诉响水某满仓种业有限公司侵害植物新品种权纠纷案

【基本案情】江苏某天种业科技股份有限公司（以下简称某天种业公司）为小麦品种“淮麦33”的被许可人，其代理人与公证人员两次购买响水某满仓种业有限公司（以下简称某满仓公司）销售的“淮麦33”。某天种业公司认为某满仓公司的行为构成侵权，故诉请判令某满仓公司停止侵权并赔偿损失。某满仓公司辩称，其销售的是小麦商品粮，并未销售小麦种子。

【裁判结果】江苏省南京市中级人民法院一审认为，依据某天种业公司提供的证据材料，某满仓公司销售了被诉侵权产品，且被诉侵权产品的价格明显高于当年小麦商品粮价格，应当认定其销售的是“淮麦33”小麦种子，故判决某满仓公司立即停止销售侵权种子，赔偿某天种业公司经济损失100万元。某满仓公司不服，提起上诉。江苏省高级人民法院二审认为，某满仓公司在公安机关的询问笔录也承认销售了被诉侵权种子，销售的品种、单价、数量与两份公证书记载的一致，某满仓公司销售的被诉侵权种子价格明显高于当年小麦商品粮的价格，一审法院认定其销售的是“淮麦33”小麦种子并无不当，故判决驳回上诉，维持原判。

【典型意义】侵害植物新品种权的生产、销售行为极为隐蔽，加之我国法律对于植物新品种的保护范围仅包括繁殖材料而不包括收获材料，对于既是品种权的繁殖材料也是收获材料的被诉侵权植物体，被诉侵权方往往抗辩所涉植物体是收获材料用作商品粮等消费品，试图逃避侵权指控。本案即属此类典型，人民法院在此类案件中作出侵权判定时必须加大事实查明力度，充分利用经验法则和专业常识，适时转移证明责任。小麦作物具有双重属性，既是收获材

料又是繁殖材料。作为繁殖材料，小麦种子的纯度、发芽率、含水量等方面的要求均高于普通的商品粮，种子的生产成本和销售价格会明显高于商品粮。本案被诉侵权人否认销售的是种子，主张销售的是商品粮，但两次购买价格明显高于当年小麦商品粮的价格。在公证购买过程中，被诉侵权人的现场销售人员将进入购买现场人员的手机全部收走，具有违反交易惯例的反常行为。综合在案的相关证据和查明的事实，人民法院最终认定被诉侵权人销售的是侵权种子，不是商品粮，属于侵害品种权的侵权行为。

四、四川某丹至诚种业有限公司诉泸州某丰种业有限公司侵害植物新品种权纠纷案

【基本案情】四川省某丹至诚种业有限责任公司、四川农业大学农学院、宜宾市农业科学院联合选育的“宜香优 2115”水稻于 2012 年 12 月 24 日通过农业部国家农作物品种审定委员会审定，并于 2016 年 3 月 1 日获得了植物新品种权。四川某丹至诚种业有限公司（以下简称某丹公司）获得“宜香优 2115”独占生产、经营权以及市场维护、维权打假的权利。2018 年，某丹公司发现泸州某丰种业有限公司（以下简称某丰公司）未经许可套牌销售“宜香优 2115”稻种，构成侵权，故诉请判令某丰公司停止侵权，销毁库存侵权稻种，赔偿损失 300 万元并刊登声明消除影响。

【裁判结果】四川省成都市中级人民法院一审认为，(2018)农种检报字第 69 号、(2018)农种检报字第 70 号鉴定报告中送检的“宜香 5979”来源于某丰公司库存或销售网点，非来源于公证购买的销售网点，无法确定其送检的种子和被诉侵权的种子以及“宜香优 2115”具有一一对应的关系，对上述鉴定报告未予采信。根据法院委托作出的(2019)农种检报字第 0066 号检验报告，某丰公司生产、销售的“宜香优 5979”号水稻和案涉品种权相同，故对某丹公司关于某丰公司生产、销售侵害其植物新品种权繁殖材料的主张予以支持，判令某丰公司停止侵权、赔偿经济损失 70 万元和合理开支 8 万余元。某丰公司不服，提起上诉。最高人民法院二审认为，泸州市农业局行政执法中的检验报告与法院委托鉴定意见，并非针对同一种子批的检验，二者得出不同结论，相互之间并不冲突，泸州市农业局行政执法中检验报告不能排斥法院委托鉴定意见，某丰公司关于“宜香优 5979”未套牌“宜香优 2115”，没有侵权行为的上诉主张不成立，故判决驳回上诉，维持原判。

【典型意义】本案是打击种子套牌侵权的典型案件，在种子行政主管机关送检形成的检验报告与人民法院委托的检测机关作出的检测报告得出不同结论的情况下，采纳人民法院委托检测机关作出的检测结论，认定套牌侵权成立。权利人针对侵害其植物新品种权的行为可以采取行政举报和提起侵权诉讼等不同的维权手段，本案对不同程序中的鉴定报告间的关系进行了明确。行政主管部门根据举报，对被诉侵权人进行执法检查，抽检被诉侵权人的库存种子送检形成的检验报告，本身具有合法性。针对同一侵权行为在行政查处程序中形成的检验报告与民事侵权纠纷案件具有关联性，相关检验报告可以在民事侵权纠纷案件中作为证据使用。针对不同批种子的检验，不同检测机构得出不同的结论，不能认为检验结论之间存在冲突。在没有证据证明多份检测报告系针对同一种子批，且相关证据显示送检样本来源不同、生产日期不同时，应认定多份检测报告并非针对同一种子批的检测，其得出的不同结论相互之间并不冲突。法院委托检测机构作出的检测报告程序规范合法，应予以采纳。

五、厦门某泰五谷种苗有限公司诉酒泉某保种业有限责任公司、甘肃省酒泉市肃州区金佛寺镇某山口村村民委员会侵害植物新品种权纠纷案

【基本案情】厦门某泰五谷种苗有限公司(以下简称厦门某泰公司)为玉米新品种“SBS902”的品种权人。甘肃省酒泉市肃州区金佛寺镇某山口村村民委员会(以下简称某山口村委会)在该村六社、七社组织生产“SBS902”玉米杂交种400余亩,该生产行为由酒泉某保种业有限责任公司(以下简称某保种业公司)委托,亲本由某保种业公司提供。厦门某泰公司认为某保种业公司为商业目的生产授权品种的行为侵害了其植物新品种权,某山口村委会明知某保种业公司实施侵权行为而为其掩护,应承担连带责任,故诉请判令某保种业公司停止侵权、赔偿损失,某山口村委会对损失承担连带赔偿责任。

【裁判结果】甘肃省兰州市中级人民法院一审认为,公证处在保全证据过程中对附近耕作及路上遇到的农户进行询问时,农户均陈述所在地属于某山口六组、七组,委托制种公司为某保种业公司。该陈述与厦门某泰公司委托代理人后期询问的其他农户,六组、七组组长及村委会主任的陈述相互吻合。某保种业公司也认可其在某山口村六组、七组制种的事实,仅辩称在公证保全的地块并未委托制种,但并未提交证据证明在某山口村实际委托制种情况,故判令某保种业公司停止侵权并赔偿经济损失50万元,某山口村委会对经济损失承担连带赔偿责任。某保种业公司不服,提出上诉。最高人民法院二审认为,某保种业公司在一审中并未提交相应的证据证明其答辩所主张的事实,其二审提交的玉米种子生产合同等证据,并未明确种植的具体地块,无法证明某保种业公司实际生产品种及其所主张的实际生产面积,且缺乏付款和结算证据以及亲本发放、种子收购花名册等附件佐证,同时作为一审共同被告的某山口村委会对于一审判决并未上诉,二审又不出庭应诉,某保种业公司在二审提交的证据,不足以推翻一审法院认定的本案基本事实。故判决驳回上诉,维持原判。

【典型意义】本案对于植物新品种侵权纠纷中委托制种行为的侵权判定具有指导意义。不签订制种合同、选定代理人发放繁殖材料、通过间接方式给付制种费用等方式,是实践中非法代繁行为所采取的普遍手段。这类侵权行为隐蔽,品种权人往往难以收集有效的直接证据,也难以追究真正侵权人的法律责任。根据案件相关事实和证据,适时转移举证责任,对于一味地否定侵权事实但不提供相关证据的当事人,推定侵权事实成立,是降低品种权人维权难度的关键。本案中,品种权人提交种子生产合同、公证书等初步证据以证明制种公司委托制种行为构成侵权,制种公司虽然否认但无法对涉嫌侵权品种种植地块的制种情况进行说明,且未提供上述地块的亲本发放凭证及种子收购花名册等予以佐证,应当认定其行为构成侵害品种权的行为,依法承担侵权责任。

六、江苏省某科种业科技有限公司诉秦某某侵害植物新品种权纠纷案

【基本案情】江苏省某科种业科技有限公司(以下简称某科种业公司)为水稻新品种“南粳9108”的独占实施许可人,有权以自己名义对侵害水稻“南粳9108”植物新品种权的单位和个人追究法律责任。某科种业公司认为秦某某未经许可擅自生产、销售“南粳9108”水稻种子的行为侵害了其独占实施的被许可权,诉请判令秦某某停止侵权并赔偿经济损失50万元。秦某某辩称,其利用自留种子生产商品粮的行为属于法律规定的“农民自繁自用”情形,不构成对“南粳9108”水稻新品种权的侵害。

【裁判结果】江苏省南京市中级人民法院一审认为,秦某某通过土地流转,获得经转包的土

地经营权达 973.2 亩，已不是以家庭联产承包责任制的形式签订农村土地承包合同的农民，而是一种新型的农业生产经营主体(俗称种粮大户)。该类经营主体将他人享有品种权的授权品种用于生产经营活动的，应当取得品种权人的许可，否则构成侵权。故判令秦某某停止侵权并赔偿经济损失。最高人民法院二审认为，秦某某经营的土地面积高达 900 余亩，其在该面积土地上进行耕种、收获粮食后售出以赚取收益的行为，不再仅仅是为了满足其个人和家庭生活的需要，而是具有商业目的。从秦某某享有经营权的土地面积、种植规模、粮食产量以及收获粮食的用途来看，其已远远超出普通农民个人以家庭为单位、依照家庭联产承包责任制承包土地来进行种植的范畴，原审法院将其认定为一种新型农业生产经营主体，具有事实依据和法律依据。若允许秦某某播种上述面积土地所使用的繁殖材料均由自己生产、自己留种而无需向品种权人支付任何费用，无疑会给包括某科种业公司在内的涉案品种权利人造成重大经济损失，损害其合法权益。由于秦某某在其通过转包获得经营权的 973.2 亩土地上进行耕种，未经许可生产“南粳 9108”水稻种子并留作第二年播种使用的行为，不属于法律规定的“农民自繁自用”情形，应当取得涉案品种权利人的同意，并向品种权人或经授权的企业或个人支付费用。因现有证据仅能证明秦某某存在生产行为，不能证明其实施了销售侵权种子的行为，故对原审判决赔偿数额予以酌情调整。

【典型意义】本案进一步细化了“农民自繁自用”的适用条件，有助于解决司法实践中“农民”身份界定难、“自繁自用”行为界定难的问题，对准确适用“农民自繁自用授权品种的繁殖材料”具有指导意义。本案明确了“农民自繁自用”适用的主体应是以家庭联产承包责任制的形式签订农村土地承包合同的农民个人，不包括合作社、种粮大户、家庭农场等新型农业经营主体；适用的土地范围应当是通过家庭联产承包责任制承包的土地，不应包括通过各种流转方式获得经营权的土地；种子用途应以自用为限，除法律规定的可以在当地集贸市场上出售、串换剩余常规种子外，不能通过各种交易形式将生产、留用的种子提供给他人使用。本案中，被诉侵权人享有经营权的土地面积、种植规模、粮食产量以及收获粮食的用途足以表明其远远超出了农民个人以家庭为单位、依照家庭联产承包责任制承包土地来进行种植的范畴，不属于“农民自繁自用”的情形。

七、中国农业科学院郑州果树研究所诉郑州市二七区某领水果种植园侵害植物新品种权纠纷案

【基本案情】中国农业科学院郑州果树研究所(以下简称郑州果树研究所)为梨树新品种“丹霞红”的品种权人，郑州市二七区某领水果种植园(以下简称某领水果种植园)未经许可将其购买的梨树苗进行栽苗、出售，且经品种鉴定报告显示编号为 2-7 的梨树样品与“丹霞红”对照差异位点数为 0。郑州果树研究所认为某领水果种植园构成侵权，故诉请判令某领水果种植园停止侵权并赔偿经济损失 50 万元。

【裁判结果】河南省郑州市中级人民法院一审认为，某领水果种植园在未经取得郑州果树研究所许可的情况下，将其购买的梨树苗进行栽苗并出售，且经品种鉴定报告显示编号为 2—7 的梨样品与“丹霞红”对照差异位点数为 0，其行为侵害了郑州果树研究所享有的涉案品种权，构成侵权，应当承担相应的民事责任。据此判令某领水果种植园停止侵权并赔偿郑州果树研究所经济损失 4 万元。最高人民法院二审认为，涉案梨树中部分是某领水果种植园购买“丹霞红”品种苗木后，利用 5 年的梨树作砧木嫁接而来，结合某领水果种植园多次销售“丹霞红”

品种苗木的行为及其销售数量，可以证明某领水果种植园存在繁殖“丹霞红”品种的事实。某领水果种植园未证明所购入的“丹霞红”苗木是经品种权人许可售出的，且其在本案中实施的不仅是销售行为，还存在对购入的“丹霞红”苗木进行进一步繁殖，并向他人销售从而获利的行为，显然侵害了品种权人的利益，应当认定属于侵权行为。故判决驳回上诉，维持原判。

【典型意义】本案对于植物新品种侵权纠纷中合法来源抗辩和权利用尽抗辩的审查认定具有指导意义。被诉侵权人应对其主张的合法来源、权利用尽等不侵权抗辩承担举证责任。对于此类抗辩应作严格审查。被诉侵权人销售“丹霞红”苗木的数量超出其购买数量，足以认定其存在繁殖行为，不能适用合法来源及权利用尽抗辩。品种权通过保护繁殖材料来保护品种权人利益，而品种权的繁殖材料具有繁殖子代的特性。因此，与其他知识产权领域相比，植物新品种领域的权利用尽原则要受到更多限制，对于存在进一步繁殖后销售的行为，不适用权利用尽抗辩，避免出现以权利用尽为名严重影响品种权人利益的后果。

八、黑龙江某光种业有限公司诉植物新品种复审委员会植物新品种申请驳回复审行政纠纷案

【基本案情】植物新品种复审委员会 2019 年 1 月 17 日作出《关于维持〈哈育 189 品种实质审查驳回决定〉的决定》，认定黑龙江某光种业有限公司（简称某光种业公司）于 2015 年 6 月 29 日提交“哈育 189”玉米品种权申请时，“利合 228”品种已于 2015 年 4 月 14 日公告初步审查合格，选择“利合 228”品种作为本申请的近似品种符合《中华人民共和国植物新品种保护条例》规定。经原农业部植物新品种保护办公室前置审查，“哈育 189”品种不符合植物新品种保护条例关于授权的有关规定，某光种业公司的复审理由不能成立，决定维持品种保护办公室作出的《哈育 189 品种实质审查驳回决定》，驳回某光种业公司的复审请求。某光种业公司不服，认为“利合 228”在国内首次申请品种审定或品种权保护的时间均晚于“哈育 189”，不能作为评价“哈育 189”特异性的近似品种，诉请判决撤销被诉决定，并判令植物新品种复审委员会重新作出决定。

【裁判结果】北京知识产权法院一审认为，申请品种权的植物新品种是否具备特异性，其比较对象是递交申请以前的已知植物品种。“利合 228”品种权初审合格公告时间在“哈育 189”递交品种权申请之前，构成“哈育 189”品种权申请递交前已知的植物品种，可以作为判断“哈育 189”品种是否具有特异性的比较对象。本案品种权申请针对的是“哈育 189”，其何时申请品种审定对本案已知植物品种的判断不产生影响。综上所述，被诉决定选择“利合 228”作为“哈育 189”品种权申请的近似品种，符合法律规定。在此基础上，“哈育 189”品种并未明显区别于其递交申请以前已知的植物品种“利合 228”，被诉决定关于“哈育 189”品种不具备特异性的认定结论正确，故判决驳回某光种业公司的诉讼请求。最高人民法院二审认为，“哈育 189”品种在 2015 年 6 月 29 日申请植物新品种权时，“利合 228”品种已经完成了品种权申请初审，被诉决定将“利合 228”玉米品种作为“哈育 189”品种权申请日之前的已知品种，就其相关特征、特性进行测试，与申请品种进行性状对比，于法有据。根据鉴定，“哈育 189”“利合 228”有差异性状，但差异不显著，且（2018）甘民终 695 号民事判决已认定，“利合 228”与“哈育 189”属于同一玉米品种，因此申请品种权的“哈育 189”不具有明显区别于已知品种“利合 228”的性状，不具备特异性，被诉决定和原审判决认定并无不当。故判决驳回上诉，维持原判。

【典型意义】本案是植物新品种授权行政纠纷，判决阐明了植物新品种特异性判定中的已

知品种的认定问题。品种特异性要求申请品种权的植物新品种应当明显区别于在递交申请以前已知的植物品种。因此，判断的基准时间是申请品种权的申请日，而非申请品种审定的时间。在特异性的判定中，确定在先的已知品种的目的是为了固定比对对象，即比较该申请品种与递交申请日以前的已知品种是否存在明显的性状区别。申请植物新品种权保护的品种在申请日之前进行品种审定、品种推广的时间，对判断其是否具备新颖性具有意义，但与选择确定作为特异性比较对象的已知品种并无关联，对特异性判断不产生影响。

九、酒泉某豫农业科技有限公司、王某某生产、销售伪劣产品案

【简要案情】被告人王某某系酒泉某豫农业科技有限公司的法定代表人。2017 年，该公司将自己繁育的种子及从他人处收购的辣椒籽进行加工、包装后，以“豫椒王”品种向甘肃省酒泉市肃州区种子管理站申请生产经营备案，后因质量问题未能申请成功。2018 年 12 月，该公司将“豫椒王”辣椒种子销售给甘肃某慈生态农业发展有限公司 3500 罐，销售金额共计 245 万元。甘肃某慈生态农业发展有限公司将其中 1626 罐“豫椒王”辣椒种子委托酒泉市肃州区农户种植。2019 年 7 月，农户种植该辣椒种子后出现大量杂株，辣椒产量和质量均受到严重影响。经鉴定，该辣椒种子的纯度为 63.4%，纯度远低于国家标准 95%和罐体标识 96%，认定为劣种子。经测产，该辣椒平均亩产 1783.2 千克，其中形成商品价值的辣椒 1382.2 千克，远低于罐体标识的亩产 3000～4000 千克。案发后，王某某主动向公安机关投案。

【裁判结果】甘肃省酒泉市肃州区人民法院经审理认为，被告单位酒泉某豫农业科技有限公司、被告人王某某以不合格产品冒充合格产品，销售金额 245 万元，其行为已构成生产、销售伪劣产品罪。王某某具有自首情节，依法可减轻处罚。王某某归案后认罪态度好，有悔罪表现，依法可酌情从轻处罚。据此，以生产、销售伪劣产品罪判处被告单位酒泉某豫农业科技有限公司罚金 245 万元；判处被告人王某某有期徒刑十一年，并处罚金 123 万元。

【典型意义】近年来，涉及辣椒、花生等经济作物种子的犯罪案件日益增加，不仅关系到农民增收的“钱袋子”，也关系到人民群众的“菜篮子”。被告单位和被告人明知涉案辣椒种子质量不合格，在辣椒种子包装上虚假标注亩产、纯度等重要指标，以不合格种子冒充合格种子销售，并给相关企业和农户造成经济损失，对此类犯罪应依法从严惩处。实践中，生产、销售伪劣种子案件往往因受制于生产农时、土壤肥力、种植水平、天气状况等复杂因素，很多案件难以对生产遭受的损失情况作出准确认定，也就难以以生产、销售伪劣种子罪追究被告人的刑事责任。本案中，经相关农业部门测产，造成辣椒减产除了涉案种子原因外，还存在农户移栽时间晚、种植密度大，以及天气影响等因素，因此办案机关未能对农户生产遭受损失情况作出认定。在此情况下，应依法适用生产、销售伪劣产品罪定罪处罚。

依照种子法第四十九条第三款的规定，质量低于国家规定标准或者标签标注指标的，是劣种子。依照刑法第一百四十条的规定，生产者、销售者以不合格产品冒充合格产品，销售金额 5 万元以上的，即构成生产、销售伪劣产品罪。其中，销售金额在 200 万元以上的，应以生产、销售伪劣产品罪定罪，处十五年有期徒刑或者无期徒刑，并处销售金额 50%以上 2 倍以下罚金或者没收财产。人民法院综合考虑被告人具有自首情节和认罪悔罪表现，依法作出判决。

十、赛某某假冒注册商标案

【简要案情】2017 年 11 月至 2019 年 2 月，被告人赛某某雇佣齐某某(另案处理)在河南省郑州市惠济区非法从事种子生产、销售。赛某某从甘肃等地购买玉米种子，并在未经注册商标所有人许可的情况下，安排齐某某等人用赛某某所购不同品牌的玉米种子包装袋分装后，分别销往河南、山东、安徽、湖北等地。2019年2月25日，公安机关查处赛某某位于河南省郑州市惠济区八堡村的制假窝点时，当场查获假冒北京联创种业有限公司注册的“粒粒金”牌裕丰303、山西中农赛博种业有限公司注册的“太玉”牌太玉339、安徽隆平高科种业有限公司注册的“隆平高科”牌隆平206、山东登海种业股份有限公司注册的“登海”牌登海605、北京华奥农科玉育种开发有限责任公司注册的“农科玉”牌农科玉368等注册商标的玉米种子共计42袋，总价值共计85890元。

【裁判结果】河南省郑州市中级人民法院经审理认为，被告人赛某某未经注册商标所有人许可，在同一商品上使用与其注册商标相同的商标，情节严重，其行为构成假冒注册商标罪。赛某某归案后能够认罪认罚。据此，以假冒注册商标罪判处被告人赛某某有期徒刑一年，并处罚金八千元。

【典型意义】种子是农业发展的“芯片”，保护种子的注册商标等知识产权是维护种业健康发展、促进农业科技创新的重要保障。实践中，被告人假冒他人种子注册商标的犯罪，是种业领域典型的侵犯知识产权犯罪，应依法予以严惩。依照刑法第二百一十三条的规定，未经注册商标所有人许可，在同一种商品上使用与其注册商标相同的商标，情节严重的，以假冒注册商品罪定罪处罚。其中，非法经营数额在5万元以上不满25万元或者违法所得数额在3万元以上不满15万元的，以及假冒两种以上注册商标，非法经营数额在3万元以上不满15万元或者违法所得数额在2万元以上不满10万元的，应在三年以下有期徒刑，并处或者单处罚金的幅度内量刑。

该类刑事案件的审理，往往还涉及罪数认定问题。对于被告人既实施假冒他人注册商标犯罪，又销售该假冒注册商标的商品，构成犯罪的，以假冒注册商标罪定罪处罚；对于采用假冒注册商标的手段生产、销售伪劣产品，既触犯假冒注册商标罪，又触犯生产、销售伪劣产品罪的，按照处罚较重的犯罪定罪处罚。本案即便涉案种子经鉴定属于不合格产品，若以销售伪劣产品罪定罪，销售金额在5万元以上不满20万元的，应在二年以下有期徒刑或者拘役，并处或者单处销售金额50%以上二倍以下罚金的幅度内量刑。故根据“择一重罪处罚”原则，本案应以假冒注册商标罪定罪处罚。

附件2.2 农业植物新品种保护典型案例

2020年12月9日，农业农村部种业管理司、农业农村部科技发展中心、农业农村部法律服务中心发布2020年农业植物新品种保护十大典型案例，本次典型案例以大田作物的品种权维权和复审案例为主，案例所涉法律问题的类型较以往更新，在合法来源抗辩、被许可人法律地位，共同侵权赔偿责任认定、电子化证据认定等问题的判定上为维权带来新启示。

一、如何认定繁殖材料：蔡某光诉广州市某平商业有限公司侵害柚子“三红蜜柚”植物新品种权纠纷案

二、关于品种权侵权合法来源抗辩：安徽某垦种业股份有限公司诉寿县某东汽车电器修理部侵害小麦“郑麦9023”植物新品种权纠纷案

三、关于植物新品种权侵权判定：北京某森三和马铃薯有限公司诉商洛市某安农业综合开发有限公司侵害马铃薯“希森3号”植物新品种权纠纷案

四、关于品种权侵权认定：黑龙江省北方稻作研究所诉绥化市某昊种子有限公司侵害水稻“北稻 4 号”植物新品种权纠纷案

五、关于品种权侵权行为、注册商标侵权及不正当竞争行为并存：河北某育种业有限公司诉戴某民、睢宁县桃园镇朱某红农资门市侵害玉米“蠡玉 88”植物新品种权纠纷案

六、关于通过微信聊天记录、录音、视频及照片并辅以公证程序确定品种权侵权成立：江苏某天种业科技股份有限公司诉舒城某隆农业科技有限公司、藏某福侵害小麦“宁麦 13”植物新品种权纠纷案

七、关于如何解读品种真实性鉴定报告：张某全、张某阁诉沛县胡寨镇农业技术推广服务中心凤×门市部、江苏沛×种业有限公司侵害水稻“临稻 16”植物新品种权纠纷案

八、关于品种权侵权认定：丹东良×种业有限公司诉谢某某侵害玉米“良玉 99 号”植物新品种权纠纷案

九、请求人的复审理由不成立：安徽某勤农业科技有限公司请求复审小麦“皖麦 203”驳回品种权申请案

十、因申请植物新品种保护的品种名称与作为亲本选育品种时所使用的品种名称不一致而请求对植物新品种名称进行更名：某省超级水稻研究发展中心、江西某丰源种业有限公司请求水稻“跃恢 1573”新品种更名复审案

一、如何认定繁殖材料：蔡某光诉广州市某平商业有限公司侵害柚子“三红蜜柚”植物新品种权纠纷案

【案情摘要】蔡某光因广州市某平商业有限公司（以下简称某平公司）侵害“三红蜜柚”品种权，向广州知识产权法院（以下简称一审法院）提起诉讼。涉案品种为柚子植物新品种“三红蜜柚”，品种权申请日为 2009 年 11 月 10 日，授权日为 2014 年 1 月 1 日，品种权人为蔡某光，品种权号为 CNA20090677.9。

2018 年 1 月 5 日、6 日、7 日和 12 日，曾某荣分四次在大润发超市购买“三红蜜柚”，由广州某平公司开具发票，标明“三红蜜柚”及价格。蔡某光拍摄了大润发超市销售“三红蜜柚”的照片以及相关视频，认为广州某平公司未经品种权人许可销售“三红蜜柚”果实的行为构成对“三红蜜柚”品种权的侵权。广州某平公司提供了“三红蜜柚”果实的进货合同，证明其销售的“三红蜜柚”果实具有合法来源。一审法院根据蔡某光提交的发票、照片、视频以及原被告双方的诉辩，认定广州某平公司销售了被诉“三红蜜柚”果实，至于该柚子是否是蔡某光主张的植物新品种“三红蜜柚”，依现有证据无法认定，也不具备鉴定条件。一审法院经审理认为，被诉蜜柚果实是否属于繁殖材料是本案争议的关键问题，根据蔡某光申请植物新品种权时提交的材料，证实“三红蜜柚”是通过芽变分枝上采穗嫁接及采穗高接的方式进行繁殖，广州某平公司销售蜜柚果实主要为食用，且蔡某光未提供证据证明广州某平公司所销售的蜜柚果实是未经品种权人许可培育获得的收获材料，也没有证据证明广州某平公司将该蜜柚果实作为繁殖材料进行销售，因此判定蜜柚果实不是繁殖材料，广州某平公司销售蜜柚果实没有侵害蔡某光的品种权，判决驳回蔡某光的诉讼请求。

蔡某光不服一审判决，向最高人民法院知识产权法庭（以下简称二审法院）提起上诉。二审审查中，广州某平公司对其销售被诉蜜柚果实的行为无异议，主张蜜柚果实从案外人森南公司合法购进。蔡某光认为，广州某平公司没有证据证明被诉侵权蜜柚果实来源于蔡某光，故其

合法来源抗辩不能成立，并申请西南大学果树研究所曹某作为专家辅助人出庭。曹某认为柚子以单胚为主，绝大多数会发生变异，果实内是否有籽粒或者籽粒是否退化很难确定；“三红蜜柚”通常采用苗木培育，繁育时套袋处理，收获的果实外皮才具有该品种的特异性；实践中存在农民种植未退化的籽粒形成树苗销售的个别情况，通过汁胞培育苗木专业技术难度大，需要一流实验室和至少三十万元至五十万元的费用。二审法院经审理认为，繁殖材料的界定是本案的焦点。判断是否为某一授权品种的繁殖材料，在生物学上必须同时满足以下三个条件：一属于活体，二具有繁殖的能力，三繁殖出的新个体与该授权品种的特征特性相同。涉案植物品种“三红蜜柚”通常采用枝条、芽条、砧木或者分株进行繁殖，很难通过籽粒或者果实内汁胞进行繁殖，“三红蜜柚”果实（籽粒及其汁胞）不属于“三红蜜柚”的繁殖材料，广州某平公司销售蜜柚果实的行为不属于品种权侵权行为。二审判决驳回上诉，维持原判。

【典型意义】本案是关于如何认定繁殖材料的典型案例，界定了我国目前植物新品种权保护对象的范围，属于 2019 年中国法院 50 件典型知识产权案例。尽管《植物新品种保护条例实施细则》（农业部分）明确规定“《条例》所称的繁殖材料是指可繁殖植物的种植材料或植物体的其他部分，包括籽粒、果实和根、茎、苗、芽、叶等”，但就某一具体植物品种哪些部分为繁殖材料，相关法律法规均未明确规定。最高人民法院知识产权法庭通过对本案的审理，提出界定繁殖材料的三个条件，否定了依据植物细胞全能性理论将任何植物活体材料认定为繁殖材料，对于既属于繁殖材料又属于收获材料的植物材料，应重点审查销售意图和使用意图。此外，判决还讨论了被控侵权的繁殖材料的繁育方式是否必须与品种权申请文件所描述的繁育方式相对应，指出授权品种的繁殖方式与品种权保护对象范围的界定没有直接关系。

对无性繁殖植物和农作物常规种的保护力度是一个国家植物新品种保护水平的直接体现。最高人民法院知识产权法庭通过对本案的审理，明确提出“除有关法律、行政法规另有规定外，对于未经品种权人许可种植该授权品种的繁殖材料的行为，应当认定是侵害该植物新品种权的行为”，一定程度上解决无性繁殖植物品种权人“维权难、取证难”的问题，同时也警示所有从事果树、蔬菜、花卉等无性繁殖植物的生产和种植企业，应当尊重和保护他人的品种权，不得再以种植之名，行品种权侵权之实。同时，本案原告维权的失败，反映了我国品种权人要求强化品种权保护力度，扩大品种权保护对象范围，拓宽维权渠道的必要性和迫切性。

二、关于品种权侵权合法来源抗辩：安徽某垦种业股份有限公司诉寿县某东汽车电器修理部侵害小麦“郑麦 9023”植物新品种权纠纷案

【案情摘要】安徽某垦种业股份有限公司（以下简称某垦种业公司）因寿县某东汽车电器修理部（以下简称某东修理部）侵害小麦“郑麦 9023”品种权，向安徽省合肥市中级人民法院（以下简称一审法院）提起诉讼。涉案品种为小麦“郑麦 9023”，品种权申请日为 2002 年 1 月 21 日，授权日为 2003 年 3 月 1 日，品种权人为河南省农业科学院，品种权号为 CNA20020004.6。

2017 年 9 月 21 日，河南省农业科学院发布授权声明，授予安徽某垦种业公司在安徽省区域享有“郑麦 9023”的独占实施许可权，包括但不限于自行生产经营、与其他单位联合生产经营、依法独立进行维权、打假、诉讼等。授权期限自 2015 年 9 月 30 日起至 2018 年 3 月 1 日。2017 年 10 月 24 日，安徽某垦种业公司向安徽省淮南市正诚公证处申请证据保全公证，申请代理人在商铺门头标有“西湖麦种”处购买两袋标有“郑麦 9023”的麦种，索取销售票据及名片各一张。公证人员按程序在公证处对两袋麦种现场封存，一袋交由申请人保管，另外一袋留存

于公证处，并出具(2017)皖淮正公证字第 7431 号公证书。一审法院经审理认为，“郑麦 9023”处于有效法律状态，安徽某垦种业公司经授权获得对“郑麦 9023”侵权行为提起诉讼的权利，其提供的证据真实合法，足以证明某东修理部未经品种权人许可在安徽省区内销售“郑麦 9023”小麦种子。某东修理部没有证明其出售的“郑麦 9023”有合法来源，也没有证明其获得品种权人许可或授权的事实。一审法院判定某东修理部构成品种权侵权，判决停止侵权并赔偿安徽某垦种业公司 5 万元。

某东修理部不服一审判决，向安徽省高级人民法院(以下简称二审法院)提起上诉，并向法院提交证据证明其销售被诉侵权种子具有合法来源，不构成侵权。这些证据包括：①河南黄泛区某神种业有限公司(以下简称某神种业公司)对河南省农×种业有限公司(以下简称农×种业公司)的授权书；②农作物种子经营许可证[C(豫周西)农种经许字(2015)第 0003 号和 C(豫周西)农种生许字(2015)第 0011 号]；③农×种业公司授权某东修理部为其农作物种子代理商的授权委托书等证据材料。二审法院确认上述证据真实，对于某东修理部是否构成侵权，认为安徽某垦种业公司对“郑麦 9023”享有的安徽省区域内独占经营权是品种权人与被许可人就经营渠道所做的特殊安排，是双方当事人通过合同方式创设，属于相对性权利，仅在双方当事人之间发生效力。安徽某垦种业公司不能以此对抗某东修理部。某东修理部在经营过程中已经审查了所销售种子的生产者提供的营业执照、种子生产经营许可证以及检验检疫证等证件，尽到了善良销售者应当尽到的注意义务，其不知道也不可能知道河南农×种业公司未在安徽省区域取得“郑麦 9023”的生产经营权，主观上不具有过错。某东修理部的涉案行为未侵害安徽某垦种业公司对“郑麦 9023”享有的安徽省区域内独占经营权。二审判决撤销一审判决，驳回安徽某垦种业公司的诉讼请求。

安徽某垦种业公司认为二审判决适用法律错误、认定的事实缺乏证据支持，且部分证据涉嫌伪造，向最高人民法院申请再审，并提供农业部种子管理局官网公示的河南农×公司编号为“C(豫周西)农种生许字(2015)第 0011 号”的生产许可证，其中不包含“郑麦 9023”。最高人民法院经审查决定提审，通过质证裁定对安徽某垦种业公司提交的证据予以采信，对某东修理部提交的其他证据予以采信，认定河南某神种业公司授权河南农×种业公司在河南省和湖北省销售“郑麦 9023”小麦种子，授权期限自 2017 年 7 月 1 日起至 2017 年 11 月 31 日，某东修理部作为河南农×种业公司农作物种子代理商销售“郑麦 9023”等事实。最高人民法院经审理认为，特定地域范围的独占许可，不能直接认定为独占许可，需要根据品种权的整体实施情况进行判断。本案中，安徽某垦种业公司取得“郑麦 9023”在安徽省区域的独占实施许可的品种权，其实质是一种普通许可，经品种权人明确授权后，可以自己名义提起诉讼。某东修理部提供的全部在案证据不足以证明其销售的被诉侵权麦种取得品种权人的许可或符合法律规定的其他实施该授权品种的条件，应承担品种权侵权责任。判决撤销二审判决，维持一审判决，某东修理部应赔偿安徽某垦种业公司 5 万元。

【典型意义】本案是关于品种权侵权合法来源抗辩的典型案例，属于 2019 年中国法院 50 件典型知识产权案例。本案主要围绕以下三个问题进行讨论。第一个问题是用于证明合法来源抗辩的证据真实性认定问题。本案原告通过公证程序取证证明被告实施了品种权侵权行为，获一审法院支持。被告不服提起上诉，在二审中提交了所售麦种生产商的授权书和种子生产经营许可证等证据，证明其已经尽到谨慎审查所售麦种的注意义务，获二审法院支持。一审原告以被告在二审中提交的种子生产许可证涉嫌伪造为由申请再审。最高人民法院在再审程序中对一审原告提交的农业部种子管理局官网公示的生产许可证打印件予以采信，由此证明一审被告没有尽到谨慎审查所售麦种合法来源的注意义务。第二个问题是特定地域范围内的独占许可人在品种权侵权诉讼中的法律地位问题。特定地域范围内的独占许可是目前品种权实施所采用的较为普遍的方式。最高人民法院通过本案明确特定地域范围内的独占许可是否属于《最高人民法院关于审理侵害植物新品种权纠纷案件具体应用法律问题的若干规定》(法释〔2007〕1号)中所指的“独占许可”，应根据品种权实施整体情况进行判定。第三个问题是品种权根据地域划分不同许可区域的情况下，超出地域范围生产销售授权品种繁殖材料是构成品种权侵权还是仅仅侵害了品种权人与被许可人通过合同创设的相对性权利。最高法院通过本案明确，除法律法规有特别规定外，未经品种权人许可而生产销售该授权品种繁殖材料的，应承担侵权责任。超出地域范围生产销售授权品种繁殖材料的，构成品种权侵权。

三、关于植物新品种权侵权判定：北京某森三和马铃薯有限公司诉商洛市某安农业综合开发有限公司侵害马铃薯“希森3号”植物新品种权纠纷案

【案情摘要】北京某森三和马铃薯有限公司(以下简称某森公司)因商洛市某安农业综合开发有限公司(以下简称某安公司)侵害马铃薯“希森3号”品种权，向西安市中级人民法院(以下简称一审法院)提起诉讼。涉案品种为马铃薯植物新品种“希森3号”，品种权申请日为2012年12月30日，授权日为2016年11月1日，品种权人为乐陵某森马铃薯产业集团有限公司(以下简称乐陵某森公司)，品种权号为CNA20121349.0。

2017年9月11日，乐陵某森公司将马铃薯“希森3号”品种权转让给北京某森公司。北京某森公司发现某安公司利用伪造的“希森3号”品种权授权证明向商洛市农业局申请办理了《种子生产经营许可证》，遂举报。商洛市农业局根据举报撤销了其向某安公司颁发的《种子生产经营许可证》，并将某安公司的不良行为记录在案，纳入征信系统。北京某森公司认为某安公司侵害了“希森3号”品种权，向一审法院提起诉讼，请求赔偿。一审法院认为，商洛某安公司伪造某森公司所有的“希森3号”品种权授权证明用于生产经营，其行为未经北京某森公司许可，侵害了北京某森公司的植物新品种权，判决赔偿损失15万元。

某安公司不服一审判决，向陕西省高级人民法院(以下简称二审法院)提起上诉。二审庭审中，某安公司提交其公司生产记录、销售清单以及证人证言等证据，证明品种授权书为伪造，某安公司未生产销售涉案品种的事实。二审法院认为上述证据真实性无法核实，不予采信，一审查明事实清楚，双方均无异议，予以确认。某安公司使用虚假品种权授权证明的行为是否侵害某森公司的植物新品种权是本案的核心问题。根据《中华人民共和国种子法》(以下简称《种子法》)、《中华人民共和国植物新品种保护条例》(以下简称《条例》)及其相关司法解释，可以明确，植物新品种权侵权行为是未经品种权人许可实施生产或销售被控侵权品种的行为，并且该被控侵权品种的特征特性与授权品种相同。本案中，某安公司采用虚假授权证明，仅取得“希森3号”生产经营许可证，其公司是否生产或销售授权品种，以及生产或销售的被控侵权品种的特征特性是否与授权品种“希森3号”特征特性相同，均无证据证明，因此某森公司主张某安公司侵害其植物新品种权的证据不足，判决撤销一审判决，驳回一审原告诉讼请求。

【典型意义】本案是关于植物新品种权侵权判定的典型案例，案件的核心问题与植物新品种权的保护范围有关，属于2019年中国法院50件典型知识产权案例。本案中，被控侵权人伪造品种权授权证明用于办理《种子生产经营许可证》，在当地农业局依法撤销该《种子生产经营

许可证》后，品种权人认为上述行为侵害了其品种权，起诉要求损害赔偿。经过二审，法院认定本案没有证据证明被控侵权人生产销售授权品种的繁殖材料，因此无法证明品种权侵权行为的存在，遂判决驳回诉讼请求。法院通过本案例明确了，品种权侵权行为的成立不仅需要证明被控侵权方未经品种权人许可实施了生产销售授权品种的繁殖材料或者重复利用授权品种繁殖材料生产另一品种的行为，而且需要证明涉案品种与授权品种属于极近似品种或者相同品种。

四、关于品种权侵权认定：黑龙江省北方稻作研究所诉绥化市某昊种子有限公司侵害水稻“北稻 4 号”植物新品种权纠纷案

【案情摘要】黑龙江省北方稻作研究所因绥化市某昊种子有限公司（以下简称某昊种子公司）侵害水稻“北稻 4 号”品种权，向黑龙江省哈尔滨市中级人民法院（以下简称一审法院）提起诉讼。涉案品种为水稻“北稻 4 号”，品种名称为“北 01-03”，品种权申请日为 2006 年 7 月 11 日，授权日为 2010 年 1 月 1 日，品种权人为绥化市北方稻作综合研究所，培育人为乔某礼等，品种权号为 CNA20060396.5。

绥化市北方稻作综合研究所为个人独资企业，因投资人于 2008 年 6 月 25 日解散而注销。2008 年 11 月 24 日，经黑龙江省科学技术厅审查，成立科技类民办非企业单位黑龙江省北方稻作研究所（以下简称北方稻作所），法定代表人为乔某礼。乔某礼于 2010 年 1 月 20 日和 2012 年 2 月 9 日授权北方稻作所对水稻品种“北稻 4 号”进行维权。2010 年 3 月 1 日，北方稻作所与某昊种子公司签订《协议书》，某昊种子公司承认侵害北方稻作所的品种权，同意一次性赔偿，北方稻作所不再追究责任。2012 年 2 月 13 日，种子管理站出具《证明》证实，在查处某昊种子公司过程中，发现了某昊种子公司制作的公司内部账簿中有生产销售“北稻 4 号”的信息。2012 年 7 月 4 日，乔某礼向黑龙江省绥化市绥化公证处申请对“某昊种业经销大厅”和“某昊种业”两处种子经销点的店面外部现状进行证据保全。北方稻作所还收集到《某昊农业科技信息》宣传水稻品种“北稻 4 号（北 01-03）”等证据。某昊种子公司在一审诉讼中提出北方稻作所不是本案适格原告，2010 年 3 月 1 日签订的《协议书》系经乔某礼敲诈勒索签订，不具有法律效力，并提供绥化市某丰米业有限公司、绥化市北林区三河镇某兴米业加工厂于 2012 年 6 月 10 日出具的两份《情况说明》、黑龙江某圆律师事务所吕某应于 2012 年 6 月 25 日询问种子管理站站长李某生和副书记甄某军的笔录等证据，否定品种权侵权行为。一审法院认为，本案争议的焦点是北方稻作所是否为适格原告，某昊种子公司是否构成品种权侵权，以及如何承担法律责任。绥化市北方稻作综合研究所为个人独资企业，投资人乔某礼依法享有原绥化市北方稻作综合研究所所有的“北稻 4 号”品种权，并授予北方稻作所行使权利并维权。北方稻作所依法有权以自己名义对侵害授权品种“北稻 4 号”的行为提起诉讼，是本案适格原告。北方稻作所提交的《协议书》、加盖有种子管理站骑缝章的某昊种子公司的《入库单》《基地选种（成品）统计表》《原粮库存明细表》《基地卸原粮统计表》《生产进度统计表》、2011 年《生产进度统计表》等，《某昊农业科技信息》宣传册、（2012）黑绥绥证内民字第 953 号公证书、宣传网页、某昊种子公司种子包装袋等组合证据，证实某昊种子公司存在宣传经营、销售“北稻 4 号”种子的事实。某昊种子公司关于《协议书》不具有法律效力的主张，违背事实和法律，不成立；提交的《询问笔录》是同时对两人进行询问的，不符合证据规定，违反取证规则；李某生、甄某军的陈述不能否定《证明》《入库单》《生产进度统计表》等材料上加盖种子管理站印章的事实及其证明力。一审法院判定某昊种子公司未经许可生产经营授权品种"北稻 4 号"的行为构成品种权侵权，考虑品种类型及种子价格，以及侵权行为的性质、持续时间、后果、地域范围，侵权主体的经营规模、主观过错程度等因素，综合判定某昊种子公司赔偿 20 万元。

某昊种子公司不服一审判决，向黑龙江省高级人民法院（以下简称二审法院）提起上诉。某昊种子公司对北方稻作所的原告资格持异议，并认为 2012 年 2 月 10 日黑龙江省种子管理局在查处某昊种子公司时并未查封 309 页账单，该证据来源不合法。二审法院确认一审法院已向绥化市工商行政管理局调查确认绥化市北方稻作综合研究所于 2008 年 6 月 25 日注销，确认 309 页账单系一审法院依职权向黑龙江省种子管理局调取，具有法律证明效力，并确认一审法院查明的其他事实，判决驳回上诉，维持原判。某昊种子公司不服二审判决，向最高人民法院申请再审，认为北方稻作所不具备本案诉讼主体资格，本案证据不足以证明品种权侵权行为的成立，赔偿额错误。最高人民法院裁定申请再审理由不能成立，驳回某昊种子公司的再审申请。

【典型意义】本案是关于品种权侵权认定的一个典型案例，其中主要涉及原告主体资格和侵权证据的认定问题，经历二审和申请再审。本案中，品种权人为个人独资企业，因投资人决定解散而被注销，品种权作为独资企业的财产归投资人所有。投资人在成立新的民办非企业单位后，将品种权授予该单位行使权利并实施维权的行为，是符合法律规定的行为。该单位因此成为该品种权的利害关系人，有权根据委托就品种权侵权行为提起诉讼，属于适格的原告。实践中，如果出现品种权人被注销的情况，可以向农业农村部植物新品种保护办公室申请变更品种权人。本案中，证明品种权侵权成立的证据种类较多，既有品种权人及利害关系人与被控侵权人曾就相关侵权行为的损害赔偿达成协议书，又有公安局、种子管理局、种子管理站联合查处被控侵权人的过程中发现被控侵权公司记载了对授权品种的生产销售情况的账簿，又有品种权人通过公证程序收集的被控侵权人的信息以及被控侵权人自己制作的宣传册等，以及一审法院依职权向种子管理局和工商行政管理局调取的相应证据。法院通过上述多种证据的组合，认为品种权侵权行为成立并判定损害赔偿。

五、关于品种权侵权行为、注册商标侵权及不正当竞争行为并存：河北某育种业有限公司诉戴某民、睢宁县桃园镇朱某红农资门市侵害玉米"蠡玉 88"植物新品种权纠纷案

【案情摘要】河北某育种业有限公司（以下简称某育公司）因戴某民、睢宁县桃园镇朱某红农资门市（以下简称朱某红门市）侵害玉米"蠡玉 88"品种权、侵害商标权及擅自使用他人企业名称，向江苏省南京市中级人民法院（以下简称一审法院）提起诉讼。涉案品种为玉米"蠡玉 88"，品种权申请日为 2011 年 12 月 3 日，授权日为 2015 年 11 月 1 日，品种权人为石家庄蠡玉科技开发有限公司，品种权号为 CNA20111026.1。

2016 年 1 月 1 日，石家庄蠡玉科技开发有限公司授予某育公司"蠡玉 88"的独占许可实施权，某育公司可生产、包装、销售"蠡玉 88"玉米种子，还可以某育公司名义对侵害品种权行为进行举报、申请行政查处、提起民事诉讼。授权期限自 2016 年 1 月 1 日至 2019 年 12 月 31 日。

2017 年 4 月 13 日，某育公司委托代理人在朱某红门市通过公证购买"蠡玉 88"玉米种子 2 袋，江苏省睢宁公证处出具(2017)徐睢证民内字第 1554 号公证书描述购买过程。一审程序中，某育公司当庭提交通过公证程序购买的"蠡玉 88"玉米种子 2 袋。经比对，该包装与某育

公司产品外包装相比，只是“蠡玉 88”字体颜色稍红和气孔数有差异；经现场扫描二维码发现，该包装上的单元识别码与产品身份码不一致，而某育公司产品包装上的二维码可以追溯到种子的生产、加工、包装、发货物流码等信息。朱某红门市在初次答辩时认可其销售“蠡玉 88”玉米种子是其于 2017 年 4 月 9 日从戴某民、崔某夫妇处购买，并提供供货票据、戴某民销售门市送货车照片和通话录音等证据，申请追加戴某民为本案被告参加诉讼。戴某民否认其与朱某红门市存在“蠡玉 88”种子买卖交易行为，但未能举证反驳，一审法院认定朱某红门市所售被控侵权种子来自戴某民。庭审中，朱某红门市、戴某民以公证文书存在“未附购买发票，未对公证购买过程进行全程录音、录像，公证书中未记载购买种子品种、工作记录上没有朱某红门市的签字、公证文书所附照片是车内拍摄、购买到的种子未在现场封存”等疑点，认为公证行为不合法，公证文书存在瑕疵。某育公司解释：①未见发票，是因为代理人购买种子时曾要求朱某红门市提供发票，但其以没有发票为由拒绝提供；②未对购买过程进行全程录音录像，《公证法》没有对证据保全方式进行强制规定，且通过现场拍照、记录能够反映公证购买的过程；③侵权种子照片在车内拍摄、不在现场封存，是因为取证本身是秘密进行的，公开取证根本就不可能获取相关证据，相反会引发对方产生过激行为，造成不必要的冲突。一审法院认为，某育公司对上述疑点作出了合理解释，且朱某红门市在初次答辩时已经承认其销售“蠡玉 88”玉米种子，又以公证文书存在部分疑点而主张公证事项不客观真实，对其在后的抗辩意见不予采纳。戴某民否认其侵害“蠡玉 88”品种权，但其既未申请鉴定，也未提交其他证据加以证明。一审法院根据被控侵权种子本身的颜色、形状，种子外包装袋显示“蠡玉 88”信息及朱某红与崔某的通话录音可以认定朱某红门市、戴某民所销售的玉米种子即为“蠡玉 88”玉米种子，其行为侵害了“蠡玉 88”品种权。此外，一审法院还确认，朱某红门市、戴某民销售的被控侵权种子，完全仿冒某育公司的注册商标、企业名称等，侵害了某育公司的注册商标，并构成不正当竞争。一审判决，朱某红门市、戴某民停止侵害“蠡玉 88”品种权、停止侵害某育公司图文注册商标专用权及停止仿冒某育公司名称的不正当竞争行为，并根据某育公司获得独占许可的时间、“蠡玉 88”市场需求、侵权种子的销售价格和合理利润、朱某红门市和戴某民的主观故意程度、门店位置等因素，确定朱某红门市赔偿 2 万元，戴某民赔偿 18 万元。

戴某民不服一审判决，向江苏省高级人民法院（以下简称二审法院）提起上诉。针对戴某民提出公证存在瑕疵的问题，二审法院认为，涉案公证书明确记载从朱某红门市购买被控侵权种子的过程，附有相关照片，公证员张某和公证人员朱某现场监督购买过程，公证申请人的两名委托代理人在工作记录上签字确认，程序合法，该公证书可以作为侵权种子相关事实的根据。二审法院综合本案证据，认定朱某红门市所售的被控侵权种子系从戴某民处购买，一审法院追加戴某民为被告并无不当。由于被控侵权种子外包装袋明确标注品种为“蠡玉 88”，并有在案其他证据予以佐证，尽管戴某民声称其并非是“蠡玉 88”，但未提交证据，也拒绝申请鉴定，认定戴某民销售的涉案种子侵害“蠡玉 88”品种权。二审法院认为一审判决并无不当，判决驳回上诉，维持原判。

【典型意义】本案是关于品种权侵权行为、注册商标侵权及不正当竞争行为并存的典型案例，其中涉及较为复杂的证据认定问题。法院综合电话录音、证人证言等证据，在确认被控侵权人不申请鉴定的情况下，根据被控侵权产品的外包装确认被控侵权人未经品种权人许可销售授权品种的繁殖材料，构成品种权侵权。尽管本案中主要被控侵权人一再质疑涉案公证书的内容和程序，法院根据权利人所作的合理解释以及《公证法》对公证程序的规定，确认在没有相反证据足以推翻公证证明的情况下，经过法定程序公证的法律事实和文书应当作为认定事实的根据。本案涉及两个被控侵权主体的共同侵权行为，法院根据在案证据，尤其是双方对侵权行为的主观故意程度，对各自应承担的赔偿责任予以区别。对于被控侵权的朱某红门市，在案件诉讼过程中，很快提供其销售种子的来源证明，且由于经营地点较偏，销售范围小，但考虑到其未尽合理注意义务，没有审查所售种子的合法来源，判决其承担较轻的赔偿责任。对于另一侵权主体戴某民，由于其具备较为发达的物流服务，销售范围较大，且拒绝提供所售种子的来源，诉讼过程中未按指定时间提供相关证据，主观故意明显，同时所售种子包装完全仿冒权利人产品包装，侵害权利人多项权利，判决其承担较重的赔偿责任。本案在通过被控侵权产品外包装认定品种权侵权行为，认定公证文书的法律证明力和销售侵权繁殖材料的法律责任等问题方面，对以后相关案例的审理具有借鉴意义。

六、关于通过微信聊天记录、录音、视频及照片并辅以公证程序确定品种权侵权成立：江苏某天种业科技股份有限公司诉舒城某隆农业科技有限公司、藏某福侵害小麦“宁麦 13”植物新品种权纠纷案

【案情摘要】江苏某天种业科技股份有限公司(以下简称某天公司)因舒城某隆农业科技有限公司(以下简称某隆公司)、藏某福侵害小麦“宁麦 13”品种权，向安徽省合肥市中级人民法院(以下简称一审法院)提起诉讼。涉案品种为小麦“宁麦 13”，品种权申请日为 2004 年 10 月 18 日，授权日为 2008 年 1 月 1 日，品种权人为江苏省农业科学院，品种权号为 CNA20040423.7。

2006 年 2 月 28 日，江苏省农业科学院与某天公司签订独占实施许可合同，授权某天公司在该品种适宜种植区域内生产、销售“宁麦 13”的种子，出现侵权行为的，可以某天公司名义起诉或者请求行政调处。某隆公司成立于 2017 年 5 月 5 日，法定代表人程某，无种子生产经营许可证。2018 年 9 月 17 日，舒城县农业委员会根据举报对某隆公司开展执法检查，发现某隆公司 2 间仓库存放 5 种白色袋包装的小麦品种。农委会后将抽检的“宁麦 18”“苏麦 188”“杨麦 13”3 个样品送检，发现标有“宁麦 18”的小麦种子与标准样品比较，存在差异位点 13 个，以涉嫌生产经营假种子案、未取得种子生产经营许可证生产种子案予以行政处罚立案，并移送至舒城县公安局立案侦查。

2018 年 9 月 12—28 日，藏某福向种粮农民发送种子出芽照片，商谈“宁麦 13”销售事宜，某天公司委托代理人王某军通过微信向藏某福转款 5.4 万元，购买“宁麦 13”麦种。2018 年 9 月 29 日，某隆公司出具物资欠条载明：欠货单位藏某福，品种精选红麦，规格 25 千克，件数 800 件，数量 20000 千克，经办人程某。2018 年 9 月 30 日，王某军到位于江苏省盱眙县维桥工业园区 18 号的丰登种业公司院内接收麦种，交接的麦种只有无任何标识的白皮包装种子和标有“宁麦 18”字样绿皮包装种子，没有标有“宁麦 13”字样的麦种。王某军随机抽取 4 袋种子(白皮和绿皮包装的各 2 袋)，在现场公证装箱封存。江苏省盱眙县公证处(2018)淮盱证民内字第 749 号公证书记载上述麦种的交接与取证过程。某天公司向一审法院起诉某隆公司、藏某福侵害“宁麦 13”植物新品种权。经申请，一审法院于 2018 年 10 月 13 日到某隆公司进行了证据保全，于 2018 年 11 月 13 日委托舒城农业委员会抽样。

一审法院确认“宁麦 13”植物新品种权处于保护期限内，某天公司经授权可以自己名义对涉嫌侵权行为提起诉讼，为适格原告。虽然本案被告涉及追究生产销售伪劣产品刑事责任的问题，但该案的处理结果不作为本案的审理依据，本案不必中止诉讼。一审法院经审理认为，某天公司提交的公证书、某隆公司的库存产品、物资欠条等证据无法形成完整有效的证据链，以证明某隆公司和藏某福未经品种权人许可生产、销售“宁麦 13”麦种，侵害植物新品种权，判决驳回诉讼请求。某天公司不服一审判决，提起上诉。某天公司坚持在一审中提交的微信聊天记录、录音、视频及照片作为证据外，并补充说明上述证据证明内容。二审法院审查认为，某隆公司、藏某福并未否认与种粮农户进行微信聊天的事实，也未否认录音、视频、照片中反映的声音、画面是其本人，对该证据的真实性予以确认。上述证据反映出双方从洽谈、实地查看、到商谈价格、包装、装车、再到转款、开票等购买全过程，各类证据在时间、地点、人物、内容上高度一致，且相互印证，另外程某承认，当地的红麦就是“宁麦 13”，判定某隆公司未经许可销售“宁麦 13”种子构成品种权侵权，藏某福参与售卖过程并收取货款，为某隆公司侵权提供帮助，构成共同侵权。二审法院判决撤销一审判决，责令某隆公司、藏某福停止侵权，于本判决生效后 30 日内对库存及尚未销售的侵害“宁麦 13”植物新品种权的小麦种子作灭绝活性处理，赔偿某天公司经济损失及含维权合理开支 30 万元，驳回其他诉讼请求。

【典型意义】本案是关于通过微信聊天记录、录音、视频及照片并辅以公证程序确定品种权侵权成立的典型案例，属于 2019 年中国法院 50 件典型知识产权案例。品种权侵权行为隐蔽、取证难一直是困扰品种权人有效维权的主要难题。本案维权成功的关键，在于品种权人及其委托人将侵权种子的销售全过程，通过微信聊天记录、录音、视频、照片以及公证程序等方式予以确定，形成能够相互印证的证据链条，证明被控侵权方未经品种权人许可实施了销售的行为，构成品种权侵权。如实记录侵权种子购买过程的微信聊天记录、电话录音、视频，以及反映侵权种子交接过程的公证书，不存在被胁迫的情况，反映的内容是被控侵权人的真实表达，属于真实的证据，具有法律效力。不能因录音、拍摄视频未经被控侵权方同意，而否定这些证据的法律效力。本案为品种权人如何有效进行维权取证提供了良好的借鉴。

七、关于如何解读品种真实性鉴定报告：张某全、张某阁诉沛县胡寨镇农业技术推广服务中心凤×门市部、江苏沛×种业有限公司侵害水稻“临稻 16”植物新品种权纠纷案

【案情摘要】张某全、张某阁因沛县胡寨镇农业技术推广服务中心凤×门市部（以下简称凤×门市部）、江苏沛×种业有限公司（以下简称沛×公司）侵害水稻“临稻 16”品种权，向江苏省南京市中级人民法院（以下简称一审法院）提起诉讼。涉案品种为水稻“临稻 16”，品种权申请日为 2007 年 10 月 10 日，授权日为 2013 年 5 月 1 日，品种权人为张某全和张某阁，品种权号为 CNA20070511.3。

2017 年 3 月 10 日，江苏中江种业股份有限公司的委托代理人在凤×门市部购买包装上标注“早丰 90”“镇稻 99”“沛星”“徐州沛×种业有限公司”等信息的沛星早熟优质粳稻 2 袋和散装产品 1.5 千克，附有销售凭证，购买过程经江苏省沛县公证处公证，并将购买的产品进行公证封存，出具（2017）徐沛证民内字第 276 号公证书进行说明。一审庭审中，张某全、张某阁出示公证购买并封存的 1 袋种子实物，沛×公司认可该被诉侵权种子系其生产、销售，由凤×门市部经销，但凤×门市部不知道被诉侵权种子是否构成侵权；其认为被诉侵权种子与“临稻 16”有明显区别，不是同一品种。张某全、张某阁向法庭提交沂南县水稻研究所于 2017 年 8 月出具的《鉴定报告》，确认“标注生产商为徐州沛×种业有限公司的‘早丰 90、镇稻 99’水稻种子，经鉴定为‘临稻 16’水稻品种”。沛×公司对该《鉴定报告》不予认可，认为该报告在落款日期、签章以及鉴定单位资质等方面均存在瑕疵。一审诉讼期间，沛×公司曾因销售种子使用的

标签不符合规定被处罚。

2017 年 11 月 27 日，张某全、张某阁申请对被诉侵权种子进行品种真实性鉴定，一审法院于 2017 年 12 月 26 日委托原农业部植物新品种测试(杭州)分中心(以下简称杭州分中心)对被诉侵权种子品种真实性进行鉴定。2018 年 3 月 27 日，杭州分中心出具《检验报告》，检验结论认为该种子样品与对照样品“临稻 16”在比较的 48 个 SSR 位点中，差异位点数为 0，并备注“该种子样品在 RM85、RM190、RM72 等 7 个位点上出现混杂”。双方均认可该报告的真实性，但沛×公司认为鉴定机构应对所备注的种子混杂情况进行详细解释，否则不能排除 SSR 位点有差异的事实，并认为认定特征特性最准确的方法是田间测试，《检验报告》不足以证明被诉侵权种子与“临稻 16”特征特性相同。经询问，杭州分中心于 2018 年 6 月 7 日回函说明，检测结果判定该种子样品与对照样品差异位点为 0，但在 RM85 等 7 个位点上出现混杂，存在纯度问题。沛×公司认为，检验机构的回函显示本案检验程序违反规定，检验结论的检验过程和方法不符合相关专业的规范要求，不能作为本案的定案依据，申请进行田间测试。一审法院认为，是否构成侵权和如何承担法律责任是本案的核心问题。本案《检验报告》的检验项目系品种真实性，被诉侵权种子的纯度问题并不影响品种真实性的检验结论。沛×公司对《鉴定报告》《检验报告》及其解释均有异议，但并未提供相反证据，可以确认凤×门市部销售、沛×公司生产及销售的被诉侵权种子与“临稻 16”植物新品种是同一品种，构成品种权侵权。最高人民法院相关司法解释没有禁止采用 DNA 分析方法进行品种鉴定，也没有将田间测试指定为唯一的鉴定方法，驳回沛×公司提出进行田间测试的申请。张某全、张某阁主张 50 万元的赔偿额，不包含维权支出的合理费用，但未提供支持主张的证据，一审法院考虑到“临稻 16”的作物类别和授权时间，沛×公司的主观过错、经营规模，侵权行为性质、情节和后果，侵权种子的销售价格和合理利润以及行政处罚决定确认的相关事实等因素，判定沛×公司赔偿 45 万元。因本案已查明被诉侵权种子系沛×公司生产、销售，没有证据证明凤×门市部明知侵权种子仍然销售，判定沛×公司和凤×门市部立即停止销售侵权种子。

沛×公司不服一审判决，向江苏省高级人民法院(以下简称二审法院)提起上诉。二审中，当事人没有提交新证据。二审法院确认一审法院认定的事实，认为检验机构根据 NY/T 1433—2014 水稻品种检验技术规程，判定被控侵权稻种样本与“临稻 16”SSR 指纹数据的差异位点数为 0，即可判定被控侵权稻种与“临稻 16”系相同品种。稻种纯度和稻种霉变现象，均不影响品种真实性鉴定。判定沛×公司未经品种权人许可生产销售“临稻 16”，构成品种权侵权，一审确定的赔偿额适当，驳回上诉，维持原判。

【典型意义】本案是关于如何解读品种真实性鉴定报告的典型案例。本案中，经法院委托，杭州分中心对被控侵权品种进行真实性鉴定，鉴定报告确认检验样本与授权品种在 48 个 SSR 位点上的位点差异为 0，并提示检验样本存在纯度问题。被控侵权人认为检验样本的纯度和霉变问题，会影响品种真实性。通过本案的审理，法院明确种子的纯度和霉变属于种子质量问题，不影响品种真实性鉴定，并依法驳回被控侵权人在没有证据否定分子鉴定结论时提出的田间测试的申请，根据分子鉴定结论做出品种权侵权成立的判决。本案还涉及侵权种子生产者和销售者并存的情况下，如何承担品种权侵权责任的问题。法院认为，在查明被控侵权种子由特定种子生产企业生产，并且相关销售企业不知道销售的是侵权种子时，判决由侵权种子生产者承担全部赔偿责任，同时判决侵权种子生产者和销售者均承担停止生产、销售侵权种子的法律责任。

八、关于品种权侵权认定：丹东良×种业有限公司诉谢某某侵害玉米“良玉99号”植物新品种权纠纷案

【案情摘要】丹东良×种业有限公司（以下简称良×种业公司）因谢某某侵害玉米“良玉99号”品种权，向甘肃省酒泉市中级人民法院（以下简称一审法院）提起诉讼。涉案品种为玉米“良玉99号”，品种权申请日为2009年11月26日，授权日为2014年1月1日，品种权人为良×种业公司，品种权号为CNA20090760.7。

2017年9月19日，良×种业公司因发现未经许可种植的“良玉99号”，委托两名代理人与酒泉市阳光公证处两名公证人员前往酒泉市肃州区金佛寺镇西寨村8组进行侵权证据保全。经良×种业公司指认，公证机关确定被控侵权玉米地纬度39.475051°，经度98.656245°，面积117.48亩。北京玉米种子检测中心对提取的玉米样本进行鉴定，鉴定意见为：送检样品与对照样品“良玉99号”比较位点数40，差异位点数0，结论为“相同或极近似”。2017年9月25日，郑州鼎邦知识产权代理有限公司向肃州区农牧局举报，称西寨村8组无证生产玉米杂交种。经调查核实，发现谢某某在该村8组制种39亩。农牧局于2017年9月28日下达《责令改正通知书》，谢某某于9月30日前对制种玉米青贮销毁。因当事人改正违法行为，未造成危害后果，农牧局决定不予处罚。2018年3月，良×种业公司以取样玉米地系西寨村村委会所有并由李某某种植为由，要求该村委会和李某某赔偿。审理中，良×种业公司申请一审法院向肃州区种子管理站调取行政执法材料。该材料显示，谢某某在该村8组无证生产玉米杂交种被查处。后良×种业公司申请撤诉并将谢某某诉诸法院。

一审诉讼中，良×种业公司提交《植物新品种权证书》、酒泉市阳光公证处(2017)甘酒阳光证字第2366号《公证书》、甘肃省肃州区农牧局肃农（种子）罚〔2017〕3号卷宗、北京玉米种子检测中心《检验报告》等证据，证明谢某某实施了侵害“良玉99号”品种权的行为。谢某某提交肃州区农牧局肃农（种子）罚〔2017〕3号《行政处罚决定书》《酒泉市鑫利来合作社入库单》等证据，证明谢某某因无证生产受处罚，制种玉米已销毁，且行政机关未认定所种品种为“良玉99号”。谢某某对良×种业公司提交的《公证书》有质疑，认为该公证书不能证明其种植的品种为“良玉99号”。一审法院经审理认为，《公证书》确定玉米制种面积为117.48亩，而肃州区农牧局查明谢某某制种玉米仅为39亩；《公证书》未载明案涉取样地块周围的参照物或周围界限，虽记载了经纬度，但无法通过经纬度确认取样玉米地的准确位置；虽附视频资料，但无法确认该取样玉米地即在谢某某耕种土地范围之内。北京玉米种子检测中心的检测报告认定送检样本与“良玉99号”相同或极近似，但不能证明谢清德繁育“良玉99号”。一审法院认定，良×种业公司提供的证据不足以证明谢某某未经品种权人许可生产“良玉99号”种子，判决驳回诉讼请求。

良×种业公司不服一审判决，向甘肃省高级人民法院（以下简称二审法院）提起上诉。双方均未提交新证据。二审确认一审法院查明的事实，认为本案的核心问题是涉案《公证书》能否作为认定侵权事实的依据。经审理，二审法院认为，根据现有证据，无法确定谢某某所种39亩玉米杂交种是否在案涉《公证书》所列117.48亩土地之内、公证机关对该117.48亩土地是否采取正确定位方法、该117.48亩土地是否全部种植同一品种以及案涉送检样品是否取自谢某某所种39亩土地之内等，即《公证书》不能证明谢某某未经品种权人许可生产“良玉99号”种子的行为。二审判决良×种业公司的上诉请求不能成立，维持一审原判。

【典型意义】本案是关于品种权侵权认定的典型案例，主要涉及认定涉案公证书证明力的

问题。通过公证程序获取品种权侵权证据是当前品种权维权实践中最为常见也是最为重要的取证方式。本案权利人为证明品种权侵权行为的存在，采用通过公证程序对特定被控侵权品种种植区域进行定位、拍摄视频并提取样本进行鉴定，虽然鉴定结论确认提取样本与授权品种位点差异为 0，但由于无法确认涉案《公证书》所指向的侵权地点即为本案被控侵权人种植被控侵权品种的区域，从而导致涉案证据不足以证明品种权侵权行为的发生，无法追究侵权责任。经公证的民事法律行为、有法律意义的事实和文书，应当作为认定事实的根据，但有相反证据足以推翻该项公证的除外。因此，通过公证程序取证，除了要确保公证事项或者公证行为真实有效外，还应注意通过公证程序将公证事项与需要证明的事实之间建立联系，并与其他相关证据配合，形成完整的证据链。涉案《公证书》尚未达到其应有的证明力，是我国品种权维权实践中众多取证失败案例的缩影，也是品种权人维权过程中尤其需要注意的重要事项。

九、请求人的复审理由不成立：安徽某勤农业科技有限公司请求复审小麦“皖麦 203”驳回品种权申请案

【案情摘要】涉案品种为小麦品种“皖麦 203”，品种权申请号为 20151266.6，品种权申请日为 2015 年 9 月 15 日，品种权申请人为安徽某勤农业科技有限公司。

2019 年 12 月 9 日，农业农村部植物新品种保护办公室（以下简称“植物新品种保护办公室”）经审查认为“皖麦 203”不具备一致性和稳定性，驳回品种权申请。2020 年 3 月 2 日，请求人安徽某勤农业科技有限公司向农业农村部植物新品种复审委员会（以下简称“植物新品种复审委员会”）提出复审请求，认为“皖麦 203”在 2016 年通过安徽省品种审定后，在沿淮和淮北地区推广种植效果好，制种基地大田种植和引种试验中均表现出较好的一致性和稳定性，因此“皖麦 203”具备一致性和稳定性，请求撤销驳回品种权申请的决定。植物新品种复审委员会经审理认为，植物新品种保护办公室经 DUS 测试，通过 2 个生长周期的观测，发现申请品种“皖麦 203”在性状 7“旗叶叶鞘蜡质”上存在分离状态，异型株严重超标，不具备一致性，维持“皖麦 203”原《实质审查驳回决定》，驳回复审请求。

【典型意义】本案是请求人的复审理由不成立、维持“皖麦 203”原《实质审查驳回决定》、驳回复审请求的典型案例。请求人以涉案品种通过地方审定，在审定、推广、制种基地大田种植和引种试验中均表现出一致性和稳定性为由申请复审，其理由是不能成立的，因为品种审定与品种保护在审查中对品种的性状要求、对照品种选择上是有区别的。品种审定突出对品种产量、品质、抗性等经济性状的考察，品种保护主要观测品种从苗期到收获期的外观形态性状；品种审定以当前主推品种为对照品种，品种保护以形态上最为近似的品种作为对照品种。因此，如果农业农村部植物新品种保护办公室发现通过审定的品种申请品种保护时，不符合特异性、一致性和稳定性（DUS）要求的，仍可驳回该品种权的申请。为了规范品种管理，新修订的《种子法》规定，申请审定的品种应当符合特异性、一致性和稳定性要求，2016 年修订的《主要农作物品种审定办法》也将 DUS 测试纳入审定品种试验范围中。可以预见，随着 DUS 测试在品种管理中的应用，这类案件将日趋减少。

十、因申请植物新品种保护的品种名称与作为亲本选育品种时所使用的品种名称不一致而请求对植物新品种名称进行更名：某省超级水稻研究发展中心、江西某丰源种业有限公司请求水稻“跃恢 1573”新品种更名复审案

【案情摘要】涉案品种为水稻新品种“跃恢 1573”，品种权申请号为 20140415.9，申请日为

2014 年 4 月 1 日，授权日为 2018 年 1 月 2 日，品种权号为 CNA20140415.9，品种权人为某省超级水稻研究发展中心和江西某丰源种业有限公司。

2018 年 4 月 28 日，请求人以授权品种"跃恢 1573"的品种名称与其作为亲本选育出的系列审定品种中所使用的亲本名称不同为由，向植物新品种复审委员会请求对"跃恢 1573"品种名称更名，更名为其作为亲本选育的系列审定品种所使用的名称"跃恢航 1573"。请求人提交了更名请求书、名称变更的说明、植物新品种保护证书复印件、审定证书复印件、国家水稻数据中心相关品种来源信息、代理委托书、事业单位法人证书、公司营业执照复印件等证据材料。上述证据材料证明，"跃恢 1573"曾作为亲本选育了"五优航 1573"，该品种参加 2012—2013 年江西省水稻品种区域试验，2014 年 3 月通过江西省品种审定。植物新品种复审委员会经审理认为，根据《农业植物品种命名规定》第五条规定，一个农业植物品种只能使用一个名称，"跃恢 1573"已经在第一个审定公告即江西省农作物品种审定公告中使用该名称，请求人请求更名的理由不成立，驳回品种更名请求，维持"跃恢 1573"品种的现有名称。

【典型意义】本案是因申请植物新品种保护的品种名称与作为亲本选育品种时所使用的品种名称不一致而请求对植物新品种名称进行更名的典型案例。品种名称是用以区别相同或者近似作物不同品种的主要标志。持续稳定地使用相同的品种名称，可以很好地积累特定作物品种的商业信誉。但实践中，不少种子企业多采用"一品多名""多名一品"的做法。这些做法看似可以给种子生产企业带来表面的虚假繁荣，甚至逃避某些法律责任，实则从根本上损害种子生产企业的商业信誉，直接导致市场竞争力的下降。不正当地使用品种名称，将损害种子市场竞争秩序和种子使用者的合法权益，也将损害育种者、种子生产者和经营者的根本权益。一个农业植物品种只能使用一个名称，是农业植物品种命名的基本原则。本案中，育种者在申请植物新品种保护以后，却在应用申请品种培育和审定其他品种过程中，改变了申请品种的名称，人为制造了"一品多名"的现象。这种做法将对其正当行使植物新品种权造成不必要的困扰。由于涉案植物新品种的名称符合《种子法》《条例》和《农业植物品种命名规定》的相关内容，并且有证据表明在 2014 年的《江西省农作物品种审定证书》中使用过该品种名称，植物新品种复审委员会认为，本案请求人的更名理由不成立。通常来说，只有申请或者授权品种名称不符合法律法规的条件下，经植物新品种复审委员会审查证实相关品种为同一品种并且更名后的品种名称符合规定的前提下，才予以更名。如果请求人无法证明上述两个已经存在的品种名称属于同一植物品种，或者更名后的品种名称仍不符合相关法律规定的，或者更名理由不充分的，植物新品种复审委员会均将不予更名。

附件 2.3　农业行政执法指导性案例

2021 年 3 月 1 日为落实国务院关于加强行政执法案例指导的要求，提升地方农业综合行政执法机构办案水平，农业农村部从全国各地农业农村部门推荐的 2020 年执法案例中遴选整理了第一批农业行政执法指导性案例，现予以发布，供各地执法办案参考借鉴。

一、天津市宝坻区某农资经营部经营假种子案

二、浙江省温州市某农资经营部经营劣种子案

三、浙江省宁波市蔡某某、黄某某等未经品种权人许可销售授权品种种子案

四、山东省青岛市徐某某经营假种子案

五、四川省江油市某种业有限公司生产销售未经检疫水稻种子案

六、上海市奉贤区某农资公司销售应当审定未经审定的农作物种子案

一、天津市宝坻区某农资经营部经营假种子案

【案情摘要】2020 年 9 月，天津市宝坻区农业综合行政执法大队接到山东某公司举报，称宝坻区某农资经营部涉嫌以“JM22”小麦种子冒充“LX310”品种进行销售。经立案调查，执法人员在当事人经营场所和库房内发现了标称河北某种业有限公司生产、规格为 20 千克/袋的“LX310”小麦种子 604 袋。执法人员依法对上述麦种抽样检测，结果表明“LX310”和“JM22”系同一品种，当事人涉嫌经营假种子。经进一步查明，当事人于 2020 年 9 月分别以 3.5 元/千克和 3.7 元/千克的价格共购进上述小麦种子 610 袋 12200 千克，以 3.6 元/千克和 3.7 元/千克的价格累计销售 2120 千克，违法所得 7832 元，12200 千克种子货值金额 44120 元。当事人收到检测报告后，主动追回已销售的小麦种子，并与购种农户签订赔偿协议。

【处理结果】天津市宝坻区农业农村委员会依据《中华人民共和国种子法》第七十五条第一款和《中华人民共和国行政处罚法》第二十七条第一款第一项的规定，参照《天津市农业行政处罚自由裁量权〈中华人民共和国种子法〉实施标准》，对当事人作出如下行政处罚决定：①没收假“LX310”种子 10080 千克；②没收违法所得 7832 元；③处货值金额 12 倍罚款 529440 元。

【典型意义】种子是重要的农业生产资料，直接关系到农业生产安全和农民权益。生产经营假劣种子行为破坏了正常的种子管理秩序，一直是农业农村部门的执法重点。本案当事人以“JM22”冒充“LX310”品种销售，是典型的经营假种子行为。根据《中华人民共和国种子法》第七十五条第一款的规定，经营假种子的，依法应当责令其停止生产经营，没收违法所得和种子，吊销种子生产经营许可证，并处罚款。因本案当事人积极配合行政机关调查，主动追回已销售的违法种子，并与购种农户签订赔偿协议，符合《中华人民共和国行政处罚法》第二十七条第一款第一项规定的“当事人有主动消除或者减轻违法行为危害后果的，应当依法从轻或者减轻行政处罚”的情形，农业农村部门依法给予当事人没收假种子、违法所得和罚款的处罚，未吊销其种子生产经营许可证，体现了宽严相济、过罚相当的处罚原则。

二、浙江省温州市某农资经营部经营劣种子案

【案情摘要】2020 年 3 月，浙江省温州市农业农村局在某农资经营部门店抽检了“×绿333”菠菜种子，检验报告显示该种子水分 10.9%，高于 GB 16715.5—2010 水分≤10.0%的规定，检验结果为不合格，当事人涉嫌经营劣种子。该局及时立案调查，依法对当事人和购买该种子的农户进行询问，对现场进行勘验，并提取其他相关证据。查明当事人从某种苗有限公司购进“X 绿 333”种子 10 包，已销售 7 包，抽样 2 包(送检 1 包、留样 1 包)，库存 1 包，销售价格 33 元/包，违法所得 231 元，货值 330 元。案件处罚完毕后，该局还对该农资经营部门店改正违法行为情况进行了检查核实。

【处理结果】温州市农业农村局依据《中华人民共和国种子法》第七十六条第一款，参照《浙江省农业行政处罚裁量基准》，对当事人作出没收“×绿 333”菠菜种子 2 包、没收违法所得 231 元和罚款 9000 元的行政处罚。

【典型意义】及时查处种子违法案件，对于维护正常的种子市场秩序、保护农民合法权益具有重要意义。本案虽然货值金额不大，但农业农村部门坚持违法必究，严格办案，对涉案种子的上游供货商、下游农户销售两个方向和进货、销货、存货三个渠道开展全面调查取证，查明了

当事人违法经营劣种子的事实，对违法种子数量、货值和违法所得及危害后果等进行了准确认定，并依法作出了行政处罚。此外，本案中农业农村部门在行政处罚决定执行完毕后，还专门开展“回头看”，对当事人改正违法行为的情况进行检查核实，确保了监督检查和行政处罚的实际效果。

三、浙江省宁波市蔡某某、黄某某等未经品种权人许可销售授权品种种子案

【案情摘要】2021年4月，浙江省宁波市农业综合行政执法队接到宁波某种业公司举报，称其制种基地的农户违反制种合同，擅自将公司委托制种的某系列水稻种子转卖他人非法获利，严重侵犯其知识产权。宁波市农业农村局第一时间将有关情况报告浙江省农业农村厅。在浙江省农业农村厅统一指挥调度下，宁波市农业综合行政执法队与公安机关联合成立专案组，先后在宁波、台州、嘉兴等地查获大量被非法转卖的水稻种子。经查明，制种基地农户蔡某某等5人私自将宁波某种业公司委托制种的杂交稻种子销售给黄某某等3人，黄某某等人又将种子转卖他人获利。因当事人违法行为涉嫌构成刑事犯罪，宁波市农业农村局依法将案件移送宁波市公安局。

【处理结果】公安机关将蔡某某、黄某某等8人抓获归案，查获涉案侵权种子2.4万余千克，涉案金额157万余元。目前该案已被移送检察机关审查起诉。

【指导意义】党中央、国务院高度重视种业发展和种业知识产权保护工作。《中华人民共和国种子法》(以下简称《种子法》)第二十八条规定，除法律、行政法规另有规定外，任何单位或者个人未经植物新品种权人许可，不得生产、繁殖或者销售该授权品种的繁殖材料，不得为商业目的将该授权品种繁殖材料重复使用于生产另一品种的繁殖材料。本案中，制种农户蔡某某等人擅自将品种权人委托其制种的授权品种种子对外销售，不仅违反了制种合同约定，还侵犯了品种权人的植物新品种权，依法应当承担法律责任。黄某某等人明知其收购的种子系制种基地非法流出的授权品种种子，仍然购进并转卖获利，也侵犯了品种权人的植物新品种权，依法应当承担法律责任。根据《种子法》第七十三条第五款(修订后的《种子法》第七十二条第六款)规定，对侵犯农作物新品种权行为，农业农村部门为了公共利益，有权责令侵权人停止侵权行为，给予没收违法所得、种子和罚款的行政处罚。

四、山东省青岛市徐某某经营假种子案

【案情摘要】2021年5月，山东省青岛市农业农村局执法人员对徐某某经营的玉米种子进行了监督抽查。经农业农村部植物新品种测试中心检测，送检产品与该产品包装标签标注产品的标准品为不同品种。根据《种子法》第四十九条(修订后的《种子法》第四十八条)规定，徐某某销售的玉米种子属于假种子。经立案调查，查明徐某某于2021年1—5月共销售涉案玉米种子800袋，货值金额3.6万元，销售收入3万元。徐某某在陈述申辩时提出其不具有主观过错，理由及证据包括：涉案玉米种子难以通过外包装和标签标识判断真假；采购涉案种子时核对了种子的生产经营许可信息、品种审定信息、追溯二维码、检疫证明编号等信息，并在“种子生产经营备案管理系统”对该批种子信息进行了备案。

【处理结果】青岛市农业农村局认为，徐某某经营假种子的行为违反了《种子法》第四十九条(修订后的《种子法》第四十八条)第一款规定，但鉴于徐某某没有主观过错，且提供了相应证据予以证明，根据2021年修订的《中华人民共和国行政处罚法》(以下简称新《行政处罚法》)第三十三条第二款规定，决定对徐某某不予处罚。

【指导意义】新《行政处罚法》生效施行前，行政处罚领域主要遵循客观归责原则，一般不需要考虑当事人的主观过错。新《行政处罚法》第三十三条第二款规定，除法律、行政法规另有规定外，当事人有证据足以证明其没有主观过错的，不予行政处罚。本案中，徐某某的违法行为发生在新《行政处罚法》生效施行前，农业农村部门立案调查和作出行政处罚的时间均在新《行政处罚法》生效施行后，按照新《行政处罚法》第三十七条规定的“从旧兼从轻”适用原则，应当适用新《行政处罚法》第三十三条第二条规定。徐某某经营的种子系假种子的违法事实十分清楚，但其提出无主观过错不应当受到处罚。农业农村部门审查后认为，因徐某某销售的种子为不再分装的包装种子，现行种子法律法规未要求种子零售商对其经营种子的质量和真伪进行检验检测；同时，徐某某的进货查验流程和方法符合一般农资经营门店的进货习惯，且按规定将种子信息向农业农村部门作了备案，已尽到了种子零售商应尽的法律义务和注意义务，其提供的证据足以证明确实无主观过错。据此，农业农村部门对徐某某依法作出了不予行政处罚的决定。该案为种子零售商经营的种子被检测出质量问题后，如何认定其是否具有主观过错、是否应当受到行政处罚等提供了参考。

五、四川省江油市某种业有限公司生产销售未经检疫水稻种子案

【案情摘要】2021 年 2 月，重庆市合川区农业综合行政执法机构开展执法检查时发现，辖区内某种子经营门店从四川省江油市某种业有限公司调入的某品种水稻种子无植物检疫证书。经检测，该批种子带有植物检疫性病菌。四川省农业农村厅接到线索通报后，迅速组织江油市农业农村局对该公司库存未销售的同品种种子抽样检测，确认带有植物检疫性病菌。江油市农业农村局立即立案调查，查明涉案种子已销往四川省内 16 个市(州)77 个县(区)，以及重庆市、湖南省、贵州省的 43 个县(区)。按照农业农村部统一部署，四川、重庆、湖南、贵州 4 省(市)农业农村部门立即组织对染病种子开展拉网式排查，依法采取查封扣押、监督召回和销毁等措施，全力阻止染病种子下田入户。因当事人生产销售带有检疫性病菌水稻种子的行为已涉嫌刑事犯罪，江油市农业农村局依法将案件移送绵阳市公安局。

【处理结果】公安机关对四川某种业有限公司法定代表人、直接责任人等依法采取了取保候审措施。目前该案已被移送检察机关审查起诉。此外，四川、重庆、湖南、贵州 4 省(市)农业农村部门同步对染病种子调运、经营环节的违法行为进行了立案调查，查处未办理植物检疫证调运种子、经营劣种子等相关违法案件 100 余件。

【指导意义】植物检疫是农业生产安全的重要保障，依法查处植物检疫违法行为是农业农村部门的重要执法职责。根据《植物检疫条例》《植物检疫条例实施细则(农业部分)》的规定，调运种子、苗木和其他繁殖材料必须经过检疫，跨省调运还应当事先征得所在地省、自治区、直辖市植物检疫机构同意。因此，农业农村部门对种子开展执法检查时，既要查验种子包装标签、购销台账和种子的质量、真实性、转基因成分等，还要注意查验种子植物检疫证书或检疫证明编号，确保农业生产用种安全。本案中，重庆市合川区农业综合行政执法机构正是通过查验植物检疫证书发现了违法线索，并立即向国家有关部门报告，为案件查处和疫情处置赢得了宝贵时机。鉴于案情复杂、涉及面广，部省两级农业农村部门强化指挥调度，四川、重庆、湖南、贵州 4 省(市)120 个县(区)农业综合行政执法机构联动，同步开展拉网式排查和执法，有效防止了水稻重大疫情的发生和传播，避免了 2300 余万千克稻谷的损失，对维护农民利益和保障国家粮食安全意义重大。

六、上海市奉贤区某农资公司销售应当审定未经审定的农作物种子案

【案情摘要】2021 年 3 月，上海市奉贤区农业农村委员会执法人员对辖区内某农资公司进行执法检查时，发现该公司销售的玉米种子标注的品种审定编号为晋审玉 201401X，外包装引种信息部分无上海市农业农村部门的引种编号。执法人员通过进一步检查种子标签、查询“中国种业大数据平台”、询问当事人以及调取种子生产经营档案、进货单据等，查明该玉米种子仅通过山西省品种审定，未经过国家级审定和上海市审定，且山西省发布的品种审定公告确定的适宜生态区域不含上海市。据此，上海市奉贤区农业农村委员会认定当事人涉嫌销售应当审定未经审定的农作物品种。

【处理结果】上海市奉贤区农业农村委员会依据《种子法》第七十八条（修订后的《种子法》第七十七条）第一款第一项规定，参照上海市农业农村委员会制定的农作物种子管理行政处罚裁量基准规定，责令当事人停止销售应当审定未经审定的玉米种子，作出没收违法销售的种子和违法所得、并处罚款的行政处罚决定。

【指导意义】国家对主要农作物实行品种审定制度。农作物品种的品质、产量、抗性、适应性，除受本身遗传特性的影响外，还会受气候类型、生态条件等因素的影响。农业农村部制定发布的《主要农作物品种审定办法》将品种适宜种植区域作为品种审定公告的重要内容。经营主要农作物种子，必须遵守品种审定、引种备案等规定，不得在农作物品种的适宜生态区外推广、销售，否则将构成违法。《农业农村部办公厅关于种子法有关条款适用的意见》（农办法〔2019〕1 号）对如何认定《种子法》第七十八条（修订后的《种子法》第七十七条）规定的“应当审定未经审定的农作物品种进行推广销售”作出了明确规定。本案中，农业综合行政执法人员在执法检查过程中，以检查种子包装上的审定编号和引种编号为突破口，通过检查标签、查询审定信息等方式，查明了当事人销售应当审定未经审定玉米种子的违法行为，并依法查处，有力保障了当地农民的合法权益。

参 考 文 献

[1]王祖德,王海波．种子法规及行政管理[M]. 北京:中国农业大学出版社,2009.

[2]梅四卫,弓利英．种子法规与实务(第二版)[M]. 北京:化学工业出版社．2018.

[3]王海阳．种子法律实务一本通:145 个实务问答与 38 个植物新品种典型案例精解[M]. 北京:中国法制出版社,2022.

[4]王法元,刘晓雪,徐辉．种子法规范理论与实务[M]. 北京:中国农业出版社,2014.

[5]全国人民代表大会常务委员会关于修改《中华人民共和国种子法》的决定[J]. 浙江林业,2022(03):14-15.

[6]主要农作物品种审定标准(国家级)[J]. 种业导刊,2017(11):5-11.

[7]文穗．海南自由贸易港种业发展问题研究[J/OL]. 海南大学学报(人文社会科学版):1-8[2023-09-04].

[8]GB/T 16620—2023,林木育种与种子管理术语[S].

[9]GB 7908—1999,林木种子质量分级[S].

[10]GB/T 16619—1996,林木采种技术[S].

[11]GB 20464—2006,农作物种子标签通则[S].

[12]农业部 869 号公告-1-2007,农业转基因生物标签的标识[S].

[13]YC/T 150—2002,烟草种子　转基因的测定[S].

[14]GB/T 3543.5—1995,农作物种子检验规程　真实性和品种纯度鉴定[S].

[15]严寒．浅析我国种子管理体系建设中的问题与对策[J]. 农业开发与装备,2021(10):123-124.

[16]汪明．外商投资与保障我国种业安全法律问题思考与建议[J]. 法制与社会,2020(03):68-69.

[17]刘芳,闫敏,王显国,等．对我国开展草种认证工作的思考[J]. 种子,2019,38(09):153-156.

[18]王章荣．国外种子园研究热点及对我国营建高世代种子园的启示[J]. 南京林业大学学报(自然科学版),2019,43(01):161-166.

[19]马兆红．国外种子企业如何开发和维护高端蔬菜种子市场[J]. 中国蔬菜,2018(04):19-20.

[20]曹云．种子质量检验工作的现状及其发展展望[J]. 农技服务,2017,34(17):90,114.

[21]那荣辉．种业科技创新与我国粮食安全[J]. 种子世界,2016(05):5-7.

[22]高超,张娅娟．从种子法律体系角度谈中国种业的发展趋势[J]. 北京农业,2014(09):303-306.

[23]张兰民．国外种业进驻我国种业市场的现状与思考[J]. 中国种业,2014(03):7-9.

[24]苏丽丽,余国新,付国靖,等．新疆种业市场现状及改进建议[J]. 种子世界,2012(12):3-4.

[25]王泽宇．我国农作物种子市场法律监管问题研究[D]．南京农业大学,2019.
[26]杨芳．我国蔬菜种业产值估算[D]．中国农业科学院,2017.
[27]郭冬．我国现代种业调查及分析[D]．西北农林科技大学,2016.
[28]张雁雯．中美种子法律法规的对比与借鉴[D]．湖南农业大学,2015.
[29]程兵．基于国际比较的我国种业安全研究[D]．沈阳师范大学,2015.
[30]史蕾．论种子知识产权法律保护制度[D]．吉林财经大学,2015.
[31]郭倩倩．国内外种子企业竞争力比较研究[D]．中国农业科学院,2015.
[32]王泽宇．我国农作物种子市场法律监管问题研究[D]．南京农业大学,2019.
[33]范明亚．我国农作物品种审定法律问题研究[D]．南京农业大学,2017.